Michel L...

LES MEILLEURS DESSERTS

POUR TOUTES LES OCCASIONS

LES MEILLEURS DESSERTS

POUR TOUTES LES OCCASIONS

PARIS • BRUXELLES • MONTRÉAL • ZURICH

A DORLING KINDERSLEY BOOK

LES MEILLEURS DESSERTS POUR TOUTES LES OCCASIONS
est l'adaptation française de
MARY BERRY'S DESSERTS AND CONFECTIONS
réalisé par Carroll & Brown Ltd
pour Dorling Kindersley Limited (Londres)

Nous remercions tous ceux qui ont contribué
à la réalisation de cet ouvrage

ÉDITION ORIGINALE
Conception et rédaction : Mary Berry
Direction d'ouvrage : Jeni Wright
Direction artistique : Denise Brown
Illustrations : Wendy Rogers, Sally Powell, Joanna Pocock
Éditeur : Norma MacMillan, assistée de Sally Poole et Diana Vowles
Photographe : David Murray, assisté de Jules Selmes
Stylisme : Angi Lincoln
Spécialistes cuisine et économie domestique : Elizabeth Wolf-Cohen,
Maxine Clark, Hilary Foster, Carole Handslip, Kathy Man, Janice Murfitt,
Berit Vinegrad, Mandy Wagstaff

ADAPTATION FRANÇAISE
sous la direction de l'équipe éditoriale de **Sélection du Reader's Digest**
Coordination : Paule Meunier
Lecture-correction : Emmanuelle Dunoyer
Couverture : Dominique Arduré
Fabrication : Gilbert Béchard, Jacques Le Maitre

réalisée par **Bookmaker**
Traducteurs : Olivier Meyer, Jean-Jacques Schakmundès
Consultant : Sylvie Girard
Secrétariat d'édition : Béatrice Leroy
Maquettiste : Michèle Andrault

PREMIÈRE ÉDITION
Édition originale
© 1991 Dorling Kindersley Limited and The Hearst Corporation

Édition française
© 1992, Sélection du Reader's Digest, S.A.
212, boulevard Saint-Germain, 75007 Paris
© 1992, Sélection du Reader's Digest, S.A.
29, quai du Hainaut, 1080 Bruxelles
© 1992, Sélection du Reader's Digest (Canada), Limitée
215, avenue Redfern, Montréal, Québec H3Z 2V9
© 1992, Sélection du Reader's Digest, S.A.
Räffelstrasse 11, « Gallushof », 8021 Zurich

ISBN 2-7098-0402-6

Tous droits de traduction, d'adaptation et de reproduction,
sous quelque forme que ce soit, réservés pour tous pays.

SOMMAIRE

DESSERTS FANTAISIE 7-74

- 10 - MOUSSES ET SOUFFLÉS
- 18 - CRÈMES ET ENTREMETS
- 38 - MERINGUES
- 44 - CRÊPES ET GALETTES
- 49 - DESSERTS AUX FRUITS
- 70 - PUDDINGS

GÂTEAUX 75-130

- 78 - GÂTEAUX
- 121 - CHEESECAKES
- 128 - CAKES

TOURTES, TARTES, PÂTISSERIES ET PUDDINGS CHAUDS AUX FRUITS 131-198

- 134 - TOURTES ET TARTES
- 159 - TARTES ET FLANS
- 183 - PÂTISSERIES
- 196 - PUDDINGS CHAUDS AUX FRUITS

BISCUITS ET VIENNOISERIE 199-216

DESSERTS GLACÉS 217-240

CONSEILS ET RECETTES DE BASE 241-259

INDEX 260-263

REMERCIEMENTS 264

AVANT-PROPOS

Que choisir comme dessert ? C'est pour répondre à cette question que nous vous proposons une sélection de recettes aussi attrayantes que variées.

Quelle que soit l'occasion : préparer un gâteau de fête, renouveler un vieux classique, confectionner des petits fours pour le café ou le thé, avoir en réserve un petit quelque chose pour les enfants qui reviennent de l'école, vous trouverez dans cet ouvrage le dessert qui convient.

Nous y avons fait figurer d'exquises variantes sur de grands classiques, comme la tarte meringuée au citron, la tourte aux pommes, les biscuits au cognac ou les crêpes Suzette. Si vous désirez maîtriser les grandes recettes traditionnelles comme le strudel aux pommes ou la crème brûlée, vous découvrirez à quel point elles sont faciles à réaliser en suivant ce livre. En revanche, si vous cherchez quelque chose de très simple, essayez les mousses ou les gelées de fruits. Et si vous rêvez d'entendre des exclamations de joie lorsque vous servirez votre dessert, lancez-vous dans les gâteaux au chocolat les plus riches : le succès est assuré. Quant aux choux à la crème et aux champignons en meringue, ils réjouiront les petits et les grands.

Non seulement les desserts sont délicieux, mais ils sont bons pour la santé. Ils équilibrent harmonieusement le repas et apportent un complément nutritionnel sous forme de lait, de fruits ou de céréales. Même si votre ligne vous préoccupe, vous pouvez parfaitement en prendre une petite part tout en suivant votre régime.

Des photographies en couleurs montrent le résultat de chaque recette, mais illustrent aussi les étapes les plus importantes de sa réalisation. Vous trouverez quantité d'idées pour décorer, garnir, servir vos desserts et leur donner ainsi une touche prestigieuse qui les rendra aussi plaisants à l'œil qu'au palais.

Les fruits, les ingrédients et les épices venus d'ailleurs donneront de l'originalité à vos desserts. Vous trouverez la plupart d'entre eux dans les supermarchés et les grandes surfaces, les épiceries fines, les magasins exotiques ou encore les boutiques de produits diététiques.

Il ne nous reste plus qu'à vous souhaiter bon appétit, en espérant que vous éprouverez autant de plaisir à préparer et à déguster ces recettes que nous en avons eu à les rassembler et à les mettre au point.

L'ÉDITEUR

Desserts Fantaisie

7–74

Desserts
Fantaisie

Vous trouverez dans ce chapitre des desserts à la présentation soignée et originale : vous pourrez utiliser vos plus jolies coupes de verre pour mettre en valeur les matières, et vos assiettes et plats de porcelaine pour rehausser les couleurs. Mousses, soufflés et crèmes raviront vos convives par leurs teintes, leurs saveurs et leurs formes étonnamment variées.

Les desserts aux fruits frais apporteront un peu d'été sur votre table, d'autant que la plupart sont désormais disponibles tout au long de l'année ; les variétés exotiques ajouteront une note piquante aux desserts de saison. Sans oublier les crêpes moelleuses, les puddings insolites et les meringues savoureuses avec l'élégante dacquoise aux fraises et aux amandes.

SOMMAIRE

MOUSSES ET SOUFFLÉS
Mousse au chocolat 10
Mousse panachée aux framboises 11
Mousse marbrée au chocolat 12
Mousse au chocolat et aux amandes 14
Soufflés à la banane 15
Soufflé à la liqueur d'orange 16
Soufflé aux pommes fraîches 17

CRÈMES ET ENTREMETS
Pots de crème à l'américaine 18
Coupelles au chocolat 19
Crème caramel 20
Crème brûlée 21
Crème bourguignonne 22
Carrés fondants au caramel 23
Décorer avec des sauces 24
Zuccotto (gâteau florentin à la crème) 26
Charlotte aux fraises et à l'orange 28
Tiramisù 30
Entremets aux framboises et à l'orange 31
Entremets aux cerises noires et au chocolat blanc 32
Bavaroise au petit-lait, sauce à la pêche 34
Crèmes aux fruits (pêche, framboise, kiwi) 35
Fraises à la crème dans leur boîte en chocolat 36

MERINGUES
Pavlova 38
Dacquoise aux dattes et aux noix 39
Meringues décoratives 40
Dacquoise aux fraises et aux amandes 42

CRÊPES ET GALETTES
Crêpes 44
Crêpes Suzette 45
Crêpes au fromage blanc, sauce aux cerises 46
Crêpes à l'ananas 47
Galette renversée aux pommes 48

DESSERTS AUX FRUITS
Fruits au gingembre 49
Cerises en gelée 50
Poires pochées 51
Poires au sabayon 52
Pêches pochées au vin rosé 53
Fruits rafraîchis 54
Grappes de raisin en gelée de citron 56
Coupe de fruits 58
Fruits d'été avec du yaourt à la chantilly et aux amandes 59
Pyramide de fruits frais 60
Décorer avec des fruits frais 62
Sablé aux fruits et à la crème 64
Compote de fruits d'hiver 66
Salade de fruits d'été 67
Cerises glacées 68
Fraises fourrées à la crème .. 69

PUDDINGS
Coupes "puddings" à l'orange 70
Pudding de riz à la cannelle 71
Puddings soufflés au citron 72
Pudding magique au chocolat 73
Pudding au pain 74

Mousses et Soufflés

Les mousses très légères et les soufflés vaporeux (à base de fruits frais ou secs, de chocolat, de crème) conviennent pour toutes les occasions, des repas quotidiens en famille ou entre amis aux dîners de fête. De plus, les mousses peuvent être préparées à l'avance. Elles sont donc parfaites pour les réceptions.

MOUSSE AU CHOCOLAT

- Pour 8 à 10 personnes
- Peut être préparée la veille et conservée au frais

4 jaunes d'œufs
45 cl de lait
60 g de sucre en poudre
1 c. à soupe de gélatine en poudre
225 g de chocolat à cuire cassé en morceaux
45 cl de crème fraîche
Crème fouettée et pistaches finement hachées (voir à droite) pour décorer

1 Dans une grande casserole qui n'attache pas, battre les jaunes d'œufs, le lait et le sucre jusqu'à consistance homogène. Saupoudrer régulièrement de gélatine ; laisser reposer 5 min pour qu'elle ramollisse légèrement. Ajouter le chocolat.

2 Faire cuire à feu doux, en remuant fréquemment à l'aide d'une cuiller en bois, pendant environ 15 min, jusqu'à ce que la gélatine soit complètement dissoute, et le chocolat fondu. Le mélange doit épaissir jusqu'à bien napper la cuiller (ne pas porter à ébullition afin d'éviter les grumeaux).

3 Verser le mélange dans une terrine ; couvrir et mettre au réfrigérateur jusqu'à ce que le mélange ait pris consistance, pendant environ 1 h 30. Remuer de temps en temps.

4 Dans une terrine de taille moyenne, fouetter la crème fraîche jusqu'à ce qu'elle soit bien ferme. Avec une spatule en caoutchouc ou un fouet métallique, l'incorporer délicatement à la préparation au chocolat.

5 Verser la mousse dans 8 à 10 ramequins ou un grand plat de service creux ; couvrir et mettre au réfrigérateur pendant 4 h, jusqu'à ce que la mousse soit prise.

6 Avant de servir, décorer la mousse avec la crème fouettée et les pistaches finement hachées.

Décorer avec la crème fouettée : à l'aide d'une poche à douille cannelée moyenne, former une coquille de crème au bord de chaque ramequin.

Décorer avec les pistaches : sur une planche, à l'aide d'un couteau aiguisé, hacher finement les pistaches. En parsemer la crème fouettée et la mousse.

Pistaches hachées et crème fouettée ajoutent aussi bien saveur que couleur à cette riche mousse au chocolat.

MOUSSE PANACHÉE AUX FRAMBOISES

Pour 8 personnes
Peut être préparée la veille et conservée au frais

450 g de framboises surgelées
175 à 225 g de sucre en poudre
2 c. à soupe de gélatine en poudre
2 œufs
30 cl de lait
60 cl de crème fraîche
14 biscuits au gingembre écrasés (environ 150 g ; en vente dans les épiceries fines et certains supermarchés)
Feuilles de framboisier et de menthe pour décorer

1 Poudrer les framboises avec la moitié du sucre ; laisser décongeler.

2 Placer les fruits dans une passoire au-dessus d'une casserole qui n'attache pas. Avec le dos d'une cuiller, presser les framboises pour les réduire en purée ; éliminer les pépins.

3 Ajouter la moitié de la gélatine à la purée de framboise dans la casserole ; laisser reposer 5 min pour permettre à la gélatine de ramollir légèrement.

4 Faire cuire les framboises à feu moyen jusqu'à ce que la gélatine se dissolve complètement. Remuer fréquemment.

5 Verser dans une jatte, couvrir et réfrigérer jusqu'à ce que le mélange ait pris consistance, pendant environ 1 h 30, en remuant de temps en temps.

6 Pendant ce temps, dans une autre casserole qui n'attache pas, battre les œufs, le lait et la moitié de ce qu'il reste de sucre, jusqu'à ce que le mélange soit homogène. Ajouter le reste de gélatine et laisser reposer 5 min pour qu'elle ramollisse légèrement.

7 Faire cuire cette crème à feu doux, en remuant fréquemment, pendant 10 min jusqu'à ce que la gélatine soit dissoute et que le mélange nappe la cuiller (ne pas laisser bouillir, pour éviter la formation de grumeaux).

8 Verser dans une jatte, couvrir et mettre au réfrigérateur jusqu'à ce que le mélange ait pris consistance, pendant environ 1 h 30, en remuant de temps en temps.

9 Environ 10 min avant que les mélanges à la gélatine soient prêts, fouetter vigoureusement la crème fraîche dans une grande jatte avec le reste du sucre, jusqu'à consistance bien ferme.

10 À l'aide d'une spatule en caoutchouc ou d'un fouet métallique, incorporer doucement une moitié de la crème fouettée à chacun des mélanges à la gélatine.

11 Dans un plat creux, disposer la moitié des biscuits en couche, puis une couche du mélange à base d'œufs, puis le reste des biscuits et la crème aux framboises. Faire prendre au réfrigérateur pendant 3 h.

> *POUR SERVIR*
> *Décorer avec des feuilles de framboisier et de menthe.*

On peut voir les différentes couches de mousse si le dessert est servi dans une coupe en verre.

MOUSSE MARBRÉE AU CHOCOLAT

  Pour 8 personnes
Peut être préparée la veille et conservée au frais

60 g de chocolat à cuire cassé en morceaux
45 cl de lait
3 jaunes d'œufs
200 g de sucre en poudre
2 c. à soupe de gélatine en poudre
1 c. à café d'extrait de vanille
60 cl de crème fraîche
200 g de chocolat de couverture
Cerises confites pour décorer

1 Mettre les morceaux de chocolat dans une jatte et celle-ci dans une casserole d'eau frémissante ; chauffer en remuant souvent jusqu'à ce que le mélange soit lisse ; enlever la casserole du feu.

2 Dans une grande casserole qui n'attache pas, mélanger le lait, les jaunes d'œufs et 150 g de sucre. Ajouter la gélatine et laisser reposer 5 min pour la ramollir légèrement. Faire cuire à feu doux, en remuant souvent, pendant environ 15 min, jusqu'à ce que la gélatine soit dissoute et que le mélange nappe la cuiller (ne pas laisser bouillir pour éviter la formation de grumeaux).

3 Verser la moitié de cette crème dans une petite terrine ; ajouter le chocolat fondu. Avec un fouet métallique, battre pour bien mélanger. Incorporer l'extrait de vanille au reste de la crème.

4 Couvrir les deux préparations et les mettre au réfrigérateur jusqu'à ce qu'elles aient pris consistance, pendant 20 à 25 min, en remuant de temps en temps.

5 Dans une grande terrine, fouetter la crème fraîche avec le reste du sucre jusqu'à consistance bien ferme.

6 Avec une spatule en caoutchouc ou un fouet métallique, incorporer doucement la moitié de la crème fouettée à chacune des crèmes prises.

7 Verser alternativement une cuillerée de mousse à la vanille et une cuillerée de mousse au chocolat dans un moule à charnière de 23 cm. Mélanger avec une palette pour créer un joli motif marbré. Couvrir et mettre au réfrigérateur 4 h, jusqu'à ce que le mélange ait pris.

8 Pendant ce temps, découper un rectangle de papier sulfurisé de 30 x 18,5 cm ; le poser sur une plaque à pâtisserie. Faire fondre 150 g de chocolat de couverture dans une terrine au bain-marie, en remuant fréquemment.

9 Étendre ce chocolat fondu sur le rectangle de papier (voir encadré, à droite) ; mettre au réfrigérateur pour qu'il durcisse.

10 Découper le rectangle de chocolat en bandes (voir encadré, à droite) ; enlever le papier. Remettre au réfrigérateur.

11 Faire des copeaux : ramollir le reste de chocolat de couverture. Faire glisser la lame d'un éplucheur-légumes sur la surface du chocolat, pour former de grands copeaux. Mettre au réfrigérateur.

12 Retirer les bandes de chocolat du réfrigérateur ; les laisser reposer 5 min. Enlever les côtés du moule à charnière ; placer le gâteau à la mousse sur un plat. Recouvrir les côtés avec les bandes de chocolat (voir encadré, ci-dessous).

13 Avec un pique-olives, placer délicatement les copeaux de chocolat au centre du gâteau.

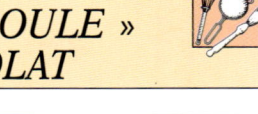

FAIRE UN « MOULE » EN CHOCOLAT

Étaler le chocolat : avec une palette, étendre rapidement le chocolat fondu encore chaud sur une plaque à pâtisserie recouverte d'un rectangle de papier sulfurisé, de manière à le couvrir uniformément ; mettre au réfrigérateur jusqu'à ce qu'il soit ferme, environ 30 min.

Couper le chocolat en bandes : avec un couteau aiguisé, couper le rectangle de chocolat dans le sens de la longueur en 5 bandes larges de 4 cm.

On utilise du chocolat de couverture pour fabriquer ce « moule », car il est très malléable.

Couvrir les côtés du gâteau : placer les bandes de chocolat une par une autour du gâteau. Appuyer doucement avec la palette pour leur faire épouser la forme de la mousse, en débordant légèrement.

Le « moule » de chocolat est formé en appliquant délicatement les bandes de chocolat autour de la mousse, en les faisant se chevaucher.

Pour cette présentation très décorative, des cerises confites sont placées à intervalles réguliers autour de la mousse, et des copeaux de chocolat sont parsemés sur le pourtour du plat de service.

MOUSSE AU CHOCOLAT ET AUX AMANDES

- Pour 4 à 6 personnes
- Peut être préparée la veille et conservée au frais

30 cl de crème fraîche

1 c. à soupe de gélatine en poudre

175 g de chocolat à cuire cassé en morceaux

4 cubes de glace

17,5 cl de lait

60 g de sucre en poudre

3/4 de c. à café d'extrait d'amande

Crème fouettée et amandes grillées effilées (voir encadré, à droite) pour décorer

LES AMANDES GRILLÉES

Dans une poêle ou une casserole, faire chauffer à feu moyen de petites quantités d'amandes effilées jusqu'à ce qu'elles soient dorées, en remuant fréquemment avec une spatule en bois.

Laisser refroidir les amandes avant de les utiliser.

1 Verser la moitié de la crème fraîche dans une casserole qui n'attache pas. Verser uniformément la gélatine sur la crème ; la laisser ramollir 5 min.

2 Faire cuire à feu doux jusqu'à l'apparition de petites bulles le long des bords et la dissolution complète de la gélatine. Remuer fréquemment.

3 Verser le mélange brûlant dans le bol d'un mixeur ; ajouter les morceaux de chocolat. Actionner l'appareil jusqu'à l'incorporation complète du chocolat.

4 Ajouter les cubes de glace à la préparation.

5 Ajouter le lait, le sucre, l'extrait d'amande et le reste de crème fraîche ; mélanger jusqu'à consistance bien lisse.

6 Répartir la mousse dans 4 à 6 verres ou coupes ; couvrir et mettre au réfrigérateur 4 h pour qu'elle prenne.

7 Décorer chaque mousse avec de la crème fouettée et parsemer d'amandes grillées effilées.

SOUFFLÉS À LA BANANE

  Pour 4 personnes
Préparation : 30 min

3 bananes de taille moyenne (environ 450 g)

2 c. à café de jus de citron

4 blancs d'œufs

30 g environ de sucre glace

1 Préchauffer le four à 230 °C (th. 7).

2 Beurrer légèrement l'intérieur de 4 ramequins.

3 Peler les bananes et les couper en tranches ; placer les tranches dans une terrine, ajouter le jus de citron et bien écraser avec une fourchette.

4 Dans une grande terrine, avec un batteur électrique à pleine vitesse, monter les blancs d'œufs en neige molle ; ajouter peu à peu 25 g de sucre glace, en battant jusqu'à ce que le sucre soit dissous et que les blancs forment une neige ferme.

5 Avec une spatule en caoutchouc ou un fouet métallique, incorporer doucement les œufs en neige aux bananes, un tiers à la fois.

POUR SERVIR
Lorsque les soufflés
sont prêts,
les retirer du four ;
poudrer légèrement
le dessus de sucre glace
et servir immédiatement.

6 Répartir à la cuiller le mélange dans les ramequins ; les placer dans un plat allant au four pour les manipuler plus facilement.

7 Faire cuire pendant 15 min, jusqu'à ce que les soufflés soient bien gonflés et dorés.

Les soufflés
tout chauds,
bien montés
comme ceux-ci,
sont très appétissants
lorsqu'ils sortent du four,
mais servez-les sans attendre.

SOUFFLÉ À LA LIQUEUR D'ORANGE

Pour 6 personnes
Préparation et cuisson : 2 h

60 g de beurre
50 g de farine
35 cl de lait
45 g de sucre en poudre
6 blancs d'œufs
4 jaunes d'œufs
5 c. à soupe de liqueur d'orange
1 c. à soupe de zeste d'orange râpé
Sucre glace pour décorer
Crème fouettée pour accompagner (parfumée à la liqueur ou au jus d'orange, si on le désire)

1 Dans une grande casserole qui n'attache pas, faire fondre le beurre à feu doux ; le manier avec la farine jusqu'à ce que le mélange soit homogène. Ajouter peu à peu le lait ; faire cuire en remuant constamment jusqu'à ce que le mélange se mette à bouillir et épaississe ; laisser bouillir 1 min.

2 Retirer la casserole du feu. À l'aide d'un fouet métallique, incorporer le sucre. Ajouter rapidement et d'un seul coup tous les jaunes d'œufs et les battre jusqu'à ce qu'ils soient bien mélangés. Laisser tiédir le mélange en remuant de temps en temps. Incorporer la liqueur d'orange et le zeste d'orange râpé.

3 Beurrer l'intérieur d'un moule à soufflé de 1,5 l ; le poudrer légèrement de sucre.

Si vous poudrez de sucre l'intérieur beurré de votre plat à soufflé, il fondra au cours de la cuisson et le soufflé n'attachera pas.

4 Préchauffer le four à 190 °C (th. 5-6). Dans une grande terrine, avec un batteur électrique à pleine vitesse, monter les blancs d'œufs en neige ferme. Avec une spatule en caoutchouc ou un fouet métallique, les incorporer doucement à la crème, un tiers à la fois.

5 Avec une cuiller, verser le mélange dans le moule préparé. Avec le dos d'une cuiller en métal, à environ 2,5 cm du bord, creuser un sillon de 4,5 cm tout autour du mélange (le centre lèvera plus haut que les bords, produisant un effet de chapeau haut de forme quand le soufflé sera monté).

Tracé du sillon pour l'effet « haut-de-forme ».

6 Faire cuire pendant 30 à 35 min ; un couteau enfoncé sous le « chapeau haut de forme » doit ressortir sec.

7 Lorsque le soufflé est cuit, le retirer du four et le poudrer légèrement de sucre glace tamisé ; servir immédiatement. Mettre de la crème fouettée dans une coupe où chacun pourra se servir s'il le désire.

L'effet « haut-de-forme » du soufflé est obtenu en creusant un sillon avec une cuiller dans la pâte du soufflé, avant cuisson.

POUR RÉUSSIR LES SOUFFLÉS SUCRÉS

Les soufflés sucrés chauds sont faits d'une crème épaisse à base de beurre, de farine, de lait et de jaunes d'œufs avec un parfum, à laquelle on incorpore des œufs battus en neige. Pour les réussir, suivre les règles suivantes.

• Faire toujours cuire le roux en premier (beurre et farine), pour éviter le goût âcre de la farine crue. Lorsqu'on ajoute du lait, prendre soin de le verser peu à peu.

• Faire bouillir ce mélange 1 min jusqu'à consistance bien lisse.

• Battre les jaunes d'œufs vigoureusement à l'écart du feu.

• Incorporer les blancs d'œufs à la crème, en prenant soin de ne pas les écraser.

• Faire cuire le soufflé, plaque au-dessous du centre du four, afin que le mélange soit au centre, avec assez de place pour lever.

• Ne pas ouvrir la porte du four avant la fin de la cuisson ; l'air froid risquerait de faire retomber le soufflé.

SOUFFLÉ AUX POMMES FRAÎCHES

🍴 Pour 4 personnes
🕐 Préparation et cuisson : 1 h environ

---

3 pommes moyennes (environ 450 g)
45 g de sucre en poudre
1/2 c. à café d'extrait d'amande
5 blancs d'œufs
Sucre glace pour décorer

---

1 Peler les pommes, les couper en quartiers, enlever le cœur avec un couteau.

2 Couper les pommes en morceaux. Dans une grande casserole, à feu vif, porter à ébullition les pommes avec 4 c. à soupe d'eau. Réduire le feu ; couvrir et laisser mijoter 8 à 10 min, en remuant de temps en temps, jusqu'à ce que les pommes fondent légèrement. Ajouter le sucre et l'extrait d'amande. Verser ce mélange dans une terrine ; laisser refroidir.

3 Préchauffer le four à 230 °C (th. 7). Dans une grande terrine, monter les blancs d'œufs en neige ferme avec un batteur électrique à pleine vitesse.

4 Avec une spatule ou un fouet, incorporer les œufs aux pommes refroidies, jusqu'à obtenir un mélange homogène.

5 Avec une cuiller, verser le mélange dans un moule à soufflé de 1,5 l. Mettre à cuire 15 min, jusqu'à ce que le soufflé soit gonflé et légèrement doré. Retirer le soufflé du four ; poudrer de sucre glace et servir aussitôt.

Même s'il n'est pas un soufflé à proprement parler, ce dessert à base de pommes, de sucre et de blancs d'œufs, peu riche en calories, présente le même aspect léger et aérien.

CRÈMES ET ENTREMETS

Lisses et veloutés, doux et agréables, les crèmes et entremets sont faciles et rapides à réaliser. La plupart peuvent être préparés à l'avance, ce qui les rend très pratiques lorsque le menu comporte d'autres plats qui demandent une attention de dernière minute. Les crèmes aux fruits sont l'exception ; il faut les préparer juste avant de servir, mais cela ne demande que 20 min environ. Vous trouverez ici des desserts classiques, comme la crème caramel, et des desserts raffinés pour les jours de fête, comme le zuccotto.

POTS DE CRÈME À L'AMÉRICAINE

Pour 6 personnes
Peuvent être préparés la veille (jusqu'à l'étape 6) et conservés au frais

---
4 œufs
60 cl de lait
45 g de sucre en poudre
1 c. à café d'extrait de vanille
6 c. à soupe de sirop d'érable
1 boîte de 315 g de quartiers de mandarine (en vente dans les épiceries asiatiques et certains supermarchés), égouttés, pour décorer
---

1 Dans une grande terrine, avec un fouet métallique, battre les œufs, le lait, le sucre et l'extrait de vanille pour obtenir un mélange homogène.

2 Répartir le mélange dans 6 petits pots.

3 Disposer les petits pots dans un grand plat creux ; y verser de l'eau jusqu'à mi-hauteur. Recouvrir le plat.

4 Porter à ébullition à feu moyen.

5 Laisser mijoter pendant 10 min, jusqu'à ce que les bords commencent à prendre. Retirer du feu et laisser les crèmes reposer dans le plat couvert pendant 15 min, jusqu'à ce qu'elles aient entièrement pris.

6 Sortir les pots du plat ; les placer 2 h environ au réfrigérateur jusqu'à ce qu'ils soient bien glacés. Si vous ne les servez pas immédiatement, couvrir soigneusement chaque dessert glacé et les garder au réfrigérateur.

7 Juste avant de servir, verser 1 c. à soupe de sirop d'érable sur le dessus de chaque petit pot.

8 Pour servir, décorer chaque entremets de quartiers de mandarines.

Le sirop d'érable et les mandarines en boîte vous permettront de préparer rapidement cet entremets simple et original.

COUPELLES AU CHOCOLAT

  Pour 8 personnes
Préparation et refroidissement : 2 h

175 g de chocolat de couverture cassé en morceaux
30 cl de crème fraîche
400 g de crème dessert à la vanille
Quelques gouttes de colorant à l'orange (facultatif)
1 grosse banane
Cacao en poudre

1 Disposer des caissettes en papier plissé dans les alvéoles d'une plaque à petits cakes.

2 Dans une petite terrine, faire fondre doucement le chocolat au bain-marie frémissant, en remuant fréquemment, jusqu'à consistance lisse et homogène.

3 En partant du haut du bord de chaque caissette, verser doucement le chocolat fondu, 1 c. à café après l'autre : 3 à 4 c. à café suffisent pour chaque caissette.

4 Si nécessaire, étaler le chocolat à l'intérieur de la caissette avec le dos d'une cuiller à café.

5 Réfrigérer pour raffermir pendant 30 min. Retirer du réfrigérateur ; se passer les mains sous l'eau froide et démouler délicatement mais rapidement chaque caissette, pour ne pas casser les coupelles en chocolat.

6 Placer les coupelles sur un plat à dessert glacé et le mettre au réfrigérateur.

7 Dans une petite terrine, fouetter la crème fraîche jusqu'à consistance ferme.

8 Avec une spatule en caoutchouc ou un fouet métallique, incorporer la crème fouettée à la crème dessert jusqu'à ce qu'elles soient bien mélangées. Ajouter le colorant.

9 Couper la banane en tranches et la répartir entre les coupes. Remplir les coupes du mélange. Réfrigérer 30 min, jusqu'à ce que la garniture soit glacée.

POUR SERVIR
Poudrer légèrement le cacao à travers un tamis sur chaque coupelle garnie de crème.

Sous cette crème est cachée une garniture surprise de banane en tranches.

CRÈME CARAMEL

 Pour 6 personnes
Peut être préparée la veille et conservée au frais

120 g de sucre cristallisé
5 œufs
60 g de sucre en poudre
Quelques gouttes d'extrait de vanille
75 cl de lait
Caramel brisé (voir p. 253), coquerets (voir encadré, à droite) ou julienne de citron vert et morceaux de citron pour décorer

1 Préchauffer le four à 150 °C (th. 4). Mettre le sucre cristallisé et 4 c. à soupe d'eau dans une casserole épaisse et faire fondre à feu doux. Porter à ébullition. Laisser bouillir, sans remuer, jusqu'à ce que le sirop devienne brun clair et doré. Enlever du feu puis verser le caramel rapidement dans 6 petits ramequins, ou dans des moules ovales ou en forme de cœur.

2 Mélanger les œufs, le sucre en poudre et l'extrait de vanille dans une grande terrine.

3 À feu doux, faire tiédir le lait dans une casserole, puis le verser sur le mélange à base d'œufs en remuant constamment.

4 Beurrer les ramequins ou les moules sur le caramel. Y verser la crème et les placer dans un plat allant au four. Verser de l'eau chaude jusqu'à mi-hauteur des récipients.

5 Cuire au four pendant 45 à 60 min, jusqu'à ce que la crème soit prise. Sortir du four et laisser refroidir, puis mettre au réfrigérateur au moins 12 h, jusqu'à ce que ce soit bien glacé.

6 Juste avant de servir, décoller les crèmes des ramequins ou des moules avec un petit couteau. Démouler chaque crème sur une assiette glacée, en laissant le sirop se répandre autour de la crème. Ajouter ensuite le décor de votre choix.

Décor au caramel : avec l'extrémité d'un rouleau à pâtisserie, briser soigneusement le caramel durci en petits morceaux.

Décor avec les coquerets (appelés aussi physalis ou alkékenges) : déplier soigneusement le tégument non comestible, pour ouvrir le fruit comme une fleur.

Décor avec la julienne de citron vert : à l'aide d'un éplucher-légumes, lever le zeste du citron vert, en laissant de côté la partie blanche au goût âcre. Couper le zeste en fine julienne.

Caramel brisé

Coqueret

Julienne de citron vert

CRÈME BRÛLÉE

Pour 6 personnes
Peut être préparée la veille jusqu'à la fin de l'étape 3

Crème brûlée
60 cl de crème fraîche
4 œufs
60 g de sucre en poudre
1/2 c. à café d'extrait de vanille
45 g de cassonade

Pour servir
Fruits frais coupés (fraises, ananas et banane)
Quartiers de mandarines en boîte (en vente dans les épiceries asiatiques et certains supermarchés)
Feuilles de menthe fraîche

1 Préchauffer le four à 150 °C (th. 4).

2 Mélanger la crème fraîche, les œufs, le sucre en poudre et la vanille dans une grande terrine. Verser le mélange dans un plat allant au four.

3 Placer le plat dans un plat plus grand contenant 2,5 cm d'eau chaude ; cuire au four environ 1 h, ou jusqu'à ce que la crème soit prise. Laisser refroidir, puis placer au moins 4 h au réfrigérateur.

4 Environ 1 h avant de servir, préchauffer le gril sur maximum. Passer la cassonade à travers un tamis au-dessus de la crème glacée.

5 Faire dorer sous le gril chaud pendant 3 à 4 min jusqu'à ce que le sucre ait fondu. Le sucre fondu doit former une croûte dure sur la crème. Si la croûte se forme trop tôt, le sucre ramollit et perd son croquant. Laisser refroidir.

6 Pour servir, disposer des fruits en tranches au centre de la crème brûlée avec des feuilles de menthe. Servir le reste des fruits à part.

Pour servir la crème brûlée, tapoter le dessus avec une cuiller métallique pour briser la croûte et faire apparaître la crème.

Tamiser la cassonade pour éliminer les grumeaux ; elle dorera uniformément sous le gril.

GARNITURE DE LA CRÈME BRÛLÉE

Si votre gril n'est pas très efficace et que vous ayez du mal à obtenir une couche brûlée uniforme sur le dessus de la crème, au lieu de poudrer la crème de cassonade et de la faire gratiner, essayez cette autre méthode.

Garniture au caramel
Préparer un caramel : mettre *90 g de sucre cristallisé* et *3 c. à soupe d'eau* dans une casserole épaisse et chauffer doucement jusqu'à ce que le sucre soit entièrement dissous. Porter à ébullition et laisser bouillir sans remuer, jusqu'à ce que le sirop devienne brun clair et doré. Enlever du feu et verser rapidement sur le dessus de la crème glacée ; le sirop se transformera instantanément en caramel dur. Mettre de 3 à 4 h au réfrigérateur.

CRÈME BOURGUIGNONNE

Pour 6 personnes
Préparation et refroidissement : 2 h 30

50 cl de jus de raisin noir
100 g de sucre en poudre
3 c. à soupe de fécule dissoutes dans 4 c. à soupe d'eau
25 cl de bourgogne rouge
Crème anglaise (voir encadré, à droite)

1 Dans une grande casserole, mélanger le jus de raisin, le sucre et la fécule dissoute. Faire cuire environ 5 min à feu moyen, en mélangeant constamment, jusqu'à ce que le mélange commence à épaissir et parvienne à ébullition.

2 Ajouter le vin et faire cuire encore 5 min, en remuant constamment.

3 Verser le mélange dans 6 flûtes ou coupes à dessert ; couvrir et mettre au réfrigérateur pour faire glacer, environ 2 h.

4 Pendant ce temps, préparer la crème anglaise et la mettre au réfrigérateur.

> **POUR SERVIR**
> *Couronner chaque coupe de quelques cuillerées de crème anglaise.*

CRÈME ANGLAISE

Dans une casserole de taille moyenne qui n'attache pas, mélanger *40 cl de crème fraîche, 3 c. à soupe de sucre, 1 c. à soupe de farine* et *1 jaune d'œuf*.
Cuire à feu moyen, en remuant constamment, jusqu'à ce que le mélange nappe bien la cuiller, environ 15 min (surtout sans laisser bouillir).
Enlever la crème du feu.

Ajouter *1/2 c. à café d'extrait de vanille* ; verser dans une terrine. Pour empêcher la peau de se former à la surface de la crème quand elle refroidit, appliquer un papier sulfurisé mouillé directement sur la crème.

CARRÉS FONDANTS AU CARAMEL

 Pour 15 carrés
Préparation et refroidissement : 5 h 30

120 g d'amandes effilées hachées
150 g de farine
120 g de beurre ou de margarine
100 g de sucre glace tamisé
225 g de fromage blanc
45 cl de crème fraîche
150 g de crème dessert au caramel

Confectionnés avec une crème dessert du commerce, de la crème fouettée et du fromage blanc, ces carrés fourrés sont exquis.

Chaque carré est garni d'amandes grillées hachées.

1 Avec un couteau aiguisé, hacher très finement les deux tiers des amandes effilées ; hacher plus grossièrement le reste des amandes en deux ou trois morceaux pour décorer.

2 Préchauffer le four à 180 °C (th. 5).

3 Dans une terrine moyenne, mélanger avec les doigts la farine, le beurre ou la margarine, les amandes finement hachées et 30 g de sucre glace jusqu'à ce que le mélange devienne friable.

Mélanger les ingrédients avec les doigts jusqu'à ce qu'ils deviennent friables.

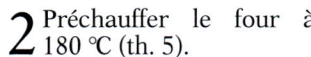

4 Avec les doigts, presser fermement le mélange dans un plat allant au four de 33 x 23 cm.

5 Cuire cette pâte sablée pendant 15 à 20 min, jusqu'à ce qu'elle devienne brun doré. Laisser refroidir dans le plat, sur une grille.

6 Pendant que le sablé refroidit, battre le fromage blanc et 60 g de sucre glace avec une cuiller, jusqu'à consistance légère.

7 Dans une terrine, battre vigoureusement la crème fraîche jusqu'à consistance bien ferme.

8 Avec une spatule en caoutchouc, incorporer un tiers de la crème au mélange fromage blanc-sucre glace ; l'étendre sur la pâte sablée. Mettre de côté le reste de crème fouettée.

9 Dans une grande terrine, avec un fouet métallique, travailler la crème au caramel afin de lui donner un peu plus de consistance, l'étendre sur la couche au fromage blanc.

10 Incorporer le restant du sucre glace à la crème fouettée mise de côté. En recouvrir la crème au caramel. Mettre au réfrigérateur pour raffermir le tout, environ 4 h.

11 Faire griller les amandes ; laisser refroidir. Couper le dessert en 15 carrés, les retirer du plat, puis les parsemer d'amandes.

DÉCORER AVEC DES SAUCES

Vous pouvez faire beaucoup mieux que de napper simplement un dessert d'une sauce. Vous pouvez en faire une décoration qui attirera l'œil, tout en restant très facile à réaliser ; il faut seulement un peu d'imagination et d'adresse.

Les purées de fruits, les fruits en bocaux, les nappages au chocolat et les crèmes peuvent être utilisés efficacement. La décoration de l'entremets aux cerises noires et au chocolat blanc par exemple, (voir p. 32), est un délicat plumetis de sauce à la framboise sur la blancheur d'une crème fouettée. Un simple nappage au chocolat déposé à la poche à douille sur une crème sera suffisant pour décorer tout aussi joliment les cerises en gelée (voir p. 50).

Les motifs de ces deux pages pourront vous donner quelques idées de départ. Chacun d'entre eux combine deux éléments différents, dont les couleurs forment un contraste mais dont les saveurs se marient agréablement. Vous avez l'embarras du choix dans un vaste éventail d'ingrédients — sauces aux fruits colorées, confitures et gelées rutilantes, chocolat noir, crème dorée.

Virgules de crème
À l'aide d'une cuiller, verser la purée de framboises dans un plat. Avec une petite poche à douille, déposer des petits points de crème fraîche formant un cercle, à 2,5 cm du bord. Avec la pointe d'un couteau, tirer sur chaque point de crème pour lui donner la forme d'une virgule. À utiliser dans la décoration des glaces et des sorbets.

Toile d'araignée en chocolat
À l'aide d'une cuiller, verser délicatement la crème fouettée dans le plat. Avec une petite poche à douille, dessiner sur la crème deux cercles concentriques avec du chocolat fondu. Avec la pointe d'un couteau, dessiner rapidement des rayons ; alterner la direction de chaque rayon, du centre vers l'extérieur puis de l'extérieur vers le centre. À utiliser dans la décoration des desserts moulés et des parts individuelles de gâteaux ou de tartes.

Cœurs de crème
*Avec une cuiller, verser la purée de fraises dans un plat.
Avec une petite poche à douille,
former un cercle de points de crème fraîche
à 2,5 cm du bord, et un cœur au centre.
Leur donner la forme d'un cœur
avec la pointe d'un couteau.
À utiliser pour la décoration des fruits pochés.*

Accolades en chocolat
*Verser la crème dans un plat avec une cuiller.
Avec une petite poche à douille, dessiner des lignes parallèles
de chocolat fondu sur la crème. Avec la pointe d'un couteau,
dessiner rapidement des rayons ; alterner la direction de chaque
rayon, du centre vers l'extérieur puis de l'extérieur vers le centre.
À utiliser pour décorer les coupes glacées.*

Crème coup de soleil
*Avec une cuiller, verser la crème
au chocolat dans un plat.
Avec une petite poche à douille, dessiner
des demi-cercles de crème fraîche
à intervalles réguliers.
En partant du plus petit cercle,
tirer des lignes vers l'extérieur
avec la pointe d'un couteau.
Utiliser pour décorer des parts individuelles
de tartes ou tourtes sucrées.*

L'étang aux framboises
*Avec une petite poche à douille, dessiner sur un plat,
au gré de votre inspiration, une forme décorative
avec de la confiture de framboises sans pépins.
Verser délicatement de la crème fraîche
avec une cuiller pour remplir la forme.
On peut aussi ajouter des fruits et des feuilles de menthe.
À utiliser avec des fruits frais et des salades de fruits.*

ZUCCOTTO (GÂTEAU FLORENTIN À LA CRÈME)

Ce délicieux dessert est originaire d'Italie, où on le fait traditionnellement dans un moule spécial en forme de potiron (zuccotto signifie « petit potiron » en italien). Ici nous avons utilisé une jatte en verre, qui convient aussi bien qu'un vrai moule à zuccotto, et qui lui donne également une jolie forme, comme le montre la photo.

Retourné et démoulé, ce délicieux dessert a l'apparence d'un potiron, d'où son nom de zuccotto, « petit potiron » en italien.

4 Incorporer le chocolat fondu au mélange beurre-sucre en ajoutant le restant de liqueur et battre jusqu'à consistance lisse, épaisse et crémeuse.

5 Dans une petite terrine, fouetter 30 cl de crème fraîche avec 2 c. à café d'extrait de café jusqu'à consistance bien ferme. Incorporer le chocolat râpé.

6 Recouvrir les triangles de biscuit dans la terrine avec le mélange de crème fouettée.

- Pour 8 à 10 personnes
- Peut être préparé la veille et conservé au frais

1 gâteau de Savoie de 23 x 12,5 cm environ
6 c. à soupe de liqueur d'amande
135 g de chocolat à cuire
120 g de sucre glace tamisé
60 g de beurre ramolli
45 cl de crème fraîche
4 c. à café d'extrait de café
2 c. à soupe d'amandes effilées
30 g de sucre en poudre

1 Chemiser une terrine d'un film transparent. Couper le gâteau en tranches épaisses de 1,5 cm ; les recouper en diagonale pour former des triangles.

2 Imbiber les triangles avec 3 c. à soupe de liqueur d'amande. Tapisser le moule avec les triangles. Réserver ceux qui restent.

3 Casser en morceaux 90 g de chocolat et le faire fondre dans une terrine au bain-marie. Râper grossièrement le chocolat restant. Dans une terrine, battre le sucre glace et le beurre ramolli jusqu'à consistance crémeuse.

Chemiser les biscuits dans la terrine avec le mélange de crème fouettée.

7 Verser doucement à la cuiller le chocolat et la liqueur d'amande au centre du dessert et lisser.

8 Recouvrir soigneusement le dessus du dessert avec les triangles de gâteau restants.

9 Couvrir la terrine et mettre au réfrigérateur au moins 4 h.

10 Pendant ce temps, dans une petite casserole sur feu moyen, faire revenir les amandes effilées jusqu'à ce qu'elles soient dorées, en remuant fréquemment ; laisser refroidir, puis hacher grossièrement.

11 Dans une petite terrine, fouetter le restant de crème fraîche avec le sucre en poudre et l'extrait de café restant jusqu'à consistance souple.

12 Renverser le dessert sur un plat glacé ; démouler et ôter le film transparent. Couvrir le dessert de crème fouettée ; répandre les amandes effilées et grillées sur le dessus.

DÉCORATIONS DU ZUCCOTTO

On peut décorer très facilement le zuccotto avec des amandes hachées, comme sur la photographie principale de la page 26, ou le poudrer de cacao en poudre ou de sucre glace. Autre idée plus décorative, qui rappelle les saveurs d'amande et de café du zuccotto, ce motif en pâquerette, qui ne prend que quelques minutes à réaliser.

Motif en pâquerette
La pâquerette faite d'amandes blanches ou grillées et de « grains de café » en chocolat est rapide et facile à réaliser : enfoncer doucement le « grain de café » dans le glacis de la crème fouettée pour former le centre de la pâquerette, puis appliquer autour les amandes effilées qui formeront les pétales. Si on le désire, placer une grande pâquerette au centre du zuccotto, ou plusieurs petites sur le pourtour.

Amande effilée et grillée

Amande blanche effilée

« Grain de café » en chocolat

POUR SERVIR
Couper le zuccotto en tranches et les disposer sur les assiettes à dessert pour faire apparaître les différentes couches.

CHARLOTTE AUX FRAISES ET À L'ORANGE

Pour 8 personnes
Peut être préparée la veille et conservée au frais

17,5 cl de jus d'orange
2 c. à soupe de gélatine en poudre
4 jaunes d'œufs
35 cl de lait
1 boîte de 400 g de lait concentré sucré
265 g de fraises surgelées
60 g de sucre en poudre
4 c. à soupe de confiture de fraises
4 c. à soupe de liqueur d'orange
25 g de farine
2 paquets de 100 g de biscuits à la cuiller
45 cl de crème fraîche
1 c. à soupe de sucre glace tamisé
Fraises pour décorer

1 Dans une casserole qui n'attache pas, verser le jus d'orange et ajouter la gélatine en pluie ; laisser reposer 5 min. Faire cuire à feu moyen, en remuant souvent, jusqu'à ce que la gélatine soit dissoute.

2 Dans une terrine moyenne, à l'aide d'un fouet métallique, battre les jaunes d'œufs, le lait et le lait concentré jusqu'à ce que le mélange soit homogène. Incorporer peu à peu, tout en fouettant, le mélange à base d'œufs au mélange à base de gélatine. Faire cuire à feu doux, en remuant constamment, jusqu'à ce que le mélange épaississe et nappe la cuiller, environ 15 min (surtout ne pas laisser bouillir).

3 Verser la préparation dans une grande terrine ; couvrir et placer au réfrigérateur jusqu'à ce qu'elle prenne de la consistance, environ 1 h 30, en remuant de temps en temps.

4 Pendant ce temps, poudrer les fraises avec le sucre ; laisser dégeler. Dans un mixeur, mélanger les fraises et leur jus avec la confiture jusqu'à ce que le mélange soit lisse.

5 Verser le mélange dans une casserole moyenne ; ajouter la liqueur, la farine et 4 c. à soupe d'eau. Faire cuire à feu moyen, en remuant constamment, jusqu'à ébullition, et faire épaissir ; laisser bouillir 1 min. Retirer du feu.

6 Garnir le fond et les côtés d'un moule à charnière de 23 cm avec les biscuits à la cuiller.

7 Si nécessaire, égaliser les biscuits pour qu'ils épousent la forme du moule et soient bien droits sur ses bords. Avec un pinceau, badigeonner avec 4 c. à soupe de mélange aux fraises les biscuits du fond. Couvrir le moule hermétiquement, puis mettre de côté. Verser le restant du mélange aux fraises dans une terrine ; le laisser refroidir en remuant de temps en temps.

8 Dans une petite terrine, fouetter 35 cl de crème fraîche jusqu'à consistance ferme. Avec une spatule en caoutchouc ou un fouet métallique, incorporer la crème fouettée à la crème prise, sortie du réfrigérateur.

9 Verser à la cuiller la moitié du mélange crémeux sur les biscuits au fond du moule, puis 15 cl de mélange aux fraises sur la couche de crème. Ajouter le restant de crème (voir encadré, en bas). Répartir le reste du mélange aux fraises sur la crème pour créer un motif marbré (voir encadré, en bas). Réfrigérer jusqu'à consistance ferme, au moins 4 h ou, mieux, toute une nuit.

10 Lorsque le dessert est prêt à être servi, enlever soigneusement les côtés du moule à charnière ; placer la charlotte sur un plat à gâteau. Dans une petite terrine, fouetter le restant de crème fraîche avec le sucre glace jusqu'à consistance ferme. La verser dans une poche à douille cannelée et décorer le pourtour de la charlotte. Ajouter des demi-fraises.

RÉALISATION DU MOTIF MARBRÉ

Badigeonner les biscuits : au pinceau avec 4 c. à soupe de mélange aux fraises.

Ajouter la crème : verser à la cuiller le restant de crème sur la seconde couche de mélange aux fraises.

Créer les motifs : avec un couteau, dessiner des motifs en spirale en mélangeant la crème et le reste de la préparation aux fraises.

Les spirales forment un joli motif marbré.

La charlotte aux fraises et à l'orange est mise en valeur par le ruban de satin qui l'entoure.

TIRAMISÙ

Pour 10 personnes
Peut être préparé la veille et conservé au frais

450 g de mascarpone (voir encadré, en bas à droite)
75 g de sucre glace tamisé
12,5 cl de liqueur de café
90 g de chocolat à cuire râpé
45 cl de crème fraîche
2 c. à café d'extrait de café
18 biscuits à la cuiller

1 Dans une grande terrine, avec un fouet métallique ou une fourchette, battre le mascarpone, 60 g de sucre glace, 3 c. à café de liqueur de café et 60 g de chocolat râpé. (Réserver le reste du chocolat pour décorer le dessus du dessert.)

2 Dans une petite terrine, fouetter 30 cl de crème fraîche jusqu'à consistance ferme. Avec une spatule en caoutchouc ou un fouet métallique, incorporer la crème au mélange au fromage.

3 Dans un bol, verser l'extrait de café, le restant de liqueur de café et 2 c. à soupe d'eau.

4 Placer 4 biscuits au fond d'une grande coupe en verre ; les badigeonner au pinceau avec 2 c. à soupe de mélange au café. Verser à la cuiller un tiers du mélange au fromage sur les biscuits. Répéter l'opération avec les biscuits, le mélange au café et le mélange au fromage pour former deux nouvelles couches. Mettre en place les biscuits restants, en les pressant doucement dans le mélange au fromage, et les badigeonner au pinceau avec le restant de mélange au café. Saupoudrer le dessert du reste de chocolat râpé, en en gardant 1 c. à soupe pour la décoration.

5 Dans une petite terrine, fouetter le reste de crème avec le reste de sucre glace jusqu'à consistance ferme.

6 Verser la crème fouettée dans une poche dotée d'une grande douille cannelée. Dessiner soigneusement de grandes rosettes sur le dessus du dessert.

7 Poudrer les rosettes avec le chocolat râpé restant. Laisser le dessert au réfrigérateur jusqu'à ce qu'il soit glacé et que les saveurs se mélangent (au moins 4 h).

Dans ce délicieux dessert italien, une crème au mascarpone et à la liqueur de café alterne avec les couches de biscuits imbibés de café.

POUR SERVIR
Servir le tiramisù bien glacé dans une coupe de service en verre, qui laisse voir les différentes couches.

De grandes rosettes de crème fouettée, poudrées de chocolat râpé, décorent agréablement ce dessert.

MASCARPONE

Le mascarpone, fromage frais non écrémé, est un grand fromage italien que l'on trouve chez les fromagers et dans certaines grandes surfaces. Sa consistance est onctueuse, et il a un léger goût de noisette un peu piquant. On peut l'utiliser pour cette recette, mais il accompagne aussi à merveille les fruits de saison ou les compotes.

Pour remplacer le mascarpone

Si vous avez du mal à trouver du mascarpone, prenez *450 g de fromage blanc entier* ; pour l'étape 1, dans une grande terrine, avec un batteur électrique ou un fouet à main, battre le fromage et *3 c. à soupe de lait* jusqu'à ce que le mélange soit lisse et léger. Porter à 80 g la quantité de sucre glace ; l'incorporer avec la liqueur de café, puis ajouter le chocolat râpé jusqu'à consistance homogène.

ENTREMETS AUX FRAMBOISES ET À L'ORANGE

  Pour 8 à 10 personnes
Peut être préparé la veille et conservé au frais

---

1 gâteau de Savoie de 300 g

2 c. à soupe de liqueur d'orange

45 cl de crème fraîche

225 g de framboises fraîches ou surgelées (décongelées et égouttées)

350 g de confiture de framboises sans pépins

80 cl de crème anglaise

2 c. à café d'eau de fleur d'oranger

1 grosse orange

1 c. à soupe de gélatine en poudre

60 g de chocolat à cuire cassé en morceaux

Framboises et feuilles de citronnier pour décorer

1 Couper le gâteau horizontalement en trois ; badigeonner le dessus de chaque abaisse au pinceau avec la liqueur mélangée avec le jus d'orange.

2 Fouetter les deux tiers de la crème fraîche (réserver le reste au réfrigérateur) ; la mélanger délicatement avec les framboises.

3 Recouvrir l'abaisse du fond avec 1 ou 2 c. à soupe de confiture de framboises ; poser par-dessus la tranche du milieu. Étendre 3 c. à soupe de confiture sur cette abaisse.

4 Mettre en place la couche du haut. Découper verticalement le gâteau de Savoie en 12 tranches.

5 Dans une grande terrine, mélanger la crème anglaise et l'eau de fleur d'oranger. Râper le zeste de l'orange et l'ajouter au mélange ; garder l'orange pour le décor.

6 Dans une petite terrine, mélanger la gélatine et 5 c. à soupe d'eau ; laisser reposer 5 min pour ramollir la gélatine. Placer la terrine dans une casserole d'eau frémissante et faire dissoudre de la gélatine. Laisser un peu refroidir puis incorporer la crème à l'orange.

7 Dans une petite terrine au bain-marie frémissant, faire fondre le chocolat en remuant fréquemment, jusqu'à consistance lisse ; retirer du feu.

8 Dans une coupe en verre, verser le tiers du mélange à l'orange. Napper avec la moitié de la confiture de framboises, et verser un autre tiers de mélange. Napper avec la moitié du chocolat fondu.

9 Disposer quelques tranches de gâteau de Savoie sur les bords de la coupe.

10 Couper le restant des tranches et constituer une couche dans la coupe ; arroser avec le chocolat restant, et verser dessus la crème aux framboises.

11 Napper le gâteau avec le dernier tiers de mélange à l'orange. Verser le reste de la confiture de framboises pour couvrir la crème.

12 Couvrir la coupe et mettre au réfrigérateur, environ 4 h, jusqu'à ce que l'ensemble soit bien pris.

13 Fouetter le restant de crème fraîche jusqu'à consistance bien ferme ; l'utiliser pour décorer à la poche à douille. Décorer la charlotte avec les oranges coupées en quartiers, les framboises et les feuilles de citron.

ENTREMETS AUX CERISES NOIRES ET AU CHOCOLAT BLANC

Donnez un air de fête à votre table en servant cet entremets étonnant. Qui pourrait résister à ces succulentes couches de fruits, de crème et de biscuits ? Préparé à l'avance et conservé au réfrigérateur, il est encore plus délicieux. C'est le dessert parfait, à la fois chic et très facile à préparer.

Pour 8 personnes
Peut être préparé à l'avance et conservé au frais

Crème au chocolat blanc (voir encadré, p. 33)
350 g de biscuits à la cuiller
1 boîte de 400 g de coulis de cerises noires (ou gelée de cerises chauffée)
5 c. à soupe de kirsch
45 cl de crème fraîche
30 g de sucre glace tamisé
2 c. à soupe environ de confiture de framboises sans pépins
Pistaches hachées pour décorer

1 Préparer la crème au chocolat blanc ; la mettre au réfrigérateur pendant environ 1 h.

2 Couper les biscuits en morceaux de 2 cm. Dans une petite terrine, mélanger intimement le coulis de cerises noires et le kirsch.

3 Dans une grande coupe de service, ranger la moitié des biscuits coupés en morceaux.

4 Verser la moitié du coulis à la cuiller sur les biscuits.

5 Recouvrir le coulis avec la moitié de la crème au chocolat blanc. Faire une nouvelle couche de biscuits, de coulis et de crème. Couvrir et mettre au réfrigérateur au moins 4 h.

6 Dans une petite terrine, fouetter la crème fraîche avec le sucre glace jusqu'à consistance ferme. Mettre de côté environ un tiers de la crème fouettée ; étaler le restant sur le dessert.

7 Faire chauffer la confiture de framboises dans une casserole jusqu'à ce qu'elle commence à fondre, puis la mettre dans une petite poche à douille avec un diamètre de 3 mm et décorer le dessus de l'entremets (voir encadré, ci-dessous).

8 Verser le reste de la crème fouettée à la cuiller dans une poche à grosse douille cannelée. Décorer le bord de l'entremets. Terminer la décoration avec les pistaches.

DÉCORATION DE L'ENTREMETS

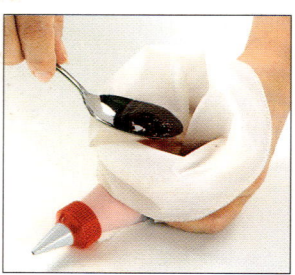

Remplir la poche : verser la confiture de framboises dans une poche dotée d'une petite douille.

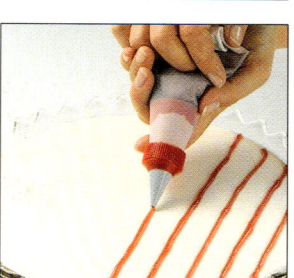

Tracer des lignes parallèles : sur la crème fouettée, tracer avec la poche à douille des lignes parallèles, distantes d'environ 1 cm.

Dessiner des motifs « en plumes » : faire glisser la pointe d'un couteau perpendiculairement aux lignes, à 1 cm d'intervalle, en changeant de sens à chaque fois.

Décorer avec la crème : avec une poche à grosse douille cannelée, décorer le pourtour du dessert avec la crème fouettée restante.

CRÈME AU CHOCOLAT BLANC

Dans une grande casserole qui n'attache pas, mélanger *100 g de sucre en poudre* et *30 g de farine* ; délayer doucement avec *1 l de lait* jusqu'à obtenir une consistance lisse. Cuire à feu moyen, en remuant constamment jusqu'à épaississement ; laisser bouillir 1 min. Enlever la casserole du feu. Dans un bol, avec une fourchette, battre *4 jaunes d'œufs* ; les délayer avec environ 15 cl du mélange au lait chaud. Verser lentement le mélange à base d'œufs sur le reste du mélange au lait, en remuant rapidement pour éviter la formation de grumeaux ; cuire à feu doux, en remuant constamment, jusqu'à ce que le mélange épaississe et nappe bien la cuiller. Retirer alors la casserole du feu. Ajouter *175 g de chocolat blanc cassé en morceaux* jusqu'à ce que le chocolat fonde et que le mélange devienne lisse. Afin d'éviter la formation d'une peau quand la crème refroidit, poser un papier sulfurisé humidifié à la surface de la crème chaude.

Avec ses couleurs de fête, cet entremets décoratif peut couronner un repas de Noël.

Les « plumes » de confiture de framboises qui se détachent sur la blancheur neigeuse de la crème fouettée font toujours bel effet.

BAVAROISE AU PETIT-LAIT, SAUCE À LA PÊCHE

  Pour 6 personnes
Préparation et refroidissement : 3 h 30

75 cl de petit-lait
75 g de sucre en poudre
2 c. à soupe de gélatine en poudre
3 c. à soupe de jus de citron
1 c. à café de zeste de citron râpé
15 cl de crème fraîche
1 boîte de 1kg d'oreillons de pêche au sirop
2 c. à café de farine
Zeste de citron en julienne pour décorer

1 Dans une casserole qui n'attache pas, mélanger intimement 35 cl de petit-lait avec le sucre. Verser la gélatine en pluie et laisser reposer 5 min, pour qu'elle ramollisse légèrement.

Si vous utilisez un moule cannelé profond pour préparer la bavaroise, elle fera encore plus d'effet quand vous la démoulerez.

2 Faire cuire à feu moyen, en remuant souvent, jusqu'à ce que la gélatine se dissolve complètement. Retirer la casserole du feu. Ajouter à cette préparation le jus de citron, le zeste de citron et le reste du petit-lait.

3 Couvrir et mettre au réfrigérateur jusqu'à ce que le mélange prenne consistance, pendant environ 45 min, en remuant de temps en temps.

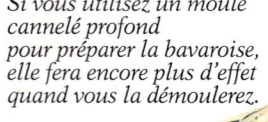

4 Dans une petite terrine, battre la crème fraîche jusqu'à consistance ferme.

5 Dans une grande terrine, fouetter avec un batteur électrique à vitesse moyenne le mélange glacé au petit-lait et au citron jusqu'à consistance mousseuse.

Les lanières de zeste de citron rappellent le parfum de citron de la bavaroise.

6 Ajouter la crème fouettée et battre le mélange jusqu'à ce qu'il soit lisse et crémeux, environ 30 s.

7 Verser le mélange dans un moule de 1,5 l ; couvrir et mettre au réfrigérateur jusqu'à ce que le dessert devienne ferme, environ 2 h.

8 Pendant ce temps, préparer la sauce : dans une petite casserole, égoutter le sirop des pêches ; réserver les pêches. Ajouter la farine au sirop et faire cuire sur feu moyen jusqu'à épaississement, en remuant constamment ; laisser bouillir 1 min. Ajouter délicatement les pêches. Couvrir la sauce et mettre au réfrigérateur.

> **POUR SERVIR**
> *Retourner la bavaroise sur un plat de service glacé. Disposer les pêches au-dessus et tout autour. Verser la sauce sur le dessus avec une cuiller ; décorer avec le zestes de citron en julienne.*

CRÈMES AUX FRUITS

Pour 4 personnes
Préparation : 20 min (chaque crème)

PÊCHE

3 pêches mûres de taille moyenne

30 g de sucre en poudre

30 cl de crème fraîche

2 gouttes d'extrait d'amande

Feuilles de menthe pour décorer

1 Peler les pêches, les couper en deux et les dénoyauter. Réserver une demi-pêche pour la décoration. Couper le restant des pêches en morceaux.

2 Dans un mixeur, à vitesse moyenne, réduire en purée lisse les morceaux de pêches et le sucre.

3 Dans une petite terrine, battre la crème fraîche avec l'extrait d'amande jusqu'à consistance ferme.

4 Avec une spatule en caoutchouc ou un fouet métallique, incorporer la crème fouettée parfumée à la purée de pêches.

POUR SERVIR
Verser la purée avec une cuiller dans des coupes ou des assiettes à dessert ; décorer avec les fruits mis de côté et les feuilles de menthe.

FRAMBOISE

225 g de framboises surgelées

60 g de sucre en poudre

30 cl de crème fraîche

Framboises et feuilles de menthe pour décorer

1 Poudrer les framboises de sucre et les laisser décongeler. Placer un tamis au-dessus d'une grande terrine et passer les framboises décongelées avec leur jus ; jeter les pépins.

2 Dans une petite terrine, battre la crème fraîche avec l'extrait d'amande jusqu'à consistance ferme.

3 Avec une spatule en caoutchouc ou un fouet métallique, mélanger la crème fouettée parfumée avec la purée de framboises.

Crème à la pêche

Crème à la framboise

KIWI

3 gros kiwis

30 g de sucre en poudre

2 gouttes d'extrait de vanille

Feuilles de menthe pour décorer

1 Peler les kiwis. Couper un kiwi en deux par le milieu. Réserver une moitié pour décorer. Couper en morceaux le reste des kiwis.

2 Dans un mixeur, à vitesse moyenne, réduire en purée lisse les morceaux de kiwis et le sucre.

3 Dans une petite terrine, battre la crème fraîche avec l'extrait de vanille jusqu'à consistance ferme.

4 Avec une spatule en caoutchouc ou un fouet métallique, incorporer la crème fouettée parfumée à la purée de kiwis.

Crème au kiwi

FRAISES À LA CRÈME DANS LEUR BOÎTE EN CHOCOLAT

Ce dessert spectaculaire et délicat est facile à réussir si vous suivez bien les explications, et vos invités ne manqueront pas d'être impressionnés par vos dons culinaires ! La combinaison du chocolat noir et des fraises fraîches à la crème crée une composition décorative, idéale pour un repas de fête.

Pour 6 personnes
Peuvent être préparées la veille (jusqu'à l'étape 6) et conservées au frais

175 g de chocolat à cuire cassé en morceaux
30 g de cacao en poudre
175 g de fromage blanc entier
60 g de beurre ramolli
175 g de sucre glace tamisé
2 c. à soupe de lait
45 cl de crème fraîche
700 g de fraises
Feuilles de menthe pour décorer

1 Retourner un moule carré de 23 cm de côté ; appliquer une feuille d'aluminium tout autour du moule pour avoir une forme de boîte. Remettre le moule à l'endroit, démouler la « boîte » et la placer à l'intérieur du moule. Aplanir les plis pour que la boîte en chocolat soit entièrement lisse.

2 Dans une petite terrine, au bain-marie frémissant, faire chauffer le chocolat, en remuant souvent, jusqu'à ce qu'il soit fondu et lisse.

3 Verser le chocolat fondu dans le moule tapissé d'aluminium, en napper régulièrement les côtés et le fond, (voir encadré, ci-dessous). Mettre au froid 1 min, puis napper de chocolat une seconde fois le pourtour du moule, pour renforcer les bords de la boîte en chocolat. Mettre au réfrigérateur jusqu'à ce que le chocolat soit ferme, environ 30 min.

4 Pendant ce temps, préparer la garniture : dissoudre le cacao en poudre dans 2 à 3 c. à soupe d'eau bouillante. Dans une grande terrine, avec un batteur électrique, battre le fromage blanc et le beurre jusqu'à ce qu'ils soient lisses (ne pas utiliser de margarine, car la garniture serait trop molle). Ajouter le sucre glace, le cacao et le lait ; battre jusqu'à consistance très légère et mousseuse.

5 Dans une petite terrine, battre 35 cl de crème fraîche jusqu'à consistance ferme. Avec une spatule en caoutchouc ou un fouet métallique, incorporer la crème fouettée au mélange à base de fromage blanc.

6 Retirer du moule la boîte en chocolat dans sa feuille d'aluminium (voir encadré, ci-dessous), puis décoller délicatement la feuille sur les côtés et sur le fond.

7 Étendre la garniture au fromage blanc uniformément dans la boîte en chocolat. Mettre au réfrigérateur environ 2 h, jusqu'à ce qu'elle soit bien ferme.

8 Dans une petite terrine, fouetter le reste de crème fraîche jusqu'à consistance ferme. La verser à la cuiller dans une poche à douille cannelée.

9 Décorer d'une bordure de crème fouettée de 2,5 cm de large le bord de la garniture à l'intérieur de la caissette en chocolat. Couper en deux les plus grosses fraises et les disposer de manière à recouvrir entièrement la garniture de fromage blanc. Décorer le dessus du dessert avec des feuilles de menthe. Servir le reste des fraises en même temps.

COMMENT FAIRE LA BOÎTE EN CHOCOLAT

Verser le chocolat : répandre doucement le chocolat fondu sur la feuille d'aluminium qui tapisse le moule.

Étaler le chocolat : basculer le moule d'un côté sur l'autre afin que le chocolat nappe tous les côtés et le fond.

Démouler la boîte : soulever délicatement la feuille d'aluminium pour décoller la caissette du moule.

La combinaison des fraises et des feuilles de menthe fraîche donne à ce dessert une touche originale.

MERINGUES

Légère et délicate, croquante et sucrée, la pâte à meringue sert de base à un grand classique comme la pavlova, elle s'utilise en couches pour des gâteaux comme la dacquoise, et se transforme en petites coquilles pour accueillir des garnitures de crème, de fruits et de crèmes glacées. Elle peut aussi prendre la forme de champignons, pour devenir de délicieux petits fours, tandis que les petites meringues, moulées à la cuiller ou à la poche à douille comme pour la crème fouettée, servent à décorer pâtisseries et gâteaux. On les fait cuire au four exactement comme les coquilles de meringue.

PAVLOVA

Pour 8 personnes
Peut être préparée la veille (jusqu'à l'étape 4) et conservée au frais

| 3 blancs d'œufs |
| 175 g de sucre en poudre |
| 1 c. à café de vinaigre |
| 1 c. à café de farine |
| 5 kiwis |
| 30 cl de crème fraîche |

1 Étaler une feuille de papier sulfurisé sur une plaque à pâtisserie et y tracer un cercle de 20 cm de diamètre, à l'aide d'une assiette ou d'un moule.

2 Préchauffer le four à 150 °C (th. 4). Dans une grande terrine, avec un batteur à pleine vitesse, battre les blancs d'œufs en neige peu ferme. Ajouter peu à peu le sucre, 1 c. à soupe à la fois, en battant bien après chaque apport. Mélanger le vinaigre avec la farine et incorporer ce mélange aux blancs d'œufs avec la dernière cuillerée de sucre.

3 Étaler la pâte en cercle sur le papier sulfurisé, dont on aura relevé les bords. Enfourner à mi-hauteur, réduire la température à 140 °C (th. 4) et laisser cuire 1 h, jusqu'à ce que la meringue prenne une couleur crème.

4 Éteindre le four et laisser la pâte refroidir complètement dans le four. Quand elle est froide, la décoller délicatement de la feuille de cuisson et la poser sur un plat de service.

AUTRES GARNITURES DE FRUITS

Les kiwis constituent la garniture classique de la pavlova, mais d'autres fruits peuvent également être utilisés. On peut mélanger un ou plusieurs de ces fruits avec les kiwis, ou les employer seuls.

- Fraises coupées en deux.
- Papayes pelées et découpées en cubes.
- Nectarines et pêches pelées et coupées en tranches.
- Morceaux d'ananas.

5 Avec un couteau aiguisé, peler et couper les kiwis en fines tranches.

6 Dans une petite coupe, battre la crème fraîche jusqu'à consistance ferme.

POUR SERVIR
Verser les deux tiers de la crème sur la meringue ; réserver quelques tranches de kiwis ; disposer les autres sur la crème. Décorer avec le restant de crème et les kiwis mis de côté.

Crème fouettée molle

Kiwis en fines tranches

Une meringue appétissante et moelleuse

DACQUOISE AUX DATTES ET AUX NOIX

Pour 8 personnes
Peut être préparée la veille et conservée au frais

120 g de cerneaux de noix
150 g de dattes dénoyautées
5 blancs d'œufs
225 g de sucre en poudre
25 g de cacao en poudre
Crème au beurre moka (voir encadré, en haut à droite)
Sucre glace pour le décor

1 Réserver quelques cerneaux de noix et quelques dattes pour le décor. Hacher grossièrement le reste des noix et couper les dattes en morceaux de 1 cm.

2 Dans une grande poêle, faire griller les noix hachées à feu moyen jusqu'à ce qu'elles prennent une couleur brun doré, en remuant de temps en temps ; retirer la poêle du feu.

3 Dans deux plats allant au four, étaler du papier sulfurisé ou du papier d'aluminium. En utilisant comme gabarit une assiette ronde ou un moule à gâteau, tracer un cercle sur chaque papier sulfurisé ; mettre de côté.

4 Dans une grande terrine, avec un batteur électrique à pleine vitesse, monter les blancs d'œufs en neige peu ferme. Ajouter peu à peu le sucre, 1 c. à soupe à la fois, en battant bien après chaque ajout jusqu'à ce que le sucre se dissolve complètement et que les blancs d'œufs forment une neige très ferme et brillante.

Les couches de meringue, enrichies de noix, de dattes et de cacao, sont rassemblées par une riche crème au beurre parfumée au moka.

5 Préchauffer le four à 180 °C (th. 5). Dans une petite terrine, avec une cuiller, mélanger les dattes hachées avec 4 c. à soupe de blancs d'œufs en séparant les morceaux. Avec une spatule en caoutchouc, incorporer délicatement au reste de la préparation le cacao, le mélange aux dattes et les noix hachées et grillées.

6 Verser la moitié de la pâte au centre de chaque cercle sur le papier sulfurisé ; à l'aide d'une spatule, étendre la meringue régulièrement en recouvrant complètement le cercle. Placer les plats sur deux grilles ; faire cuire 15 min. Échanger les plats d'une grille à l'autre pour que les meringues dorent régulièrement ; remettre au four 15 min ou jusqu'à ce que les meringues soient bien croquantes à l'extérieur, mais encore moelleuses à l'intérieur.

7 Laisser refroidir les meringues sur les plats posés sur une grille pendant 10 min. À l'aide d'une spatule, détacher délicatement les meringues du papier et les placer sur des grilles pour qu'elles finissent de refroidir. (Si le dessert n'est pas terminé immédiatement, les meringues peuvent être conservées un jour, en les couvrant.)

8 Quand les meringues ont refroidi, préparer la crème au beurre moka (voir encadré, ci-dessus).

Noix et dattes : un avant-goût de ce qui se trouve à l'intérieur de ce succulent gâteau.

CRÈME AU BEURRE MOKA

Dans une grande terrine, mélanger au batteur *450 g de sucre glace tamisé, 90 g de beurre ramolli, 45 g de cacao en poudre* et *5 c. à soupe de café noir chaud* jusqu'à consistance homogène. Battre jusqu'à ce que la crème au beurre soit facile à étaler, en ajoutant un peu de café si nécessaire.

---

9 Placer une couche de meringue, la face plate dessus, sur le plat de service. Recouvrir uniformément de crème au beurre moka ; l'étendre jusqu'à 1 cm du bord. Recouvrir avec la seconde couche de meringue, la face plate dessous ; appuyer doucement. Couvrir ; mettre au réfrigérateur jusqu'à ce que la garniture soit ferme.

POUR SERVIR
Tamiser du sucre glace sur la dacquoise ; décorer avec les dattes et les noix mises de côté. Pendant que le gâteau est ferme, le couper en parts triangulaires, puis le laisser s'attendrir 5 min.

MERINGUES DÉCORATIVES

COQUILLES DE MERINGUE

 Pour 6 coquilles
Peuvent être préparées la veille et conservées au frais

3 blancs d'œufs
175 g de sucre en poudre

1 Préchauffer le four à 140 °C (th. 4).

2 Tapisser la plaque du four d'une feuille de papier sulfurisé ou de papier d'aluminium.

3 Dans une grande terrine, avec un batteur électrique à pleine vitesse, battre les blancs d'œufs en neige pas trop ferme.

4 Ajouter le sucre aux blancs, en battant bien après chaque ajout jusqu'à obtenir une neige très ferme, à l'aspect brillant.

5 Mettre la meringue avec une cuiller dans une grande poche à douille cannelée de taille moyenne. Presser la meringue sur la plaque en 6 ronds de 10 cm, éloignés les uns des autres d'environ 2,5 cm.

6 Faire un décor en étoile avec le reste de meringue, disposé sur chaque rond de meringue.

7 Mettre les meringues au four 45 min. Éteindre le four ; laisser les meringues dans le four encore 45 min pour qu'elles sèchent complètement.

8 Mettre le plat avec les meringues à refroidir sur une grille pendant 10 min. Avec une spatule décoller délicatement les meringues du plat et les laisser refroidir complètement sur une grille.

9 Si on n'utilise pas immédiatement les meringues, les conserver dans une boîte fermée hermétiquement.

MERINGUES MINIATURES

Préparer la meringue comme pour les coquilles de meringue (ci-dessus), jusqu'à l'étape 4. Avec une poche à douille moyenne, déposer 30 ronds de 4 cm sur la plaque tapissée de papier sulfurisé. Avec une cuiller à café, leur donner la forme de nids. Cuire au four 30 min. Éteindre le four ; les y laisser encore 30 min. Laisser refroidir comme ci-dessus (étape 8). On obtient ainsi 30 coquilles miniatures.

MERINGUES CHAMPIGNONS

1 Préchauffer le four à 95 °C (th. 2-3). Recouvrir la plaque du four d'une feuille de papier sulfurisé ou de papier d'aluminium. Préparer une meringue comme pour les coquilles (à gauche).

2 Avec une grande poche à douille, former 24 monticules de 4 cm en forme de chapeau de champignon sur la feuille de papier.

3 Disposer avec la poche à douille le reste de la meringue en 24 monticules pointus ressemblant à des pieds de champignon.

4 Mettre au four 1 h 45. Éteindre le four ; laisser les meringues encore 30 min. Laisser refroidir complètement sur une grille.

5 Casser en morceaux *60 g de chocolat à cuire*, le faire fondre dans une petite terrine au bain-marie, en remuant fréquemment ; laisser un peu refroidir.

6 Avec un couteau, forer un trou au centre de la face inférieure du chapeau de champignon. Placer le chocolat fondu dans le trou ; badigeonner de chocolat le dessous du chapeau.

7 Insérer avec précaution l'extrémité pointue du pied dans le trou empli de chocolat sous le chapeau du champignon.

8 Répéter l'opération avec le reste des chapeaux et des pieds. Laisser le chocolat sécher environ 1 h. Conserver dans un récipient fermé hermétiquement. Avant de servir, tamiser légèrement de la poudre de cacao au-dessus des chapeaux. On obtient ainsi 24 délicieux champignons.

Les coquilles de meringue fourrées de crème glacée ou de crème fouettée, surmontées de fruits frais de diverses couleurs, constituent un joli centre de table.

Les meringues miniatures et les meringues champignons font des petits fours appétissants.

DACQUOISE AUX FRAISES ET AUX AMANDES

- Pour 8 personnes
- Peut être préparée la veille (jusqu'à l'étape 12) et conservée au frais

---

60 g d'amandes effilées
6 blancs d'œufs
225 g de sucre en poudre
600 g de fraises
Crème au beurre au chocolat (voir encadré, en bas)
45 cl de crème fraîche

---

1 Dans une poêle, faire griller les amandes à feu moyen jusqu'à ce qu'elles soient dorées, en remuant fréquemment ; laisser refroidir. Dans un hachoir électrique, moudre finement les amandes ; les réserver.

2 Recouvrir deux grands plats allant au four avec du papier sulfurisé ou du papier d'aluminium. En utilisant comme gabarit une assiette ronde de 20 cm ou un moule à gâteau, tracer deux cercles sur chaque plat.

3 Préchauffer le four à 140 °C (th. 4). Dans une grande terrine, avec un batteur à pleine vitesse, monter les blancs d'œufs en neige pas trop ferme. Ajouter peu à peu le sucre, 1 c. à soupe à la fois, en battant bien jusqu'à consistance de neige très ferme, à l'aspect brillant.

4 Avec une spatule en caoutchouc ou un fouet métallique, incorporer délicatement les amandes dans la pâte à meringue.

5 Verser un quart de ce mélange à l'intérieur de chaque cercle, sur le papier sulfurisé ou le papier d'aluminium ; avec une palette, étaler régulièrement la pâte à meringue de manière à recouvrir tout le cercle.

6 Enfourner les plats sur deux grilles et faire cuire pendant 30 min. Changer les plats de grille afin que les meringues cuisent uniformément ; cuire encore 30 min, jusqu'à ce qu'elles deviennent dorées.

7 Mettre à refroidir les meringues sur des grilles pendant 10 min. Avec une spatule, détacher les meringues des plats et les mettre sur les grilles ; les laisser refroidir complètement.

8 Laver et équeuter 150 g de fraises, puis les couper en lamelles. Préparer la crème au beurre au chocolat.

9 Placer une abaisse de meringue sur le plat de service ; y étaler le tiers de la crème au beurre ; recouvrir avec le tiers de fraises. Constituer deux autres couches et terminer par une abaisse de meringue (voir encadré, à droite).

10 Dans une terrine de taille moyenne, fouetter la crème fraîche jusqu'à consistance ferme. Verser à la cuiller environ le tiers de la crème fouettée dans une poche à grosse douille cannelée ; réserver.

11 Étendre le restant de crème fraîche sur le dessus et les bords du gâteau. Avec la crème de la poche à douille, décorer le pourtour supérieur.

12 Mettre la dacquoise à glacer au réfrigérateur pendant 4 h pour attendrir légèrement les abaisses de meringue, qui seront ainsi plus faciles à couper.

13 Découper 16 tranches dans les fraises restantes ; les incruster délicatement dans la crème sur tout le pourtour du gâteau.

14 Décorer le dessus du gâteau avec le reste des fraises, équeutées et coupées en deux.

CRÈME AU BEURRE AU CHOCOLAT

Dans une grande terrine, avec un batteur électrique, battre *450 g de sucre glace tamisé, 90 g de beurre ramolli, 3 c. à soupe de lait et 45 g de cacao en poudre* jusqu'à ce que le mélange soit lisse. Ajouter plus de lait, si nécessaire, jusqu'à ce que la crème au beurre s'étale facilement.

POUR ASSEMBLER LA DACQUOISE

Étendre la couche supérieure de crème au beurre : *avec une spatule, étaler régulièrement la troisième couche de crème au beurre sur la troisième abaisse de meringue.*

Disposer les fraises : *mettre le restant de fraises en tranches sur la crème au beurre au chocolat.*

Recouvrir de meringue : *placer la quatrième abaisse de meringue sur le dessus pour terminer.*

POUR SERVIR
Après avoir recouvert
la dacquoise
avec la crème fouettée,
utiliser une fourchette
pour faire des lignes
décoratives verticales
sur tout le pourtour ; décorer
avec des tranches de fraises,
juste avant de servir.

Crêpes et Galettes

Les crêpes peuvent être pliées, roulées ou empilées, avec ou sans garniture, pour constituer chaque fois un nouveau dessert, mais on peut également les déguster telles quelles, en les poudrant simplement de sucre, avec un filet de citron. Comme une face est toujours plus dorée que l'autre, il faut mettre le côté pâle en haut lorsqu'on plie ou qu'on roule les crêpes, afin que le côté doré, plus attrayant, reste seul visible.

POUR CONGELER LES CRÊPES

Les crêpes, une fois préparées, peuvent être congelées pendant 2 mois. Après avoir empilé les crêpes en intercalant des feuilles de papier sulfurisé, les laisser refroidir, puis les emballer hermétiquement dans une feuille de papier d'aluminium ; étiqueter et stocker au congélateur. Utiliser dans les 2 mois. Pour les décongeler, les laisser enveloppées pendant environ 2 h à température ambiante.

CRÊPES

Pour 8 à 10 crêpes

120 g de farine
1 œuf battu
30 cl de lait et d'eau mélangés
1 c. à soupe d'huile de tournesol
Huile d'arachide

1 Mettre la farine dans une terrine et faire un puits au centre. Ajouter l'œuf battu et mélanger peu à peu avec le mélange d'eau et de lait. À l'aide d'un fouet, incorporer la farine en partant des bords. Bien battre jusqu'à ce que la pâte soit lisse. Ajouter le reste du liquide et l'huile.

2 Avec un pinceau à pâtisserie, bien badigeonner d'huile le fond d'une crêpière de 17,5 cm et celui d'une poêle à frire de 25 cm.

3 Faire chauffer les deux poêles sur feu moyen.

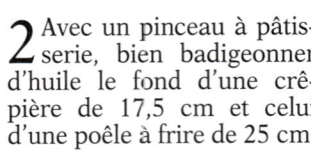

Incliner la poêle pour recouvrir le fond uniformément.

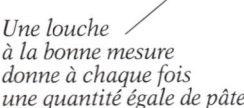

Une louche à la bonne mesure donne à chaque fois une quantité égale de pâte.

4 Verser de 3 à 4 c. à soupe de pâte dans la crêpière ; incliner la poêle pour recouvrir le fond uniformément. Faire cuire la crêpe 2 min, jusqu'à ce que le dessus soit pris et le dessous légèrement doré.

5 À l'aide d'une spatule, détacher délicatement la crêpe par en dessous.

6 Retourner la crêpe dans la poêle à frire brûlante. Faire cuire de l'autre côté environ 30 s. Pendant que la première crêpe cuit, en commencer une autre dans la crêpière.

7 Faire glisser la crêpe sur du papier sulfurisé. Répéter l'opération jusqu'à ce que toute la pâte soit utilisée, en empilant les crêpes sur du papier sulfurisé. Les utiliser aussitôt ou les envelopper dans du papier d'aluminium, puis les réfrigérer ou les congeler.

CRÊPES SUZETTE

  Pour 6 personnes
Préparation et cuisson : 1 h environ

---
12 crêpes (voir p. 44)
---
1 grosse orange
---
60 g de beurre
---
30 g de sucre en poudre
---
4 c. à soupe de liqueur d'orange

Tranches d'orange et zeste d'orange en julienne pour décorer
---

1 Préparer les crêpes (si elles sont congelées, les laisser enveloppées environ 2 h à température ambiante jusqu'à ce qu'elles soient décongelées).

2 Environ 30 min avant de servir, râper 1/2 c. à café de zeste de l'orange. Couper l'orange en deux ; presser assez de jus pour obtenir 5 c. à soupe.

3 Préparer la sauce : dans une grande poêle à frire ou un réchaud de table, à feu doux, verser le zeste d'orange râpé, le jus, le beurre et le sucre. Chauffer doucement jusqu'à ce que le beurre soit fondu.

4 Plier chaque crêpe en deux, puis en quatre.

5 Placer les crêpes dans la poêle ou sur le réchaud de table avec la sauce et faire chauffer.

6 Dans une très petite casserole, chauffer à feu doux la liqueur jusqu'à ce qu'elle soit tiède ; enlever la casserole du feu. Enflammer la liqueur à l'aide d'une allumette ; la verser aussitôt sur les crêpes.

POUR FLAMBER

Durant l'opération, une partie de l'alcool brûle et, lorsque les flammes disparaissent, la préparation a pris une saveur délicieuse ; elle est prête à être dégustée. Les crêpes Suzette sont un grand classique. On les utilise aussi pour les cerises en fête (voir recette ci-dessous). Voici quelques astuces pour les réussir.

- Utiliser une poêle à frire ou un réchaud de table peu profond, pour donner plus d'oxygène aux flammes et qu'elles brûlent le plus longtemps possible.

- Les plats de service doivent supporter la chaleur ; éviter de choisir son plus beau service en cristal.

- Pour enflammer l'alcool, utiliser des allumettes de sécurité ou de grandes allumettes à bougies, mais éviter les allumettes en pochette.

- Chauffer légèrement l'alcool à feux doux avant d'y mettre le feu, soit dans une toute petite casserole, soit dans une louche, jusqu'à ce qu'il soit tiède et non brûlant.

- Tenir l'allumette au-dessus de l'alcool pour enflammer les vapeurs, puis verser celui-ci doucement sur le dessert. Ou bien, s'il n'y a pas beaucoup de liquide dans la poêle, verser l'alcool tiède dans la poêle (ne pas remuer) et allumer. Pencher la poêle pour faire brûler les flammes le plus longtemps possible.

- Servir dès que les flammes s'éteignent.

CERISES EN FÊTE
Juste avant de servir, mettre de *la glace à la vanille* dans 6 coupes à dessert. Dans une grande poêle ou un réchaud de table, remuer *300 g de gelée de groseille* jusqu'à consistance lisse. Ajouter une boîte de *425 g de cerises noires dénoyautées et égouttées* ; faire chauffer jusqu'à ce que le mélange frémisse. Verser *12,5 cl de cognac* ; chauffer, sans remuer, pendant 1 min. Allumer le cognac avec une allumette. Verser à la cuiller les cerises enflammées sur la glace à la vanille. Pour 6 personnes.

POUR SERVIR
Lorsque les flammes se sont éteintes, disposer les crêpes sur des assiettes chaudes ; décorer avec les tranches d'orange et les lanières de zeste d'orange.

CRÊPES AU FROMAGE BLANC, SAUCE AUX CERISES

Pour 6 personnes
Préparation et cuisson : 1 h environ

12 crêpes (voir p. 44)
350 g de lait caillé
175 g de fromage blanc entier
60 g de sucre en poudre
1/2 c. à café d'extrait de vanille

Sauce aux cerises
1 boîte de 425 g de cerises noires au sirop dénoyautées
60 g de sucre en poudre

1 Préparer les crêpes (si vous utilisez des crêpes congelées, les laisser enveloppées à température ambiante pendant environ 2 h jusqu'à ce qu'elles soient décongelées).

2 Environ 30 min avant de servir, dans une terrine de taille moyenne, battre au batteur électrique le lait caillé, le fromage blanc, le sucre et l'extrait de vanille jusqu'à consistance lisse.

3 Étendre 1 c. à soupe du mélange au fromage blanc sur chaque crêpe.

4 Replier légèrement vers le centre un côté, puis le côté opposé.

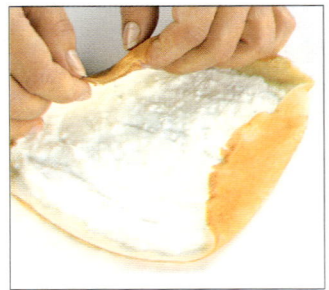

5 Rouler la crêpe comme une bûche de Noël, en partant de l'un des côtés non repliés.

6 Préparer la sauce aux cerises : mettre les cerises et leur sirop dans une poêle ou un poêlon ; ajouter le sucre et porter à ébullition, en remuant. Laisser mijoter 5 min, jusqu'à ce que le sirop ait légèrement réduit, en remuant de temps en temps.

7 Ajouter les crêpes à la sauce aux cerises dans la poêle. Faire réchauffer à feu doux pendant 10 min.

Les crêpes sont roulées comme des bûches de Noël autour d'une farce au fromage blanc.

Ici, les cerises en boîte sont utilisées pour faire une sauce simple à verser sur les crêpes ; en saison, prenez des cerises fraîches.

POUR SERVIR
Mettre 2 crêpes sur chaque assiette et les arroser de sauce avec une cuiller.

CRÊPES À L'ANANAS

Pour 6 personnes
Préparation et cuisson : 1 h 30

12 crêpes (voir p. 44)
Crème anglaise à la vanille (voir encadré, à droite)
1 gros ananas
350 g de framboises
6 c. à soupe de sucre glace
6 c. à soupe de cognac (facultatif)

1 Préparer les crêpes. Préparer la crème à la vanille et la mettre au réfrigérateur.

2 Environ 45 min avant de servir, couper les deux extrémités de l'ananas avec un couteau aiguisé ; enlever la peau. Fendre l'ananas en deux dans le sens de la longueur ; enlever le centre de chaque moitié. Couper les moitiés d'ananas dans le sens de la largeur en tranches de 5 mm d'épaisseur ; mettre de côté.

3 Dans un tamis au-dessus d'une terrine, presser avec le dos d'une cuiller 300 g de framboises ; jeter tous les pépins restés dans la passoire. Réserver la purée.

4 Préchauffer le gril à température maximale. Placer 3 crêpes dans un grand plat allant au four. Sur chaque crêpe, étendre environ 2 c. à soupe de crème à la vanille ; disposer plusieurs tranches d'ananas sur le dessus de la crème.

5 Étaler encore environ 2 c. à soupe de crème sur chaque crêpe garnie d'ananas ; surmonter d'une autre crêpe et d'une tranche d'ananas. Tamiser régulièrement du sucre glace au-dessus de chaque crêpe farcie.

6 Glisser le plat sous le gril très chaud ; faire gratiner les crêpes pendant 6 à 8 min jusqu'à ce que le sucre soit caramélisé. Sortir le plat du four ; avec une spatule, faire glisser les crêpes farcies sur deux grands plats de service ; garder au chaud. Répéter l'opération pour les 3 autres crêpes, et ainsi de suite.

POUR SERVIR
Verser à la cuiller la purée de framboises autour des crêpes chaudes. Arroser chaque assiette avec environ 1 c. à soupe de cognac et, si on le désire, poudrer de sucre glace. Décorer avec des framboises fraîches.

CRÈME ANGLAISE À LA VANILLE

Dans une casserole de taille moyenne, porter à ébullition *25 cl de lait* sur feu moyen ; retirer du feu. Dans une terrine de taille moyenne, fouetter *3 jaunes d'œuf*, *1/2 c. à café d'extrait de vanille* et *60 g de sucre en poudre* jusqu'à ce que le mélange épaississe et devienne jaune pâle ; incorporer *30 g de farine*, en battant. Ajouter la moitié du lait chaud, en fouettant ; verser ce mélange dans le reste du lait, en remuant constamment.
Cuire à feu modéré, en remuant, jusqu'à épaississement. Réduire le feu ; cuire 1 min. Verser dans une petite terrine. Pour empêcher qu'une peau ne se forme, appliquer un papier sulfurisé humide directement à la surface de la crème.

GALETTE RENVERSÉE AUX POMMES

  Pour 6 personnes
Préparation et cuisson : 40 min

3 grosses pommes reinette
60 g de beurre
1 c. à café de cannelle en poudre
120 g de sucre en poudre
50 g de farine
5 c. à soupe de lait
1/2 c. à café de levure
4 œufs, jaunes et blancs séparés

1 Peler puis épépiner les pommes ; couper chaque pomme en tranches de 3 mm environ.

2 Faire chauffer une grande poêle à feu modéré. Y faire fondre le beurre (ne pas utiliser de margarine : elle se dissocie du sucre pendant la cuisson), puis ajouter la cannelle et 60 g de sucre ; mélanger et retirer rapidement la poêle du feu.

3 Dans ce mélange encore chaud, ranger les tranches de pomme en les faisant se chevaucher (voir encadré, ci-dessous). Répéter l'opération avec un cercle de pommes plus petit au centre.

4 Remettre la poêle sur feu doux 10 min, jusqu'à ce que les pommes soient tendres mais encore croquantes (voir encadré, ci-dessous).

5 Pendant ce temps, préchauffer le four à 200 °C (th. 6). Dans une terrine de taille moyenne, battre à la fourchette la farine, le lait, la levure et les jaunes d'œufs jusqu'à ce que le mélange soit homogène. Réserver.

6 Dans une grande terrine, battre le restant de sucre et les blancs d'œufs en neige pas trop ferme. Avec une spatule en caoutchouc, incorporer délicatement les blancs d'œufs au mélange de jaunes d'œufs.

7 Couvrir de cette préparation les tranches de pomme dans la poêle (voir encadré, ci-dessous) ; avec une spatule en caoutchouc, lisser la pâte régulièrement.

Si les tranches de pomme sont disposées avec soin dans la poêle avant la cuisson, elles auront ce bel aspect une fois la galette retournée.

8 Mettre la poêle au four (si la poignée n'est pas entièrement métallique, la protéger avec du papier d'aluminium). Faire cuire au four pendant 10 min, jusqu'à ce que la galette soit brun doré. Retirer du four et retourner la galette avec précaution sur un plat de service chaud.

POUR DISPOSER LES POMMES ET LA PÂTE DANS LA POÊLE

Disposer les tranches de pomme : autour de la poêle, placer les tranches de pomme en cercle. Les faire se chevaucher pour qu'elles cuisent uniformément.

Vérifier la cuisson : avec les dents d'une fourchette, piquer doucement les pommes. Elles sont cuites lorsque les dents s'enfoncent facilement.

Napper les tranches de pomme : avec une grande cuiller métallique, verser lentement la pâte aux œufs sur les tranches de pomme.

Verser délicatement la pâte aux œufs sur les tranches de pomme, sinon les fruits risquent de se déplacer et le dessert aura moins bel aspect.

Desserts aux Fruits

Savourés au maximum de leur fraîcheur et de leur saveur, les fruits sont un véritable dessert naturel. Mais vous pouvez aussi les transformer en une gamme variée de délicieux desserts, des simples macédoines, comme les fruits au gingembre et la coupe de fruits, aux préparations plus élaborées, comme les grappes de raisin à la gelée de citron et le gâteau aux fruits frais. Les transports aériens ont modifié l'approvisionnement des fruits traditionnels, et nous pouvons déguster aujourd'hui de nombreux fruits exotiques qui renouvellent saveurs, couleurs et parfums tout au long de l'année.

FRUITS AU GINGEMBRE

Pour 8 personnes
Préparation et refroidissement :
1 h 30

850 g d'abricots au sirop
475 g de figues au sirop
3 grosses pommes rouges
3 grosses poires
350 g de raisin noir sans pépins
350 g de raisin blanc sans pépins

4 c. à soupe de racine de gingembre haché au sirop (en vente dans les magasins de produits exotiques)
2 c. à soupe de jus de citron

1 Dans un grand compotier, verser les abricots et les figues avec leur sirop.

2 Avec un couteau aiguisé, couper les pommes et les poires, lavées mais non pelées, en bouchées ; enlever le cœur et les pépins.

3 Ajouter les pommes et les poires à la salade de fruits avec les raisins, le gingembre et le jus de citron ; remuer pour bien mélanger.

4 Recouvrir et mettre au réfrigérateur pendant au moins 1 h pour bien mélanger les saveurs.

Cette combinaison de fruits frais et de fruits en boîte peut être servie tout au long de l'année, mais les raisins seront plus chers hors saison.

CERISES EN GELÉE

Pour 4 personnes
Peuvent être préparées la veille et conservées au frais

---

425 g de cerises noires dénoyautées au sirop

140 g de gelée de cerises ou de cassis

4 c. à soupe de liqueur de cerises

Crème Blanche-Neige (voir encadré, à droite) ou 30 cl de crème fraîche

1 c. à soupe de nappage au chocolat

Zeste de citron (voir p. 62) pour décorer (facultatif)

Les « virgules » sont dessinées avec la pointe d'un couteau sur des touches de nappage au chocolat posées sur la crème avec une poche à douille.

1 Verser le sirop de la boîte de cerises dans un grand verre mesureur ; mettre de côté les cerises.

2 Ajouter suffisamment d'eau au sirop pour obtenir 60 cl de liquide.

3 Chauffer le liquide dans une grande casserole ; ajouter la gelée et remuer jusqu'à dissolution. Enlever la casserole du feu.

4 Incorporer la liqueur de cerises au mélange à base de sirop et de gelée.

Dans cette présentation, chaque gelée a été prise dans un moule différent, pour obtenir des formes variées.

5 Verser cette préparation dans une grande terrine ; couvrir et mettre au réfrigérateur jusqu'à ce que la gelée prenne consistance, environ 1 h, en remuant doucement de temps en temps.

6 Lorsque la gelée est prise, incorporer les cerises avec précaution. Verser le mélange avec une cuiller dans 4 moules individuels. Couvrir et mettre au réfrigérateur jusqu'à ce que la gelée soit ferme, environ 3 h ou, mieux, toute la nuit.

7 Pendant ce temps, préparer éventuellement la crème Blanche-Neige ; mettre au réfrigérateur.

CRÈME BLANCHE-NEIGE

Dans une casserole moyenne qui n'attache pas, battre *4 jaunes d'œufs* et *60 g de sucre en poudre* jusqu'à ce que le mélange soit homogène. Incorporer ensuite *45 cl de crème fraîche* et cuire à feu modéré, en remuant constamment avec une cuiller en bois, jusqu'à ce que le mélange épaississe et nappe bien la cuiller, environ 25 min (surtout ne pas laisser bouillir). Enlever la casserole du feu ; incorporer *1/2 c. à café d'extrait de vanille*. Pour

empêcher la formation d'une peau lors du refroidissement, poser un papier sulfurisé humide directement sur le dessus de la crème brûlante.

8 Pour servir, retourner chaque moule dans une coupe ou un bol. Verser la crème Blanche-Neige autour de la gelée (si on utilise de la crème fraîche, la battre légèrement avant).

9 Poser des touches de nappage au chocolat sur la crème avec une poche à douille pour former des petites « virgules » (voir p. 24). On peut également ajouter un zeste de citron.

Les cerises et la liqueur entrent pour beaucoup dans le goût exquis de ce dessert pourtant très simple à réaliser.

POIRES POCHÉES

Pour 12 personnes
Préparation et refroidissement :
4 h 30

1 l de jus de myrtilles ou de liqueur de cassis diluée
100 g de sucre en poudre
1 citron moyen coupé en deux
12 poires fermes de taille moyenne
2 c. à soupe de gelée de groseilles
Menthe fraîche pour décorer

1 Dans une grande cocotte, mélanger le jus de fruits ou la liqueur diluée, le sucre, le citron et 45 cl d'eau.

POUR SERVIR
Disposer les poires dans un compotier ; verser le sirop sur les poires. Décorer avec des feuilles de menthe.

2 Peler 6 poires, en prenant bien soin de conserver les queues.

3 Avec un couteau aiguisé, couper les poires pelées en deux, dans le sens de la longueur. Avec une cuiller à café, retirer délicatement le cœur et les pépins.

4 Lorsque les 6 poires sont préparées, les placer dans le mélange à base de jus de fruits en les retournant pour bien les enrober afin qu'elles ne noircissent pas.

5 Porter le mélange à ébullition à feu vif. Réduire le feu au minimum ; couvrir et laisser mijoter de 10 à 15 min, jusqu'à ce que les poires soient tendres. Avec une écumoire, transférer les demi-poires dans un grand compotier.

6 Répéter les mêmes opérations (étapes 2 à 5) avec les 6 poires restantes.

7 Quand toutes les poires sont pochées, porter le liquide de cuisson à ébullition ; faire cuire à découvert pendant environ 20 min, jusqu'à ce que le mélange ait réduit à environ 35 cl.

Quelques-unes des demi-poires sur le pourtour gardent leur queue, pour décorer.

LES POIRES

Les meilleures variétés de poires à cuire sont la williams et la passe-crassane. Si vous avez une cuiller parisienne, vous pouvez l'utiliser à la place d'une cuiller à café pour enlever facilement le cœur et les pépins. Après avoir ôté toute la partie centrale, faire glisser la cuiller parisienne de la tige au bas de la poire pour retirer les parties fibreuses.
Pour éviter que les poires pelées ne s'oxydent, les arroser de jus de citron.

8 Ajouter la gelée de groseilles au liquide brûlant ; mélanger pour dissoudre. Verser le sirop brûlant sur les demi-poires dans le compotier ; laisser refroidir. Couvrir et mettre au réfrigérateur jusqu'à ce que les poires soient glacées, environ 3 h, en les retournant de temps en temps.

Les poires ont été pochées dans du jus de myrtilles pour les colorer d'un rose délicat.

52 • DESSERTS AUX FRUITS

POIRES AU SABAYON

 Pour 4 personnes
Commencer 10 min avant de servir

2 grosses poires
12,5 cl de crème fraîche
1 c. à soupe de marsala doux
1 c. à café de sucre glace tamisé
Menthe fraîche pour décorer

1 Laver les poires et les couper en deux, dans le sens de la longueur ; avec une cuiller à café, enlever le cœur et les pépins, puis faire glisser la cuiller de la tige à l'autre bout pour enlever les parties fibreuses.

2 Avec un couteau aiguisé, couper chaque moitié de poire en lamelles, en s'arrêtant un peu avant la queue.

3 Placer chaque demi-poire, côté coupé en dessous, sur une assiette à dessert ; écarter avec précaution les lamelles en éventail.

4 Dans une petite terrine, fouetter la crème fraîche avec le marsala et le sucre pour obtenir un sabayon mousseux.

5 Napper à la cuiller chaque assiette de sabayon à côté de la poire. Décorer avec de la menthe.

SABAYON
De nombreuses recettes de crème sont à base de vin et d'œufs, mais le sabayon italien (zabaione) est probablement la plus connue. Son ingrédient principal, le marsala, est un vin blanc aromatique additionné d'eau-de-vie, puis de sirop de raisin. Il a un bouquet sombre et riche qui rappelle un vieux xérès doux. Traditionnellement en effet, le sabayon est fait avec des jaunes d'œufs, cuits dans une terrine au bain-marie jusqu'à ce qu'ils épaississent, mais cette méthode de cuisson n'est plus conseillée aujourd'hui. L'utilisation de crème fraîche, comme dans cette recette, donne un goût délicieux et tout à fait comparable.

Les poires sont coupées en tranches dans le sens de la longueur, sans aller jusqu'à la tige.

PÊCHES POCHÉES AU VIN ROSÉ

Pour 6 personnes
Peuvent être préparées la veille et conservées au frais

---
60 cl de vin rosé
---
8 feuilles de mélisse, plus quelques-unes pour décorer
---
75 g environ de sucre en poudre

Le zeste râpé d'un citron
---
6 grosses pêches

POUR PELER LES PÊCHES

1 À l'aide d'une écumoire, plonger les pêches environ 15 s dans une casserole d'eau bouillante.

2 Avec l'écumoire, transférer immédiatement les pêches dans une casserole ou une terrine d'eau froide.

3 Retirer les pêches de l'eau ; enlever délicatement la peau à l'aide d'un couteau aiguisé.

1 Dans une cocotte assez grande pour accueillir les pêches, mélanger le vin, les 8 feuilles de mélisse, le sucre, le zeste de citron et 45 cl d'eau.

2 Peler les pêches (voir encadré, en haut à droite). Mettre les pêches dans le mélange au vin dès qu'elles sont épluchées, pour éviter qu'elles ne noircissent.

3 Porter les pêches et le vin à ébullition à feu vif, puis réduire à feu doux. Couvrir et laisser mijoter pendant 5 à 10 min, en remuant de temps en temps la cocotte.

4 Verser les pêches et le vin dans une grande terrine avec une cuiller. Couvrir et mettre au réfrigérateur pendant au moins 6 h ou toute la nuit. Enlever les feuilles de mélisse avant de servir.

Décorer les pêches avec des feuilles de mélisse fraîche, qui rappelleront le parfum de la cuisson.

FRUITS RAFRAÎCHIS

Beaucoup de fruits forment naturellement de véritables coupes. Une fois évidés, ils peuvent être utilisés pour des présentations décoratives.

Vous pouvez, par exemple, denteler tout le bord de l'écorce d'un melon, d'une orange, ou leur donner une forme de panier, en gardant ou non une bande sur le dessus pour former une poignée ; les ananas peuvent être évidés, en conservant une partie de leurs feuilles, créant ainsi d'attrayantes coupes de fruits, dont le contenu sera toujours coupé en morceaux pour être plus facile à déguster.

Vous pouvez créer de très jolis effets en réalisant des contrastes de couleurs et d'aspects : ainsi les fruits rouges – pastèque ou framboises, par exemple – ressortiront sur la pulpe vert pâle d'un melon, alors que le vert vif d'un kiwi tranchera sur la chair ambrée d'une papaye ; pour un effet tout en subtilité, mélangez des boules de melon, de melon d'Espagne et de pastèque.

Coupe de melon
Couper un melon en deux. Évider chaque moitié, puis la remplir de boules de melon, de melon d'Espagne et de pastèque. Pour rehausser l'ensemble, ajouter quelques myrtilles et décorer avec des feuilles de menthe.

Coupe de melon d'Espagne
Découper la partie supérieure d'un melon d'Espagne ; retirer les graines. Emplir le melon de framboises et de boules de pastèque, en les faisant monter en dôme.

Pastèque en panier
Dans une petite pastèque ronde, pratiquer une incision horizontale de 5 cm, à partir de chaque extrémité, sans faire entièrement le tour ; laisser une bande de 2,5 cm au centre. Puis pratiquer deux incisions verticales du sommet jusqu'aux incisions horizontales, pour réaliser une anse. Évider la pastèque. Décorer par des dentelures sur le rebord du panier. Emplir de boules de pastèque, de melon ou de melon d'Espagne, et décorer de feuilles de menthe.

Papaye en bateau
*Couper la papaye en deux, dans le sens de la longueur.
Oter les graines ; retirer la chair et la couper en bouchées.
Emplir les moitiés de papaye de cubes de papaye et de melon.
Décorer de triangles de kiwi et de feuilles de menthe.*

Demi-pamplemousse garni
*Couper un pamplemousse en pratiquant une frise en zigzag.
Enlever les quartiers.
Emplir de clémentines au sirop et de framboises.
Décorer de feuilles de menthe.*

Ananas en bateau
*Couper un ananas en deux, dans le sens de la longueur.
Enlever la partie centrale et la pulpe.
Découper une fine tranche sur le dessous.
Emplir l'écorce de kiwi et d'ananas ;
couronner d'une demi-fraise.*

Fruits à la crème
*Inciser en X le sommet de figues, de kiwis (épluchés) et de fraises.
Écarter doucement pour former des « pétales » ;
avec une poche à douille, remplir de crème fouettée le centre de chaque fruit.*

GRAPPES DE RAISIN
EN GELÉE DE CITRON

 Pour 8 personnes
Peuvent être préparées la veille et conservées au frais

Feuilles de menthe

2 paquets de gelée de citron (en vente dans les épiceries fines)

450 g de fromage blanc

30 cl de crème fraîche

Zeste râpé et jus de 2 citrons

120 g de raisin blanc sans pépins

350 g de raisin noir sans pépins

Les couches de fromage blanc et de gelée de citron ont un aspect très appétissant, ainsi couronnées de grappes de raisin.

1 Hacher suffisamment de feuilles de menthe pour en avoir 2 c. à café ; réserver.

2 Dissoudre 1 paquet de gelée de citron dans 15 cl d'eau bouillante. Dans un robot ménager, mélanger la gelée liquide, le fromage blanc, la crème, le zeste, le jus des citrons et la menthe jusqu'à consistance lisse. Verser le tout dans un moule à charnière ; couvrir et mettre au réfrigérateur environ 1 h.

3 Pendant ce temps, dans une terrine de taille moyenne, dissoudre le second paquet de gelée de citron dans 60 cl d'eau bouillante. Mettre au réfrigérateur environ 1 h, jusqu'à ce que la gelée ait refroidi, mais sans prendre complètement.

4 Pendant que la gelée et le mélange au fromage blanc refroidissent, couper en deux avec un couteau, dans le sens de la longueur, chaque grain de raisin blanc et 120 g de raisin noir.

5 Avec des ciseaux de cuisine, couper le restant de raisin noir en grappillons pour décorer ; les mettre au réfrigérateur.

6 Reconstituer délicatement les grappes de raisin sur la couche de fromage blanc dans le moule à charnière (voir encadré, à droite). Verser soigneusement juste assez de gelée sur les grappes pour les recouvrir.

7 Couvrir le moule et le placer au réfrigérateur, environ 20 min, jusqu'à ce que la gelée soit presque prise. Prendre bien soin de laisser la gelée de citron restante à température ambiante pour qu'elle ne prenne pas.

8 Verser le restant de gelée de citron sur le raisin (voir encadré, à droite). Couvrir et mettre au réfrigérateur, environ 3 h, jusqu'à prise complète de la gelée.

9 Démouler le dessert (voir encadré, à droite).

MOULER LE DESSERT

Faire les grappes de raisin : disposer les moitiés de grains de raisin en deux grappes sur la couche de fromage blanc dans le moule à charnière.

Verser la gelée de citron sur le raisin : verser très soigneusement le restant de gelée de citron sur les grappes reconstituées ; certains grains peuvent rester à découvert.

Démouler le dessert : avec une palette plongée dans l'eau bouillante, dégager les bords de la gelée ; retirer le moule.

POUR SERVIR
Présenter le dessert
sur un plat de service ;
décorer avec les grappes
mises de côté
et des feuilles de menthe.

COUPE DE FRUITS

Pour 8 personnes
Peut être préparée la veille et conservée au frais

300 g de sucre en poudre
3 c. à soupe de jus de citron
1 petit ananas
1 petit melon d'Espagne
1 petit melon
2 oranges
2 grosses nectarines ou 4 abricots
2 grosses prunes rouges (facultatif)
225 g de raisin blanc sans pépins
2 kiwis

1 Dans une casserole de taille moyenne, faire chauffer à feu moyen jusqu'à ébullition 45 cl d'eau, le sucre et le jus de citron ; faire cuire pendant 15 min, jusqu'à formation d'un sirop léger. Verser dans une terrine ; laisser refroidir, puis couvrir et mettre au réfrigérateur jusqu'à ce que ce soit bien glacé.

2 Pendant ce temps, préparer l'ananas (voir encadré, en haut à droite).

3 Couper le melon et le melon d'Espagne en tranches verticales ; ôter toutes les graines. Enlever l'écorce, puis couper la chair des melons en bouchées.

4 Avec un couteau bien aiguisé, peler les oranges, en retirant les membranes blanches ; dégager les membranes de chaque quartier.

5 Laver et couper en deux les nectarines ou les abricots, et éventuellement les prunes, et ôter les noyaux ; les couper en tranches. Couper les grains de raisin en deux.

6 Dans une grande coupe de service, mélanger doucement les fruits préparés. Verser le sirop glacé sur les fruits. Couvrir et mettre au réfrigérateur jusqu'à ce que ce soit bien glacé, en remuant fréquemment.

Les nectarines et les prunes conservent leur peau pour créer un contraste de couleurs.

PRÉPARATION DE L'ANANAS

1 Avec un couteau aiguisé, couper les deux extrémités de l'ananas.

2 Faire tenir l'ananas verticalement ; couper l'écorce en larges bandes.

3 Couper l'ananas à partir du centre en larges bandes ; retirer la partie centrale.

4 Couper les bandes d'ananas en bouchées.

Cette coupe de fruits est un dessert d'été très agréable ; on peut varier les fruits en fonction du marché.

> **POUR SERVIR**
> Peler et couper les kiwis en tranches. Les mélanger délicatement à la salade de fruits.

FRUITS D'ÉTÉ
AVEC DU YAOURT À LA CHANTILLY ET AUX AMANDES

Pour 8 personnes
Préparation : 30 min

Yaourt à la chantilly et aux amandes (voir encadré, en haut à droite)

| 4 gros kiwis |
| 4 prunes moyennes |
| 2 grosses pêches |
| 2 bananes moyennes |
| 1 petit melon |
| 120 g de framboises |
| 120 g de myrtilles |
| 120 g de mûres |

Feuilles de menthe et amandes effilées pour décorer

1 Préparer le yaourt à la chantilly et aux amandes ; le verser avec une cuiller dans une petite coupe de service. Couvrir et laisser au réfrigérateur jusqu'au moment de servir.

2 Environ 20 min avant de servir, peler les kiwis avec un couteau aiguisé ; les couper en deux dans le sens de la longueur.

3 Laver prunes et pêches et les couper en deux ; ôter les noyaux. Peler les bananes ; les couper en deux horizontalement, puis en deux verticalement.

4 Avec un couteau aiguisé, couper le petit melon en tranches fines ; enlever soigneusement les pépins et l'écorce.

5 Disposer les fruits préparés sur un grand plat de service. Couronner l'ensemble avec les framboises, les myrtilles et les mûres.

YAOURT À LA CHANTILLY ET AUX AMANDES

Fouetter *30 cl de crème fraîche, 45 g de sucre glace tamisé* et *1 c. à café d'extrait d'amande* jusqu'à consistance ferme. Avec une spatule en caoutchouc ou un fouet métallique, incorporer *300 g de yaourt* jusqu'à ce que le mélange soit homogène.

POUR SERVIR
Décorer le dessert de feuilles de citronnier ; décorer le yaourt d'amandes effilées et servir en nappant les fruits.

PYRAMIDE DE FRUITS FRAIS

Cette présentation spectaculaire est réalisée avec des melons et des melons d'Espagne bien mûrs et juteux, des myrtilles, des fraises, des framboises, des kiwis et de l'ananas. Elle constitue un décor idéal pour un buffet d'été ou pour toute réception où les invités se servent tout seuls. Vous pouvez la préparer à l'avance et la conserver au réfrigérateur jusqu'au moment de servir. Les personnes soucieuses de leur ligne apprécieront particulièrement ce mélange tel quel, mais vous pouvez y rajouter avec bonheur quelques cuillerées de crème au cointreau.

Pour 8 à 10 personnes
Préparation et refroidissement : 3 h

1 gros melon
1 melon d'Espagne de taille moyenne
1 gros ananas
2 gros kiwis
350 g de fraises
225 g d'airelles
225 g de framboises
Crème au cointreau (voir encadré, p. 61)
Feuilles de menthe pour décorer

1 Couper le melon et le melon d'Espagne en 4 tranches verticales. Avec une cuiller, ôter les pépins. Couper des tranches horizontales de 2,5 cm d'épaisseur. Enlever l'écorce de chaque tranche. Mettre de côté.

2 Enlever les feuilles et l'écorce de l'ananas. Couper l'ananas en deux dans le sens de la longueur ; le couper horizontalement en tranches épaisses de 1 cm. Oter le cœur dur de chaque tranche. Couper environ un quart des tranches d'ananas en bouchées. Peler les kiwis ; les couper en tranches dans le sens de la longueur.

3 Dans un grand plat creux (afin de garder le jus des fruits), disposer la moitié des grandes tranches de melon d'Espagne tout autour du plat. Mettre de côté quelques petites tranches de ce melon.

Arranger les tranches autour de l'assiette.

AUTRE SUGGESTION

En utilisant seulement 4 sortes de fruits frais, vous pouvez créer un mélange de fruits aussi séduisant pour l'œil que la pyramide présentée page 61. Des tranches bien nettes de melon et de melon d'Espagne peuvent être associées avec des tranches d'ananas, en ajoutant quelques cerises « en fleur » pour apporter à l'ensemble une dernière touche de raffinement.

Cerises en fleur

Une feuille de menthe fraîche apportera une touche de couleur fort bien venue.

La cerise est coupée dans le sens de la longueur, en conservant le bout de la tige pour former les pétales.

Pyramide aux 4 fruits

1 Couper *un gros melon* en 3 tranches dans le sens de la longueur, et couper *un melon d'Espagne* de taille moyenne en 4 tranches dans le sens de la longueur. Avec une cuiller, retirer ensuite les pépins. Couper soigneusement des tranches horizontales épaisses de 2,5 cm environ, puis ôter l'écorce de chaque tranche.

2 Enlever les feuilles et l'écorce d'*un gros ananas*, en réservant les feuilles pour la décoration. Couper l'ananas en deux dans le sens de la longueur, puis horizontalement en tranches épaisses de 2,5 cm environ. Enlever le cœur dur de chaque tranche.

3 Dans un plat creux (pour récupérer le jus des fruits), disposer en cercle les grandes tranches de melon d'Espagne ; remplir le centre du cercle avec les extrémités — si nécessaire, couper les morceaux pour qu'ils s'adaptent. Constituer une autre couche avec le melon, l'ananas et d'autres tranches de melon d'Espagne, en remplissant le centre des extrémités des fruits et en disposant soigneusement chaque couche.

4 Confectionner les cerises en fleur (voir p. 62) avec *450 g de cerises fraîches* ; disposer sur le dessus du gâteau. Couvrir hermétiquement et laisser au réfrigérateur au moins 1 h.

DESSERTS AUX FRUITS • 61

4 Disposer les couches d'ananas au milieu du plat.

5 Disposer la moitié des grandes tranches de melon sur les tranches de melon d'Espagne autour du plat. Réserver les petites tranches de melon.

6 Répéter l'opération avec une autre couche de tranches de melon et de melon d'Espagne. Avec le restant d'ananas et les petites tranches mises de côté, combler les interstices. Disposer au-dessus les tranches de kiwi.

Cette présentation de fruits frais en forme de rosace est très décorative.

POUR SERVIR
Décorer de feuilles de menthe le centre de la présentation. Servir la crème au cointreau séparément.

7 Constituer des petits amas de fraises, de myrtilles, de framboises et de morceaux d'ananas de la taille d'une bouchée pour couvrir la pyramide.

8 Couvrir hermétiquement le tout ; laisser au réfrigérateur au moins 1 h.

9 Pendant ce temps, préparer la crème au cointreau.

CRÈME AU COINTREAU

Dans une terrine de taille moyenne, battre *45 cl de crème fraîche* avec *60 g de sucre glace tamisé*, jusqu'à consistance souple. Incorporer peu à peu, en fouettant, *4 c. à soupe de liqueur d'orange*.

Verser la crème avec une cuiller dans un bol ; couvrir et mettre au réfrigérateur jusqu'au moment de servir.

La menthe panachée est un décor insolite pour un dessert, mais elle est ici du plus bel effet au sommet de ces fruits.

DÉCORER AVEC DES FRUITS FRAIS

Les fruits utilisés en décor apportent peu de calories mais beaucoup de couleurs, d'éclat et de fraîcheur aux desserts.

Comme pour tous les décors raffinés, ils doivent se marier harmonieusement en volume, en forme, en goût et en couleur avec les desserts qu'ils accompagnent.

Il faut choisir des fruits aussi parfaits que possible, et les préparer au dernier moment de façon à éviter qu'ils ne s'oxydent.

Les petites fraises entières et les cerises sont très jolies pour peu qu'on leur laisse les feuilles ou les tiges. Présentées en éventail, en fleur ou bien roulées dans du sucre, elles constituent un décor original. Le zeste des agrumes — citron, citron vert ou orange — prendra facilement la forme de copeaux, de spirales ou de julienne. De leur côté, les kiwis, vert vif, et les nectarines ou l'ananas, aux coloris plus doux, contrasteront agréablement avec les fraises ou les framboises.

Éventail de fraises
Faire plusieurs petites lamelles en conservant la pulpe de la fraise attachée à la queue.
Écarter délicatement les lamelles en éventail.

Rondelles de citron cannelées
Avec un couteau à canneler, pratiquer des sillons verticaux à intervalles réguliers sur la peau d'un citron entier.
À l'aide d'un couteau aiguisé, couper le fruit horizontalement en tranches fines.

Copeaux d'agrumes
À l'aide d'un couteau à canneler, détacher de longues bandes fines du zeste d'un agrume.
Enrouler le zeste pour former des copeaux.
Utiliser les copeaux individuellement ou mélanger les couleurs de différents agrumes.

Cerises en fleur
Pratiquer 8 incisions dans la hauteur, en conservant la pulpe de la cerise attachée à l'extrémité de la queue.
Écarter délicatement les « pétales » et exposer le noyau.
Placer la cerise sur une feuille de menthe.

Spirales de citron
À l'aide d'un couteau aiguisé, découper le citron horizontalement en tranches fines.
Couper un rayon du centre vers la périphérie de chaque tranche ; tordre les deux bords en sens opposés.

Cerises givrées
Laver les cerises, mais n'enlever ni les queues ni les noyaux.
Alors qu'elles sont encore humides, les plonger dans du sucre en poudre de manière à les revêtir uniformément ; bien les laisser sécher avant utilisation.

DESSERTS AUX FRUITS • 63

FRUITS COMBINÉS

Des combinaisons de fruits variés peuvent être utilisées pour agrémenter un dessert simple. Toutes les combinaisons, tous les motifs sont autorisés.

Tranches de nectarine
Couper la nectarine (ou la pêche) en deux ;
ôter le noyau. Couper chaque moitié en tranches fines
dans le sens de la longueur ;
si l'on ne s'en sert pas immédiatement,
arroser de jus de citron.
Disposer en éventail ; ajouter des feuilles de menthe.

Bouquet d'ananas et de framboises
Trancher les extrémités d'un ananas.
Faire tenir l'ananas
sur une des extrémités ;
découper l'écorce
en larges bandes.
Couper l'ananas
horizontalement
en fines tranches
et enlever la partie centrale.
Recouper chaque tranche en quatre
et la reconstituer.
Emplir le centre de framboises
et de feuilles de menthe.

Moitiés de fraise
Choisir des fraises fermes
avec des feuilles et une tige très vertes.
Les couper en deux dans le sens de la longueur
en prenant bien soin de séparer la tige en deux.
Les disposer, coupe sur le dessus ou masquée,
ou alterner pour un effet encore plus marqué.

Tranches de melon d'Espagne
Couper le melon en tranches,
dans le sens de la longueur.
Enlever les pépins
et séparer la pulpe de l'écorce.
Découper de fines tranches
et les disposer en éventail,
en décorant
de quelques groseilles
pour créer un contraste.

Tranches de kiwi
Avec un couteau,
ôter la peau du kiwi,
puis découper le fruit
en fines tranches
horizontales.
Combiner avec des myrtilles
pour produire
un effet plus contrasté.

Julienne d'agrumes
À l'aide d'un éplucheur-légumes,
détacher de longues lanières du zeste des agrumes.
Superposer les bandes
et les tailler en julienne.

SABLÉ AUX FRUITS ET À LA CRÈME

La crème fouettée et les fraises sont une garniture traditionnelle du gâteau sablé ; cette luxueuse variante peut encore être perfectionnée, en associant divers fruits frais de différentes couleurs à la crème fouettée sucrée. Bien entendu, vous pourrez choisir des fruits de saison (pas forcément ceux qui sont suggérés ici), mûrs et juteux, et chercher à créer un contraste intéressant en rapprochant leurs couleurs et en mélangeant les saveurs. Ce dessert est parfait pour une réunion entre amis, un brunch estival ou un déjeuner de plein air.

Pour 8 personnes
Préparation et cuisson : 1 h

2 grosses nectarines
45 g de sucre en poudre
30 g de sucre roux
190 g de farine
90 g de beurre
1 c. à café de levure chimique
1/2 œuf battu
8,5 cl de lait
120 g de cerises
1 petit kiwi
225 g de mûres ou de myrtilles
30 cl de crème fraîche

1 Laver les nectarines, les couper en deux et enlever les noyaux ; couper en tranches. Dans une terrine de taille moyenne, mélanger les nectarines avec une cuiller à soupe de sucre en poudre. Couvrir et mettre ensuite au réfrigérateur.

2 Préchauffer le four à 230 °C (th. 7). Beurrer un moule rond de 20 cm.

3 Pour la garniture friable : dans une petite terrine, avec une fourchette, mélanger le sucre roux et 40 g de farine. Avec un robot ménager ou le bout des doigts, incorporer 30 g de beurre à ce mélange jusqu'à consistance granuleuse. Réserver.

POUR FAIRE LE SABLÉ

Étendre le mélange : avec une spatule en caoutchouc, étendre uniformément la pâte sablée dans un moule beurré.

Couverture : répandre régulièrement la garniture friable sur la pâte qui se trouve dans le moule.

Cuisson : lorsque le sablé est doré, enfoncer une aiguille au centre ; elle doit ressortir propre et sèche.

Mettre le gâteau à refroidir : après l'avoir retiré du moule, placer le sablé sur une grille, côté friable vers le haut.

Parsemer uniformément le sablé de garniture pour qu'il prenne une jolie teinte dorée à la cuisson.

Manipuler le sablé avec beaucoup de précaution pour ne surtout pas briser la garniture fragile du dessus.

4 Avec une fourchette, dans une grande terrine, mélanger la levure, le reste de la farine et 1 c. à soupe de sucre en poudre.

5 Avec un robot ménager ou le bout des doigts, incorporer le restant de beurre au mélange précédent jusqu'à consistance sableuse.

6 Dans une autre petite terrine, mélanger l'œuf battu et le lait. Ajouter l'œuf et le lait en une seule fois, dans la préparation à base de farine, puis mélanger doucement avec une fourchette jusqu'à ce que l'ensemble soit juste humecté.

7 Étendre la pâte sablée dans le moule et bien saupoudrer avec la garniture, puis mettre au four 20 min jusqu'à obtenir une coloration dorée (voir encadré, p. 64). Si le dessus dore trop vite, couvrir d'une feuille de papier d'aluminium.

8 Démouler le sablé avec précaution ; le placer sur une grille (voir encadré, p. 64) ; le laisser refroidir pendant 10 min (ou complètement, pour le servir plus tard).

9 Laver les cerises ; en mettre plusieurs de côté pour décorer ; enlever les queues et les noyaux des autres. Peler le kiwi ; le couper en bouchées. Mélanger délicatement les cerises dénoyautées, le kiwi et les mûres ou les myrtilles dans le mélange de nectarines.

10 Dans une petite terrine, battre la crème fraîche avec le restant de sucre en poudre jusqu'à consistance ferme.

11 Avec un grand couteau-scie, fendre très délicatement le sablé en deux horizontalement.

12 Disposer la partie inférieure du sablé, côté coupé sur le dessus, sur le plat de service ; le recouvrir de fruits, après en avoir mis 60 g de côté.

13 Étendre environ les deux tiers de la crème fouettée sur les fruits placés sur le sablé.

Étendre uniformément à l'aide d'une cuiller la crème fouettée, de manière qu'elle ressorte légèrement sur les côtés quand on place le sablé dessus.

14 Recouvrir avec l'autre moitié du sablé, côté friable sur le dessus.

15 Disposer les fruits réservés au centre du sablé. Surmonter du reste de crème fouettée et des cerises mises de côté.

D'appétissantes couches de fruits frais et juteux, de crème fouettée et de sablé friable, surmontées de 3 cerises bien sucrées.

COMPOTE DE FRUITS D'HIVER

  Pour 4 personnes
Préparation : 20 min

120 g de pruneaux dénoyautés
120 g d'abricots secs
12,5 cl de jus de pomme ou de jus d'orange
2 c. à café de sucre roux
1/4 de c. à café de cannelle en poudre
1 grosse banane
Garniture fouettée (voir encadré, à droite)

1 Dans une casserole de taille moyenne, à feu vif, mélanger les pruneaux, les abricots, le jus de fruits, le sucre roux et la cannelle ; porter à ébullition.

2 Réduire à feu doux et laisser mijoter 10 min, en remuant de temps en temps.

3 Éplucher la banane et la couper en rondelles épaisses de 2,5 cm environ. Préparer la garniture fouettée.

4 Retirer la casserole du feu. Avec une spatule en caoutchouc, ajouter les rondelles de banane dans le mélange aux fruits secs.

Ajouter les bananes au mélange de fruits secs.

GARNITURE FOUETTÉE

Dans une petite terrine, fouetter au batteur électrique 4 c. à soupe de lait écrémé bien glacé avec 1 c. à soupe de sucre glace tamisé, jusqu'à consistance bien ferme.

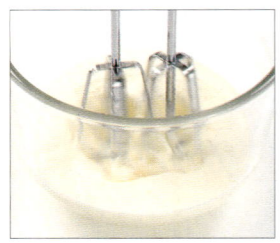

Le lait écrémé est plus facile à fouetter si on l'utilise presque glacé.

Les fruits secs conservent leur forme s'ils sont tout juste pochés.

POUR SERVIR
À l'aide d'une cuiller, verser les fruits chauds et la garniture fouettée

SALADE DE FRUITS D'ÉTÉ

  Pour 6 à 8 personnes
Préparation : 30 min

Le jus de 2 pomelos
17,5 cl de jus de pomme
60 g de sucre en poudre
1/4 de c. à café de gingembre en poudre
1 pastèque de 1 kg environ
3 ou 4 grosses nectarines ou pêches
450 g environ de prunes moyennes
350 g de fraises
Feuilles de menthe fraîche pour décorer

1 Verser le jus des pomelos et le jus de pomme dans une terrine.

2 Ajouter le sucre et le gingembre ; bien mélanger.

3 Couper la pastèque en bouchées ; ôter l'écorce.

4 Laver les nectarines ou les pêches et les prunes et les couper en quartiers ; enlever les noyaux.

5 Laver et équeuter les fraises ; les couper en deux si elles sont grosses.

6 Ajouter les fruits au mélange de jus dans la terrine. À l'aide d'une spatule de caoutchouc, remuer doucement pour bien mélanger.

POUR SERVIR
Verser la salade de fruits dans un grand compotier ; décorer avec des feuilles de menthe.

CERISES GLACÉES

Pour 8 personnes
Préparation et refroidissement : 35 min

900 g de cerises
350 g de chocolat à cuire cassé en morceaux
30 cl de crème fraîche

1 Laver les cerises, mais garder les queues et ne pas les dénoyauter ; les sécher dans de l'essuie-tout.

2 Disposer les cerises en une seule couche sur un plateau ; s'assurer qu'elles ne se touchent pas.

3 Placer le plateau dans le compartiment à glace 25 min avant de servir.

4 Retirer le plateau du compartiment à glace 10 min avant de servir ; les laisser à température ambiante pour qu'elles s'attendrissent un peu. Ne pas les laisser dégeler complètement.

5 Pendant ce temps, dans une casserole à fond épais de taille moyenne, cuire le chocolat et la crème fraîche à feu doux, en remuant fréquemment, jusqu'à ce que le chocolat soit fondu et bien lisse.

> POUR SERVIR
> Disposer les cerises dans une grande coupe. Verser la sauce dans une petite coupe. Laisser chaque convive tremper ses cerises glacées dans la sauce au chocolat chaude.

DESSERTS AUX FRUITS • 69

FRAISES FOURRÉES À LA CRÈME

 Pour 6 personnes
Préparation : 30 min

---
18 fraises bien grosses
---
30 cl de crème fraîche
---
3 c. à soupe de lemon curd (en vente en bocal dans les épiceries fines) ou de fromage blanc auquel on ajoute 1 c. à café de jus de citron
---

1 Couper les queues des fraises pour qu'elles tiennent debout quand elles seront fourrées. À l'aide d'un couteau aiguisé, bien inciser en X le côté pointu de chaque fruit.

2 Avec les doigts, écarter légèrement chaque fraise pour ouvrir les « pétales » ; mettre de côté.

3 Dans une petite terrine, battre la crème fraîche jusqu'à consistance ferme.

4 Mélanger le lemon curd ou le fromage frais au citron avec la crème fouettée.

5 À l'aide d'une cuiller, verser le mélange crémeux dans une poche à grosse douille.

6 Emplir les fraises avec la crème.

7 Couvrir et mettre au réfrigérateur si l'on ne sert pas immédiatement.

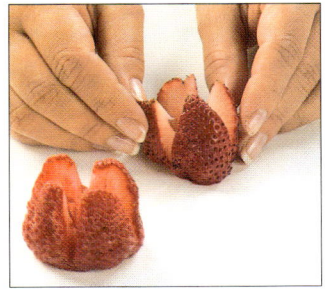

Emplir les fraises de crème avec une poche à douille.

FIGUES FOURRÉES

À la saison des figues, vous pouvez les fourrer avec de la crème fouettée parfumée au citron de la même manière que les fraises.

Figues fourrées à la crème

1 Avec un couteau aiguisé, couper les queues de 12 figues de taille moyenne, puis les inciser en X à leur sommet.

2 Avec les doigts, écarter délicatement chaque figue pour former des « pétales ».

3 Emplir les figues avec la crème parfumée au citron comme pour les fraises fourrées à la crème.

La crème fouettée est délicatement parfumée avec du lemon curd ou du fromage frais au citron, et disposée doucement en spirale avec une poche à douille dans les fleurs de fraises.

Ici, les saveurs de la fraise et du citron se marient parfaitement. En guise de variante, on peut fourrer des abricots frais avec de la crème parfumée aux amandes.

PUDDINGS

En matière de desserts, les puddings évoquent plutôt la cuisine bourgeoise. Ils offrent une infinie variété de consistances et de saveurs : lisses et crémeux, comme les soufflés chauds au citron, substantiels, comme le pudding de riz à la cannelle, ou d'une richesse capiteuse, comme le pudding magique au chocolat.

COUPES "PUDDINGS" À L'ORANGE

  Pour 8 personnes
Préparation et refroidissement : 1 h 30

---
4 grosses oranges
---
30 cl de crème fraîche

17,5 cl de crème anglaise

Coupes zigzag : avec un couteau aiguisé et pointu, découper horizontalement le centre de chaque orange en dessinant un zigzag sur le rebord de chaque moitié.

Coupes personnalisées : à l'aide d'un couteau à canneler, graver les initiales de chaque invité sur la peau des oranges. Il est plus pratique de graver les initiales de deux invités sur chaque orange, puis de couper celle-ci en deux horizontalement.

Coupes striées : avec un couteau à canneler, découper de minces stries sur la peau de l'orange, en allant du sommet vers le bas. Avec un couteau aiguisé, couper chaque orange en deux horizontalement.

1 Préparer avec soin les coupes d'orange de votre choix (voir en haut à droite). Avec un couteau aiguisé, découper une fine tranche à la base de chaque moitié d'orange afin que chacune soit stable. Enlever soigneusement la pulpe de chaque moitié d'orange ; la couper en bouchées. Réserver morceaux et coupes d'orange.

2 Dans une petite terrine, battre la crème fraîche jusqu'à consistance ferme. Mettre de côté quelques morceaux d'orange pour décorer. Avec une spatule en caoutchouc, incorporer doucement les morceaux d'orange restants et la crème anglaise à la crème fraîche.

3 Avec une cuiller, verser le mélange dans les coupes d'orange ; réfrigérer 1 h. Avant de servir, décorer avec les morceaux de fruits mis de côté et le zeste d'orange.

Servir ces appétissantes coupes d'orange lors d'un goûter d'enfants : ils raffoleront de ces présentations si elles sont toutes différentes, comme sur cette photo.

PUDDING DE RIZ À LA CANNELLE

 Pour 6 à 8 personnes
Préparation et cuisson : 2 h

1,2 l de lait
120 g de riz à grains ronds
60 g de sucre en poudre
Cannelle en poudre
Cerises fraîches ou au marasquin pour décorer
---

1 Dans une très grande casserole, faire chauffer le lait à feu moyen jusqu'à ce qu'il frémisse ; y verser le riz. Réduire à feu doux : couvrir et laisser mijoter pendant 40 à 45 min jusqu'à ce que le riz devienne bien tendre et le mélange très épais. Remuer de temps en temps.

2 Préchauffer le four à 180 °C (th. 5). Beurrer un grand plat rectangulaire allant au four ; le placer dans une lèchefrite.

3 Incorporer peu à peu le sucre au riz chaud.

4 Placer la lèchefrite sur la grille du four ; verser délicatement le riz dans le plat allant au four (il doit presque remplir le plat). Verser de l'eau bouillante dans la lèchefrite jusqu'à mi-hauteur du plat de cuisson. Laisser au four de 40 à 45 min jusqu'à ce qu'un couteau enfoncé au centre du pudding en ressorte propre et sec.

5 Dessiner des losanges de cannelle sur tout le dessus du pudding (voir encadré, à droite).

POUR SERVIR
Décorer le pudding avec des cerises.
Servir chaud ou froid.
Mettre au réfrigérateur si on veut servir plus tard.

LOSANGES DE CANNELLE

Placer une règle en diagonale, en partant d'un coin du plat, à environ 2,5 cm du bord du pudding de riz. En tenant le flacon de cannelle de l'autre main, saupoudrer uniformément le long du bord de la règle. Répéter l'opération à intervalles de 2 cm. Recommencer dans la direction opposée pour dessiner des losanges.

Le dessin en losanges de cannelle est aussi savoureux au goût qu'agréable à l'œil.

Des cerises fraîches et sucrées sont regroupées au centre du pudding pour lui donner une touche de couleur vive.

PUDDINGS SOUFFLÉS AU CITRON

 Pour 6 personnes
Préparation et refroidissement : 1 h 45

2 citrons de taille moyenne
2 œufs, jaunes et blancs séparés
150 g de sucre en poudre
25 cl de lait
20 g de farine
30 g de beurre fondu

1 Préchauffer le four à 180 °C (th. 5). Beurrer 6 ramequins ou petits pots pouvant contenir 17,5 cl.

2 Râper finement assez de zeste de citron pour remplir 1 c. à soupe.

3 Presser le jus des citrons pour obtenir 5 c. à soupe ; mettre de côté.

4 Dans une terrine de taille moyenne, avec un batteur électrique à pleine vitesse, monter les blancs d'œufs en neige pas trop ferme ; ajouter peu à peu 100 g de sucre, en battant jusqu'à ce qu'il se dissolve complètement et que les blancs forment une neige ferme.

5 Dans une grande terrine, à l'aide du mixeur, battre les jaunes d'œufs avec le reste du sucre ; ajouter le zeste et le jus de citron, le lait, la farine et le beurre, et battre jusqu'à mélange homogène, en raclant de temps en temps la terrine avec une spatule en caoutchouc.

6 Avec un fouet métallique ou une spatule en caoutchouc, incorporer avec précaution les blancs en neige à la préparation.

7 Dans les petits pots ou les ramequins, répartir délicatement le mélange.

8 Mettre les pots dans un grand plat allant au four ; placer sur la grille du four. Verser de l'eau bouillante dans le plat, à mi-hauteur des pots. Faire cuire pendant 40 à 45 min, jusqu'à ce que le dessus soit doré et ferme. (Les puddings se séparent en une couche moelleuse sur le dessus et une couche de sauce en dessous.)

9 Retirer les puddings du four et laisser refroidir les pots sur une grille.

Servis dans des ramequins individuels, ces puddings individuels sont absolument exquis. Mais, si l'on manque de petits pots, on peut préparer le pudding dans un grand plat allant au four en le faisant cuire pendant 55 à 65 min.

PUDDING MAGIQUE AU CHOCOLAT

Pour 6 personnes
Préparation et cuisson : 1 h 15

175 g de beurre
1 c. à café d'extrait de vanille
400 g de sucre en poudre
60 g de cacao en poudre
25 g de chocolat instantané
300 g de farine
5 c. à café de levure chimique
45 cl de lait
Crème fouettée (voir encadré, en bas à droite) ou glace

1 Préchauffer le four à 180 °C (th. 5). Dans une grande terrine, avec un batteur électrique, battre le beurre, l'extrait de vanille et 225 g de sucre. Ajouter la moitié du cacao, le chocolat, la farine et la levure en les tamisant, puis le lait ; battre jusqu'à consistance lisse.

2 Verser le mélange dans un plat de 28 x 20 cm allant au four.

3 Dans une petite terrine, mélanger le restant de sucre et de cacao ; le répartir en couche sur la pâte.

4 Sur le mélange, verser délicatement 45 cl d'eau ; ne pas remuer.

POUR SERVIR
Servir avec de la crème fouettée ou de la glace, au choix.

5 Faire cuire au four pendant 45 à 55 min. (Le mélange se sépare en une couche moelleuse au-dessus et une couche de sauce en dessous.)

6 Servir immédiatement, sinon la sauce sera absorbée par la pâte.

LA CRÈME FOUETTÉE

Ingrédient indispensable pour de nombreux desserts, la crème fouettée peut être préparée avec des crèmes fraîches dont la teneur en matière grasse peut varier. L'une d'elles contient 48 % de m. g. et l'autre environ 40 %. Lorsqu'on la bat, la crème double de volume et reste ferme quelques heures avant de retomber. Les conseils suivants devraient vous garantir, chaque fois, un bon résultat.

- Avant de commencer à battre, s'assurer que la crème, la terrine et le fouet sont bien glacés.

- Fouetter lentement au début. En incorporant de petites bulles d'air, la crème se stabilise.

- Terminer en fouettant vigoureusement, jusqu'à consistance assez ferme. Ne pas battre trop longtemps : la crème se transformerait en beurre et en petit-lait.

- Si la crème fouettée n'est pas utilisée immédiatement, la couvrir et la mettre au réfrigérateur.

PUDDING AU PAIN

  Pour 6 personnes
Préparation et cuisson : 1 h

1 baguette de pain (environ 225 g)
60 à 90 g de beurre ramolli
75 cl de crème fraîche
75 g de sucre en poudre
4 œufs
Zeste râpé d'un citron
Sirop de sucre pour badigeonner
Crème fraîche (facultatif)

1 Préchauffer le four à 180 °C (th. 5). Couper le pain à l'oblique, en tranches épaisses de 1,5 cm environ, chaque tranche étant longue d'environ 12,5 cm. Beurrer légèrement un seul côté de chaque tranche de pain.

2 Dans un plat allant au four, profond d'au moins 4 cm, disposer les tranches de pain, côté beurré dessus, de manière à remplir le plat, en les faisant se chevaucher si nécessaire.

3 Placer un croûton de pain au centre. (Garder l'autre pour faire de la chapelure.)

4 Dans une terrine, avec un fouet métallique ou une fourchette, battre la crème fraîche, le sucre et le zeste de citron jusqu'à ce qu'ils soient bien mélangés.

5 Verser lentement ce mélange sur les tranches de pain dans le plat.

6 Avec une fourchette, appuyer doucement sur les tranches de pain.

7 Mettre au four pendant 45 à 50 min, jusqu'à ce qu'un couteau enfoncé dans le centre du pudding en ressorte propre. Enlever le pudding du four et le napper de sirop de sucre.

Les tranches croustillantes prennent un vernis brillant quand on les badigeonne de sirop de sucre, juste à la sortie du four.

Les cercles concentriques superposés donnent une touche originale à cette pâtisserie familiale.

> **POUR SERVIR**
> *Servir le pudding chaud, ou le laisser refroidir et le servir plus tard. Accompagner avec de la crème fraîche, par exemple.*

Gâteaux
75-130

GÂTEAUX

Voici un superbe assortiment de gâteaux pour toutes les occasions, du dîner chic à la fête estivale, en passant par la petite réunion entre amis autour d'une tasse de thé. Essayez le succulent gâteau suisse au fromage et au chocolat blancs, ou le cake calypso, aussi délicieux que coloré ! Le gâteau cappuccino, enrobé de crème au beurre au café, et le gâteau au chocolat, fondant et parfumé à la liqueur d'orange, sont non seulement savoureux, mais exquis à regarder ! La gamme des recettes est très variée : du somptueux gâteau truffon au traditionnel gâteau aux carottes. Recommandons aux amateurs de desserts légers le fameux angel cake d'outre-Atlantique. Tous les types de gâteaux simples ou fourrés sont représentés : du spectaculaire gâteau de fête, facile à réaliser, car il est confectionné avec un mélange tout prêt pour génoise, à l'élégant gâteau aux fraises fraîches. Vous trouverez également dans ce chapitre de précieux conseils de décoration : comment utiliser une poche à douille, comment dessiner les motifs en chocolat, orner les desserts de fleurs…

SOMMAIRE

GÂTEAUX
Gâteau à la cannelle 78
Gâteau à la mousse
   au chocolat 80
Gâteau au potiron 82
Gâteau au chocolat 84
Gâteau autrichien 85
Gâteau cappuccino 86
Gâteau caraque 88
Gâteau truffon 90
Gâteau au chocolat
   et à la noix de coco 92
Gâteau de grand-mère 94
Coquilles amandines 95
Moka papillon 96
Décorations
   en chocolat 98
Gâteau aux noix 102
Gâteau marshmallow
   au chocolat 103
Gâteau suisse
   au chocolat 104
Biscuit roulé
   au chocolat 106
Biscuit roulé
   aux noisettes 108
Gâteau
   aux fraises fraîches 110
Gâteau de fête 112
Gâteau aux carottes 114
Gâteau à la crème
   au chocolat 115
Gâteau à l'orange 116
Des fleurs
   pour décorer 118
Angel cake américain 120

CHEESECAKES
Cheesecake
   aux noix de pecan 121
Cheesecake
   au chocolat 122
Cheesecake aux fruits 123
Cheesecake au citron 124
Gâteau suisse au fromage
   et au chocolat blancs 125
Cheesecake au café 126
Tarte sicilienne 127

CAKES
Cake américain 128
Cake calypso 129
Cake anglais
   aux épices 130

GÂTEAUX

Vous trouverez dans ce chapitre des gâteaux pour tous les jours, mais aussi pour les fêtes et les réceptions. De somptueux gâteaux pour les grandes occasions — les mariages par exemple —, et de simples gâteaux à déguster avec le café ou le thé, pour se faire plaisir en famille… Certains gâteaux, plus riches et plus élaborés que d'autres, conviennent en particulier pour les grandes réceptions. Beaucoup de gâteaux de ce chapitre sont fabriqués avec « trois fois rien » ; la recette du gâteau de fête, page 112, transforme astucieusement un paquet de mélange tout prêt pour génoise en un vrai régal aussi spectaculaire que délicieux.

GÂTEAU À LA CANNELLE

  Pour 16 personnes
Peut être préparé 3 jours avant et conservé au frais

175 g de beurre ramolli
100 g de sucre en poudre
1 c. à soupe de cannelle en poudre
1 œuf
215 g de farine
45 cl de crème fraîche
Cacao en poudre

1 Préchauffer le four à 190 °C (th. 5-6). Préparer 9 feuilles de papier sulfurisé de 20 cm de long. Sur l'une des feuilles, tracer un cercle en prenant comme base un moule à gâteau rond. Empiler les feuilles, en posant la feuille marquée sur le dessus. Avec des ciseaux de cuisine, découper toutes les feuilles en même temps (voir encadré, en haut à droite).

2 Dans un grand saladier, mélanger le beurre, le sucre, la cannelle, l'œuf et 150 g de farine. Travailler les ingrédients au batteur électrique, en raclant souvent les flancs du saladier à la spatule pour obtenir une masse homogène. Continuer ainsi pendant 3 min, jusqu'à consistance légère et mousseuse. Incorporer à la cuiller le reste de farine, pour obtenir une pâte molle.

3 Avec un linge humide, humecter une grande plaque à pâtisserie ou 2 petites. Placer deux disques de papier sulfurisé sur la grande ou un sur chaque petite. Avec une spatule métallique, étaler 4 c. à soupe de pâte sur chaque disque, en couche très fine (voir encadré, à droite).

4 Faire cuire pendant 6 à 8 min jusqu'à ce que les bords soient légèrement bruns. Laisser tiédir sur la plaque posée sur une grille pendant 5 min. Avec une pelle à gâteau, poser délicatement le biscuit, toujours sur son papier, directement sur la grille, et attendre le refroidissement complet (voir encadré, à droite).

PRÉPARER LES COUCHES DE BISCUIT

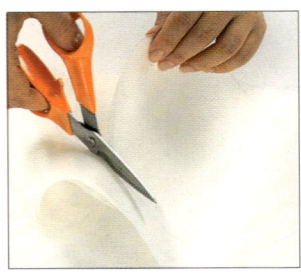 

Découper les disques en papier : pincer fermement la pile de feuilles de papier sulfurisé, et découper aux ciseaux en suivant le cercle tracé sur la feuille du dessus.

Disposer les disques : sur une plaque préalablement humectée, disposer côte à côte 2 disques de papier (ou bien un disque sur une plus petite plaque).

Étaler la pâte : étaler une fine couche de pâte sur chaque disque de papier en se servant d'une spatule métallique.

Transférer le biscuit sur la grille : passer une pelle à gâteau sous le disque en papier, et déposer le biscuit sur une grille.

Ôter le papier : retourner le biscuit puis tirer délicatement le papier avec les doigts.

5 Laisser bien refroidir la plaque avant de disposer de nouveaux disques de papier sulfurisé et d'y étaler de la pâte (plus on possède de plaques, et plus vite les biscuits seront cuits). Confectionner 9 biscuits au total. Si on n'assemble pas le gâteau tout de suite, empiler soigneusement tous les biscuits froids sur une assiette plate. Bien couvrir et conserver dans un endroit frais et sec.

6 Le jour où l'on sert, battre la crème à l'avance dans un saladier moyen, jusqu'à consistance ferme.

7 Ôter délicatement le papier sulfurisé d'un biscuit (voir encadré, p. 78). Disposer sur le plat de service. Étaler une couche de crème fouettée, poser dessus un autre biscuit débarrassé de son papier, et ainsi de suite jusqu'au dernier. Terminer par une couche de crème fouettée.

8 Poudrer de cacao la dernière couche de crème fouettée. Tracer éventuellement des rayons sur le sommet du gâteau, pour marquer les parts. Mettre au réfrigérateur au moins 4 h. Les biscuits ramolliront un peu et les parts seront plus faciles à couper.

GÂTEAU AU GINGEMBRE

C'est le même gâteau, mais on remplace la cannelle par du gingembre.

Au moment de préparer la pâte, remplacer la cannelle moulue par du *gingembre en poudre*. Alterner ensuite les couches de biscuit et de crème fouettée, mais sans poudrer de cacao la dernière couche de crème. Remplacer par un semis de *petits morceaux de gingembre confits*.

Poudrer de cacao la dernière couche de crème fouettée.

Après avoir poudré de cacao, marquer au couteau les parts à découper, pour partager plus facilement.

Les neuf couches de biscuit croustillant parfumé à la cannelle alternent avec les couches de crème fouettée.

GÂTEAU À LA MOUSSE AU CHOCOLAT

Ce merveilleux gâteau est le plus riche et le plus succulent des gâteaux au chocolat : très noir, très frais, très chocolaté, il vous ravira ! Il ne contient pas de farine, mais une fois coupées, ses parts gardent de la tenue. Les violettes en sucre candi qui ornent la crème fouettée soulignent le brun profond du gâteau.

- Pour 8 à 10 personnes
- Peut être préparé la veille et conservé au frais

450 g de chocolat à cuire cassé en morceaux
450 g de beurre en petits morceaux
200 g de sucre en poudre
25 cl de crème fleurette
8 œufs
Glaçage au chocolat (voir encadré, p. 81)
30 cl de crème fraîche épaisse
Violettes en sucre candi

1. Préchauffer le four à 180 °C (th. 5). Graisser un moule à charnière de 23 cm de diamètre.

2. Dans une grande casserole à fond épais, faire fondre à feu doux le chocolat avec le beurre, le sucre et la crème fleurette, en remuant fréquemment, pour obtenir une pâte lisse et homogène.

3. Dans un grand saladier, battre légèrement les œufs au fouet ou à la fourchette, puis incorporer doucement le mélange chocolaté chaud. Mélanger jusqu'à consistance homogène.

4. Verser doucement le mélange dans le moule.

5. Faire cuire pendant 45 min environ, jusqu'à ce que, enfoncée au centre, une aiguille ressorte propre. Laisser refroidir complètement dans le moule posé sur une grille.

POUR SERVIR
Décorer la couronne de crème fouettée et de petites violettes en sucre candi.

Verser le mélange dans le moule.

On obtient ces rainures à la surface du glaçage en passant la spatule dans le glaçage encore chaud.

GÂTEAUX • 81

6 Lorsque le gâteau est froid, ôter délicatement le bord amovible, laisser le gâteau sur le fond du moule, et bien l'emballer avant de le mettre au réfrigérateur. Attendre 6 h.

7 Préparer le glaçage au chocolat.

8 Protéger le tour du plat de service avec des bandes de papier sulfurisé. Déballer le gâteau, et le séparer du fond du moule. Après l'avoir posé sur le plat protégé, étaler le glaçage chaud (voir encadré, à droite). Retirer les bandes de papier protectrices.

9 Dans un petit saladier, battre la crème fraîche épaisse jusqu'à consistance ferme. Remplir une poche à douille (ouverture cannelée de taille moyenne) de crème fouettée (voir encadré, à droite), et décorer le bord du sommet du gâteau. Mettre au réfrigérateur jusqu'au moment de servir.

GLAÇAGE AU CHOCOLAT

Dans une casserole à fond épais, à feu très doux, faire fondre *175 g de chocolat à cuire cassé en morceaux* et *30 g de beurre*, en remuant fréquemment, jusqu'à consistance de pâte lisse et homogène (attention, car dans une casserole trop légère, le chocolat chauffe trop vite et brûle).

Retirer la casserole du feu. Incorporer *3 c. à soupe de lait* et *2 c. à soupe de mélasse*.

GLAÇAGE ET DÉCORATION

Poser le gâteau sur le plat de service : protéger la bordure de bandes de papier sulfurisé (les bavures du glaçage s'y déposeront).

Étaler le glaçage chaud : *avec une spatule métallique, commencer par le sommet, lisser, puis napper les flancs.*

Si l'aspect de votre gâteau est irrégulier à ce stade de préparation, n'ayez crainte : le glaçage masquera toutes les imperfections.

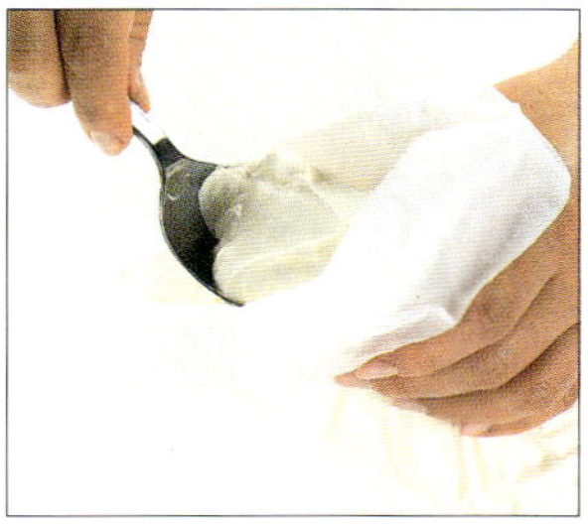

Remplir la poche à douille : *choisir une ouverture cannelée de taille moyenne, et remplir la poche à la cuiller. Entortiller l'ouverture de la poche pour emprisonner la crème.*

Décorer avec la crème : *border le sommet du gâteau, en décrivant un mouvement continu en spirale.*

GÂTEAU AU POTIRON

Pour 8 personnes
Peut être préparé la veille et conservé au frais

Biscuits aux noix (voir encadré, à droite)
250 g de sucre en poudre
175 g de beurre ramolli
225 g de pulpe ou de purée de potiron (voir encadré, p. 83)
375 g de farine à gâteaux
1 yaourt nature
1 c. à soupe d'épices mélangées (cannelle, gingembre, clous de girofle)
3 œufs
45 cl de crème fraîche

1 Préparer les biscuits aux noix, et les réserver dans des moules. Préchauffer le four à 180 °C (th. 5).

2 Dans un grand saladier, mélanger pendant 10 min le sucre avec le beurre au batteur électrique, jusqu'à consistance légère et mousseuse, en raclant souvent les flancs du saladier avec une spatule souple. Ajouter la farine, le potiron, le yaourt, les épices et les œufs. Travailler jusqu'à consistance homogène, en raclant les flancs du saladier. Continuer à battre pendant 2 min, en raclant de temps en temps les flancs du saladier (la masse épaissit).

3 Répartir régulièrement la pâte à l'aide d'une cuiller sur les biscuits aux noix. Lisser à la spatule.

4 Disposer en quinconce les 4 moules dans le four, sur 2 grilles superposées. Faire cuire 20 min (une aiguille enfoncée au centre des biscuits doit ressortir propre). Au bout de 10 min, intervertir les grilles et, si nécessaire, la disposition des moules.

5 Laisser tiédir pendant 10 min dans le moule, sur une grille à gâteaux. Décoller chaque gâteau du bord de son moule avec une spatule métallique.

6 Retourner chaque gâteau sur une grille. Laisser refroidir quelque temps.

7 Dans un saladier de taille moyenne, fouetter la crème fraîche au batteur électrique jusqu'à consistance ferme.

LES MOULES

Si on ne possède que 2 moules à gâteau, faire cuire en 2 fournées. Remplir 2 moules, faire cuire, laisser refroidir dans les moules pendant 10 min, puis démouler et faire cuire la fournée suivante.

BISCUITS AUX NOIX

175 g de cerneaux de noix finement broyés
125 g de biscuits secs finement émiettés
350 g de cassonade
175 g de beurre ramolli

1 Dans un grand saladier, mélanger à la cuiller les noix, les miettes de biscuits, la cassonade et le beurre, jusqu'à consistance homogène.

2 Dans chacun des 4 moules à gâteau de 23 cm de diamètre (voir encadré, à gauche) verser un quart de la garniture.

3 En tapotant avec les doigts, égaliser la couche de garniture.

GÂTEAUX • 83

8 Poser un gâteau sur un plat de service, garniture au noix sur le dessus. Étaler régulièrement un quart de la crème fouettée.

9 Alterner les couches de gâteau et de crème fouettée, en terminant par un biscuit, garniture aux noix dessus. Déposer le reste de crème à la cuiller en petits tas sur le pourtour du gâteau. Poudrer de miettes de gâteau.

LE POTIRON FRAIS

La pleine saison du potiron tombe au mois d'octobre. Choisir une courge ferme et brillante, sans défauts. À conserver dans un endroit sec et frais, et à consommer dans un délai de 1 mois. On peut congeler la purée de potiron en attendant de l'utiliser.

Purée de potiron

Avec un couteau bien aiguisé, couper le potiron en deux. Enlever les pépins et les fibres à la cuiller. Couper la pulpe en petits morceaux, et la mettre dans une grande casserole à feu vif avec *un fond de 2,5 cm d'eau bouillante*. Attendre le retour à l'ébullition, puis réduire à feu moyen. Couvrir et laisser frémir pendant 25 à 30 min. Lorsque la pulpe est molle, égoutter, laisser refroidir puis enlever la peau. Passer au presse-purée. Bien égoutter.

Chaque biscuit se compose de deux couches : la couche épicée au potiron et la garniture aux noix qui la surmonte.

Les huit monticules de crème fouettée répartis sur le pourtour du gâteau constituent des repères pour couper les parts.

Pour la décoration, poudrer chaque monticule de crème avec des miettes de biscuits secs.

GÂTEAU AU CHOCOLAT

- Pour 8 à 10 personnes
- Peut être préparé la veille et conservé au frais

300 g de sucre en poudre
150 g de beurre ramolli
250 g de farine à gâteaux
35 cl de petit-lait
60 g de cacao en poudre
1/2 c. à café d'extrait de café
2 œufs
120 g de chocolat de couverture
Crème au beurre à la vanille (voir encadré, en haut à droite)
3 c. à soupe de liqueur d'orange (facultatif)

On dépose des monticules de crème au beurre à la vanille sur le pourtour du gâteau. L'anneau central est formé de champignons plus petits.

1 Préchauffer le four à 180 °C (th. 5). Graisser un moule à charnière de 25 cm de diamètre. Chemiser le fond du moule avec du papier sulfurisé.

2 Dans un grand saladier, mélanger pendant 10 min au batteur électrique le sucre et le beurre, jusqu'à consistance légère et mousseuse, en raclant souvent les flancs du saladier avec une spatule souple. Ajouter la farine, le petit-lait, le cacao, l'extrait de café et les œufs. Travailler jusqu'à obtenir une masse homogène, en raclant continuellement les flancs du saladier. Continuer à battre pendant 2 min, en raclant de temps en temps les flancs du saladier.

3 Répartir la pâte à la cuiller dans le moule à charnière. Lisser le dessus à la spatule.

4 Laisser cuire pendant 45 min, jusqu'à ce qu'une aiguille enfoncée au centre ressorte propre.

5 Laisser tiédir pendant 10 min, dans le moule posé sur une grille. Décoller le gâteau des flancs du moule avec une spatule métallique. Ôter le papier et laisser refroidir complètement.

6 Pendant ce temps, préparer les copeaux de chocolat avec le chocolat de couverture (voir p. 142).

7 Préparer la crème au beurre à la vanille.

8 Poser le gâteau sur un grand plat. Si on le parfume à la liqueur, piquer à la fourchette le sommet du gâteau. Asperger toute la surface de gouttes de liqueur.

> **CRÈME AU BEURRE À LA VANILLE**
> Dans un grand saladier, mélanger au batteur électrique *450 g de sucre glace tamisé, 90 g de beurre ramolli, 3 c. à café de lait* et *1 1/2 c. à café d'extrait de vanille*, jusqu'à consistance bien homogène. Rajouter du beurre si nécessaire. Il faut obtenir une crème lisse et facile à étaler.

9 Remplir la poche à douille avec un tiers de la crème au beurre. Choisir la grosse douille. Mettre de côté. Tapisser la totalité du gâteau avec le reste de la crème au beurre. Reprendre la poche à douille et déposer de petits tas de crème sur le pourtour du gâteau. Faire un deuxième anneau de petits tas de crème à environ 7 cm du premier. Appliquer des copeaux en chocolat sur les flancs du gâteau. Répartir le reste des copeaux entre les 2 anneaux de crème. Mettre au réfrigérateur jusqu'au moment de servir.

GÂTEAU AUTRICHIEN

Pour 8 personnes
Peut être préparé la veille et conservé au frais

250 g de chocolat à cuire cassé en morceaux
175 g de beurre
6 œufs, blancs et jaunes séparés
200 g de sucre en poudre
30 g de farine à gâteaux
60 g de chocolat de couverture
1 c. à soupe de sucre glace
Crème fouettée pour accompagner (voir encadré, p. 73)

POUR SERVIR
Poudrer de sucre glace le sommet du gâteau. Décorer de copeaux en chocolat, et accompagner de crème fouettée.

1 Préchauffer le four à 170 °C (th. 5). Graisser un moule à charnière de 23 cm de diamètre.

2 Dans une casserole à fond épais, faire fondre à feu doux le chocolat et le beurre jusqu'à consistance lisse, en remuant fréquemment. Retirer aussitôt la casserole du feu.

3 Dans un grand saladier, battre les blancs d'œufs en neige ferme à l'aide d'un batteur électrique à pleine vitesse. Ajouter peu à peu 60 g de sucre en poudre, en battant jusqu'à dissolution complète. Le mélange doit être brillant.

4 Dans un autre grand saladier, mélanger au batteur pendant environ 5 min les jaunes d'œufs et le reste de sucre en poudre jusqu'à consistance épaisse jaune pâle. Ajouter le mélange chocolaté et battre jusqu'à consistance homogène.

5 Ajouter la farine et continuer à battre jusqu'à ce que le mélange soit parfait, en raclant de temps en temps les flancs du saladier à la spatule souple.

6 Avec une spatule souple ou un fouet, incorporer doucement les blancs en neige au mélange chocolaté (un tiers à la fois).

7 Remplir le moule à la cuiller, en répartissant la pâte régulièrement. Faire cuire pendant 30 à 35 min (pendant la cuisson, le gâteau va lever et le dessus se craqueler).

8 Le gâteau est prêt lorsque le mélange paraît durci ; une aiguille enfoncée au centre du gâteau doit ressortir humide, mais la pâte ne doit pas être liquide.

9 Laisser refroidir complètement dans le moule posé sur une grille à gâteaux (le gâteau va retomber et le sommet va se craqueler en refroidissant).

10 Pendant ce temps, confectionner les copeaux avec le chocolat de couverture (voir p. 142).

11 Décoller le gâteau des bords du moule avec une spatule métallique. Retirer le bord amovible, et poser le gâteau sur un plat de service.

Poudrer de sucre glace selon son goût.

Les craquelures, inévitables, font le charme de ce gâteau délicieux.

GÂTEAU CAPPUCCINO

Dans ce gâteau d'inspiration italienne, les couches de biscuit au chocolat ne contiennent pas de farine, comme un biscuit roulé. Le gâteau va monter dans le four, puis retomber après cuisson. La texture sera légère et moelleuse, idéale pour un gâteau fourré d'une riche garniture.

CRÈME AU BEURRE AU CAFÉ

Dans un bol, mélanger *2 c. à soupe d'eau chaude* et *2 c. à café de café soluble en poudre*, jusqu'à dissolution complète. Dans un grand saladier, mélanger au batteur électrique *225 g de sucre glace tamisé* et *225 g de beurre ramolli* pendant 10 min, jusqu'à consistance mousseuse, en raclant souvent les flancs du saladier. Incorporer progressivement le mélange au café jusqu'à consistance lisse, en raclant de temps en temps les flancs du saladier. Si la crème est préparée à l'avance, la mettre de côté dans un récipient hermétique.

Pour 8 personnes
Peut être préparé la veille et conservé au frais

- 5 œufs, blancs et jaunes séparés
- 165 g de sucre glace tamisé
- 45 g de cacao en poudre tamisé, plus la quantité nécessaire au poudrage
- 15 cl de crème fraîche
- 225 g de fromage blanc
- 30 g de chocolat à cuire grossièrement râpé
- Crème au beurre au café (voir encadré, ci-dessus à droite)
- « Grains de café » en chocolat pour décorer

1 Préchauffer le four à 200 °C (th. 6). Graisser une plaque à pâtisserie de 33 x 23 cm. Chemiser le fond de papier sulfurisé.

2 Dans un grand saladier, battre les œufs en neige ferme avec un batteur électrique à pleine vitesse.

3 Ajouter peu à peu en pluie 60 g de sucre glace, en battant jusqu'à dissolution complète. Le mélange doit être brillant.

4 Dans un autre grand saladier, mélanger au batteur électrique les jaunes d'œufs jusqu'à consistance épaisse, couleur jaune pâle. Incorporer 60 g de sucre glace et le cacao.

5 Avec une spatule souple ou un fouet, incorporer doucement les blancs en neige dans le mélange aux œufs, un tiers à la fois.

6 Remplir la plaque à la cuiller, en versant la pâte régulièrement. Faire cuire pendant 15 min ; le dessus de la pâte doit être souple sous le doigt.

7 Poudrer de cacao un torchon propre. Lorsque le gâteau est cuit, le retourner immédiatement sur le torchon. Retirer délicatement le papier sulfurisé. Rogner éventuellement les bords. Laisser refroidir complètement le gâteau.

8 Pendant ce temps, préparer la garniture au fromage blanc : dans un petit saladier, battre la crème fraîche en crème fouettée épaisse.

ASSEMBLAGE DES COUCHES DE GÂTEAU

Placer le fond en biscuit dans le plat : poser l'une des parts de biscuit, face du dessous apparente.

La garniture au fromage blanc est parsemée de petits morceaux de chocolat râpé.

Étaler la garniture : étaler à la spatule métallique la moitié de la garniture au fromage blanc sur la couche de biscuit du fond.

On a rogné le bord afin d'obtenir un aspect bien net.

Mettre la dernière couche : déposer la troisième part de biscuit sur la garniture au fromage blanc.

9 Dans un grand saladier, avec le batteur, incorporer au fromage blanc le reste du sucre glace, puis le chocolat râpé. Incorporer ensuite la crème fouettée à la spatule. Laisser refroidir au réfrigérateur.

10 Préparer la crème au beurre au café. Remplir la poche à douille avec un quart de cette crème. Choisir une petite douille.

11 Avec un couteau-scie, couper le gâteau dans la largeur, en 3 parts égales.

12 Placer l'une des parts sur un plat de service puis y étaler la moitié de la garniture au fromage blanc (voir encadré, p. 86).

13 Alterner les couches de biscuit et de garniture en terminant par un biscuit (voir encadré, p. 86).

14 Étaler la crème au beurre au café sur les flancs et le dessus du gâteau. Avec la crème au beurre mise de côté dans la poche à douille, dessiner un quadrillage comme sur la photo. Poser dans chaque losange un « grain de café » en chocolat. Mettre au réfrigérateur jusqu'au moment de servir.

Pour décorer, poser dans chaque losange un « grain de café » en chocolat.

Le quadrillage décoratif est réalisé avec une partie de la crème au beurre.

GÂTEAU CARAQUE

Les copeaux en chocolat de ce spectaculaire gâteau caraque sont réalisés avec du chocolat de couverture, d'un emploi plus facile que le chocolat à fondre.

 Pour 8 personnes
Peut être préparé la veille et conservé au frais

150 g de farine à gâteaux
150 g de sucre en poudre
17,5 cl de crème fraîche avec quelques gouttes de jus de citron
120 g de beurre ramolli
30 g de cacao en poudre
1/2 c. à café de levure chimique
1 œuf
175 g de chocolat de couverture
Glaçage au chocolat (voir encadré, ci-dessus à droite)
Sucre glace pour décorer

GLAÇAGE AU CHOCOLAT

Dans une petite casserole au bain-marie, faire fondre *90 g de chocolat à cuire cassé en morceaux, 45 g de beurre et 2 c. à soupe de mélasse*, en remuant souvent jusqu'à consistance lisse. Retirer la casserole du feu et remuer souvent, jusqu'à ce que le glaçage ait refroidi et épaissi.

---

1 Graisser un moule à gâteau rond de 23 cm de diamètre. Chemiser le fond du moule de papier sulfurisé.

2 Préchauffer le four à 180 °C (th. 5). Dans un grand saladier, travailler les 7 premiers ingrédients au batteur électrique jusqu'à consistance homogène, en raclant de temps en temps les flancs du saladier.

3 Verser régulièrement le mélange dans le moule. Faire cuire pendant 30 à 35 min ; une aiguille enfoncée au centre du gâteau doit ressortir propre. Laisser refroidir pendant 10 min dans le moule, sur une grille. Avec une spatule métallique, décoller le gâteau des bords du moule, avant de le retourner sur une grille. Retirer le papier sulfurisé et laisser refroidir complètement.

4 Pendant ce temps, dans un récipient de taille moyenne au bain-marie, faire fondre le chocolat de couverture en remuant souvent jusqu'à consistance lisse.

5 Verser le chocolat fondu sur deux grandes plaques à pâtisserie, l'étaler régulièrement et confectionner les copeaux (voir encadré, ci-dessous). La consistance de la pâte est très importante : si elle est trop molle, il est impossible de faire des copeaux ; trop dure, elle s'effrite. Dans le dernier cas, la laisser à température ambiante pendant quelques minutes jusqu'à la bonne consistance. Si elle est trop molle, la remettre au réfrigérateur. Faire durcir les copeaux au réfrigérateur.

6 Confectionner le glaçage au chocolat.

7 Épousseter très soigneusement les miettes du gâteau. Poser celui-ci sur une grille protégée par une feuille de papier sulfurisé.

8 Étaler à la cuiller le glaçage sur le sommet, puis les flancs du gâteau. Les bavures éventuelles couleront sur le papier sulfurisé.

9 Laisser durcir le glaçage à température ambiante (45 min environ).

10 Poser le gâteau sur le plat de service. Mettre en place les copeaux en chocolat, et poudrer le centre de sucre glace.

COPEAUX EN CHOCOLAT

Étaler le chocolat : étaler le chocolat fondu à la spatule sur deux plaques métalliques. Faire refroidir au réfrigérateur pendant 10 min environ (ne pas laisser trop durcir).

Confectionner les copeaux : poser l'une des plaques tapissées de chocolat sur un torchon humide étendu sur le plan de travail (ce dernier empêche la plaque de bouger pendant le travail). Avec un couteau à lame droite ou une spatule métallique tenus horizontalement, racler de longs copeaux en chocolat.

Déplacer les copeaux : en les manipulant avec des pique-olives en bois, les transférer sur une autre plaque.

GÂTEAU TRUFFON

Réservez ce gâteau pour les grandes occasions. C'est un épais gâteau au chocolat en plusieurs couches, fourré d'une garniture très riche. Le très bel aspect satiné du glaçage, somptueux mélange de crème et de chocolat, lui donne une touche finale très professionnelle. Mais il est pourtant assez facile à réaliser.

Pour 10 personnes
Peut être préparé la veille et conservé au frais

750 g de chocolat à cuire cassé en morceaux
325 g de beurre ramolli
3 œufs
400 g de farine à gâteaux
400 g de sucre en poudre
300 g de sucre glace
17,5 cl de crème fraîche
1 rose pour décorer

1 Graisser un moule à gâteau profond, de 23 cm de diamètre. Préchauffer le four à 170 °C (th. 5).

2 Dans une casserole à fond épais, faire fondre à feu doux 350 g de chocolat à cuire et 225 g de beurre, en remuant souvent jusqu'à consistance lisse. Retirer la casserole du feu, remuer constamment, puis laisser tiédir.

3 Dans un grand saladier, battre les œufs au fouet ou à la fourchette. Incorporer progressivement aux œufs le mélange chocolaté tiède.

4 Ajouter la farine et le sucre en poudre au mélange chocolaté. Continuer à battre au fouet ou à la fourchette jusqu'à consistance lisse et homogène.

5 Verser le mélange dans le moule. Faire cuire pendant 45 min ; une aiguille enfoncée au centre du gâteau doit ressortir propre. Laisser tiédir pendant 10 min, dans le moule posé sur une grille à gâteaux, puis démouler et laisser refroidir complètement sur la grille.

6 Pendant que le gâteau refroidit, confectionner la crème à fourrer au chocolat : dans un récipient au bain-marie, faire fondre 120 g de chocolat en remuant souvent. Laisser tiédir, puis incorporer à la cuiller le sucre glace, le reste du beurre et 4 c. à soupe de crème fraîche, jusqu'à consistance lisse et homogène.

7 Lorsque le gâteau est froid, le couper horizontalement en 3 disques égaux.

8 Préparer le glaçage : dans une casserole à fond épais, faire fondre 225 g de chocolat avec le reste de crème fraîche, en remuant souvent, jusqu'à consistance lisse et assez épaisse. Maintenir au chaud.

9 Assembler le gâteau et l'enrober de glaçage (voir encadré, ci-dessous). Faire prendre le glaçage en mettant le gâteau 30 min au réfrigérateur.

10 Poser le gâteau sur le plat de service. Garnir la base avec le reste de la crème à fourrer au chocolat (voir encadré, ci-dessous). Râper le reste du chocolat avec un économe, et déposer les copeaux sur le pourtour du gâteau. Poser la rose au centre.

ASSEMBLAGE, GLAÇAGE ET DÉCORATION

Assembler : avec la spatule métallique, étaler environ un tiers de la crème à fourrer au chocolat sur la première abaisse ; poser dessus la deuxième abaisse en appuyant doucement mais fermement. Étaler par-dessus un autre tiers de la crème à fourrer et le recouvrir de la troisième abaisse.

Glacer : verser le glaçage sur le gâteau une fois monté. L'étaler à la spatule pour recouvrir complètement le sommet, ainsi que les flancs.

Décorer : décorer la base du gâteau de crème à fourrer à la poche à douille cannelée.

GÂTEAU AU CHOCOLAT ET À LA NOIX DE COCO

Dans ce beau gâteau fourré, les disques en biscuit contiennent des pétales de noix de coco. La garniture est enrichie de noix broyées et la crème fouettée met en relief le bon goût du chocolat. Le tout est couronné d'un jabot en dentelle fait de lamelles de noix de coco. Si vous ne trouvez pas de petit-lait, prenez du lait frais, que vous faites aigrir avec quelques gouttes de jus de citron.

Pour 8 personnes
Peut être préparé la veille et conservé au frais

Cacao en poudre
90 g de chocolat à cuire cassé en morceaux
225 g de farine à gâteaux
300 g de sucre en poudre
30 cl de petit-lait
120 g de beurre ramolli
1/2 c. à café de levure chimique
3 œufs
100 g de noix de coco en poudre
Garniture chocolatée aux noix (voir encadré, ci-dessus à droite)
30 cl de crème fraîche
Lamelles de noix de coco (voir encadré, p. 93) pour décorer

GARNITURE CHOCOLATÉE AUX NOIX

Dans une grande casserole à fond épais, faire chauffer à feu moyen *250 g de lait concentré, 120 g de cassonade, 120 g de beurre, 60 g de chocolat à cuire* et *3 jaunes d'œufs légèrement battus,* en remuant souvent. Au bout de 10 min, le chocolat a complètement fondu, et le mélange nappe le dos de la cuiller (ne pas laisser bouillir, sinon le mélange tourne). Retirer aussitôt la casserole du feu et incorporer *225 g de cerneaux de noix hachés.* Laisser tiédir en remuant de temps en temps, jusqu'à ce que le mélange soit parfaitement lisse et facile à tartiner.

1 Préchauffer le four à 180 °C (th. 5). Graisser deux moules à gâteau ronds de 23 cm de diamètre. Poudrer de cacao le fond et les flancs de chaque moule.

2 Dans un petit récipient au bain-marie, faire fondre le chocolat en remuant souvent, jusqu'à consistance lisse, puis retirer la casserole du feu.

3 Verser dans un grand saladier les 6 ingrédients suivants. Ajouter le chocolat fondu. Travailler au batteur électrique, en raclant souvent les flancs du saladier avec une spatule souple. Lorsque le mélange est homogène, continuer à battre pendant 2 min, en raclant de temps en temps les flancs du saladier. Incorporer la noix de coco.

4 Verser régulièrement le mélange dans les moules. Faire cuire pendant 45 min ; une aiguille enfoncée au centre du gâteau doit ressortir propre.

5 Laisser tiédir les biscuits pendant 10 min, dans les moules posés sur une grille. Décoller les biscuits des bords des moules avec une spatule métallique. Les retourner sur une grille et les laisser refroidir.

6 Lorsque les biscuits sont froids, préparer la garniture chocolatée aux noix. Dans un petit saladier, fouetter la crème fraîche.

7 Couper horizontalement chaque biscuit en 2 abaisses égales. Poser une abaisse sur le plat de service et étaler dessus la moitié de la garniture chocolatée aux noix (voir encadré, p. 93).

8 Poser une autre abaisse. Étaler dessus la moitié de la crème fouettée. Recouvrir d'une autre abaisse. Étaler le reste de la garniture. Poser la dernière abaisse, et la napper de crème fouettée (voir encadré, p. 93).

> **POUR SERVIR**
> *Orner le sommet du gâteau d'un jabot en lamelles de noix de coco. Poudrer le centre de cacao. Mettre au réfrigérateur jusqu'au moment de servir.*

Superposition de biscuit, de garniture chocolatée aux noix et de crème fouettée.

En découpant la noix de coco en lamelles, laisser la peau brune pour mieux marquer le bord.

La couche de crème fouettée est étalée jusqu'au bord du gâteau, en relief, afin de produire une douce ondulation.

MONTAGE DU GÂTEAU

Découper le gâteau : avec un long couteau à lame droite, bien découper horizontalement chaque abaisse en deux. On obtient en tout 4 abaisses.

Commencer le montage : poser la première abaisse sur le plat de service, côté tranché dessus.

Garnir : étaler une couche de garniture sur la première abaisse à l'aide de la spatule métallique.

Poser la troisième abaisse : côté tranché dessus, poser le biscuit sur la couche de crème fouettée qui surmonte la deuxième abaisse.

Recouvrir de crème : étaler le reste de crème à la spatule métallique, sur la dernière abaisse de biscuit.

LAMELLES DE NOIX DE COCO

Percer à l'aide d'un marteau et d'une pointe les yeux d'une noix de coco fraîche. Faire couler doucement le jus (on peut le consommer mélangé à du jus de fruits). Casser la coque d'un coup de marteau.

Avec un petit couteau pointu, prélever la pulpe, morceau par morceau.

Avec un économe, découper de longues lamelles de noix de coco dans la section des morceaux de pulpe.

On peut utiliser le reste de la pulpe en la broyant ou en la râpant. Elle servira pour un autre emploi. Emballer dans du papier d'aluminium ou réserver dans un récipient hermétique. Mettre au réfrigérateur et utiliser dans les 48 h.

GÂTEAU DE GRAND-MÈRE

  Pour 8 personnes
Peut se préparer la veille

400 g de sucre en poudre
225 g de beurre ramolli
350 g de farine à gâteaux
25 cl de lait
1/2 c. à café de levure chimique
4 œufs
Sucre glace pour décorer
Cerises fraîches pour décorer (facultatif)

1 Préchauffer le four à 180 °C (th. 5). Graisser et fariner légèrement un moule à kouglof de 23 cm.

2 Dans un grand saladier, travailler pendant 10 min au batteur électrique le sucre et le beurre, jusqu'à consistance légère et mousseuse, en raclant souvent les flancs du saladier avec une spatule souple.

3 Ajouter la farine, le lait, la levure et les œufs. Battre jusqu'à consistance parfaite, en raclant constamment les flancs du saladier.

4 Battre le mélange 2 min de plus, en raclant parfois les flancs du saladier.

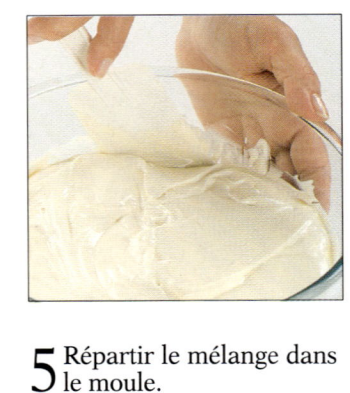

5 Répartir le mélange dans le moule.

6 Faire cuire 50 à 55 min au four (une aiguille enfoncée au centre du gâteau ressort propre). Laisser tiédir 10 min, puis démouler et laisser refroidir complètement sur la grille.

7 Poudrer le gâteau de sucre glace.

Un napperon en papier dentelle présente joliment ce délicieux gâteau, surtout si le rouge des motifs du plat s'accorde avec celui des cerises.

Ce gâteau très simple est mis en valeur par un tamisage de sucre glace.

POUR SERVIR
En été, on peut orner le gâteau de cerises fraîches.

COQUILLES AMANDINES

Pour 8 coquilles
Préparation et cuisson : 2 h

150 g d'amandes mondées
215 g de farine à gâteaux
200 g de sucre en poudre
2 œufs
15 cl de lait
2 c. à soupe d'huile végétale
1 c. à café d'extrait d'amande

1 Dans une petite poêle, faire dorer les amandes à feu moyen, en remuant souvent. Laisser refroidir. Moudre finement les amandes grillées au robot ou au hachoir électrique (avec un hachoir électrique, broyer les amandes en deux fois).

2 Préchauffer le four à 180 °C (th. 5). Graisser généreusement 8 moules en forme de coquille Saint-Jacques, de 12 cm de diamètre, ou d'une contenance de 15 cl.

Le dessus de ces gâteaux exquis pour le thé est moucheté d'éclats d'amandes grillées. On peut également utiliser des noix finement broyées.

3 Dans un saladier, mélanger la poudre d'amandes, la farine et le sucre.

4 Dans un petit saladier, battre les œufs. Incorporer les 3 ingrédients suivants.

Remplir les moules, jusqu'à 1 cm du bord.

Toutes dorées sur le pourtour, ces coquilles amandines sont très appétissantes.

5 Incorporer les ingrédients liquides dans le mélange à base de farine jusqu'à ce que la farine soit bien absorbée. Répartir le mélange dans les moules, jusqu'à 1 cm du bord.

6 Pour que les moules restent d'aplomb pendant la cuisson, les caler soigneusement sur un fond de papier d'aluminium froissé.

7 Faire cuire les gâteaux au four pendant 20 à 25 min ; une aiguille enfoncée au milieu doit ressortir propre.

8 Laisser tiédir pendant 10 min, dans les moules posés sur une grille. Détacher chaque gâteau du bord de son moule avec la pointe d'un couteau et démouler. Laisser refroidir complètement sur la grille. Servir avec des fraises.

96 • GÂTEAUX

MOKA PAPILLON

 Pour 16 personnes
Peut être préparé la veille et conservé au frais

225 g de chocolat à cuire
8 œufs, blancs et jaunes séparés
200 g de sucre en poudre
75 g de farine
Papillons en chocolat (voir encadré, à droite)
1 c. à café de matière grasse végétale (Végétaline par exemple)
50 cl de crème fraîche
45 g de cacao en poudre
2 c. à café de café soluble

1 Râper 175 g de chocolat (ou le passer dans le broyeur d'un robot ménager). Réserver.

2 Dans un grand saladier, monter les blancs en neige avec un batteur électrique à pleine vitesse.

3 Préchauffer le four à 180 °C (th. 5). Dans un autre grand saladier, mélanger au batteur pendant environ 5 min les jaunes d'œufs et la moitié du sucre jusqu'à consistance de masse très épaisse et jaune clair. Ajouter la farine. Battre, en raclant de temps en temps les flancs du saladier avec la spatule souple. Avec le même instrument, ajouter le chocolat. Enfin, incorporer délicatement les blancs en neige, un tiers à la fois.

4 Verser le mélange dans un moule à charnière de 25 cm de diamètre, non graissé. Faire cuire pendant 40 à 45 min au four, jusqu'à ce que le sommet du gâteau soit souple sous le doigt. Retourner le gâteau dans son moule sur une grille. Laisser refroidir complètement, dans le moule.

PAPILLONS EN CHOCOLAT

Découper le papier en rectangles : découper des feuilles de papier sulfurisé en morceaux de 10 x 6 cm. Les plier en deux pour faire des petits rectangles de 5 x 6 cm.

Dessiner des papillons : dessiner sur chaque rectangle plié une seule aile de papillon et la moitié du corps (en prenant le pli comme ligne médiane). La pointe du crayon marquera l'autre moitié du rectangle. Déplier et poser sur un plan de travail propre, côté dessiné dessous. Fixer sur le plan de travail avec du ruban adhésif, à 5 cm environ les uns des autres.

Dessiner à la douille : en utilisant un cône de papier sulfurisé comme douille, déposer un filet de chocolat sur le dessin profilé derrière le papier. Lorsque tous les papillons sont terminés, retirer l'adhésif.

Donner une forme : avec une pelle à gâteau, soulever délicatement le papillon sur son papier sulfurisé, et le déposer sur le trou d'une boîte à œufs. Faire en sorte que le papier soit légèrement incurvé. Laisser alors durcir le chocolat au réfrigérateur pendant 1 h au moins.

Retirer le papier sulfurisé : il faut avoir les mains bien fraîches, et procéder avec délicatesse. Remettre les papillons au réfrigérateur jusqu'au moment de servir.

5 Pendant ce temps, préparer les papillons en chocolat : découper des rectangles de papier sulfurisé et dessiner dessus des formes de papillon (voir encadré, p. 96). Dans une casserole à fond épais, faire fondre à feu doux la matière grasse végétale et le reste du chocolat, en remuant souvent, jusqu'à consistance lisse et homogène. Laisser refroidir pendant 10 min, pour faciliter le travail à la douille. Fabriquer une douille en papier avec un cône d'une ouverture de 3 mm (ou utiliser une poche à douille avec une petite ouverture). Remplir à la cuiller de mélange chocolaté. Dessiner les papillons et laisser refroidir (voir encadré, p. 96).

6 Lorsque le chocolat a refroidi, préparer la crème au moka : dans un grand saladier, fouetter la crème fraîche, le cacao, le café soluble et le reste du sucre. Remplir à la cuiller une poche à douille cannelée avec un quart de la crème au moka. Mettre de côté.

7 Avec une spatule métallique, décoller le gâteau des bords du moule. Retirer les bords. Dégager le gâteau du fond du moule, et enlever ce fond. Avec un couteau-scie, découper le gâteau en trois abaisses horizontales.

8 Étaler environ un quart de la crème au moka qui se trouve dans le saladier sur la première abaisse, face tranchée dessus. Alterner gâteau et crème, en terminant par la troisième abaisse, face tranchée dessous.

9 Étaler sur le sommet du gâteau une fine couche de crème au moka et utiliser le reste pour napper les flancs du gâteau, puis pour dessiner à la douille un joli motif sur le sommet. Mettre au réfrigérateur jusqu'au moment de servir.

10 Avant de servir, décorer le gâteau avec les papillons en chocolat.

Les papillons en chocolat posés sur le gâteau sont dessinés à la douille avec du chocolat fondu sur des rectangles de papier sulfurisé.

L'effet de spirale résulte du dessin en étoile de la douille cannelée.

DÉCORATIONS EN CHOCOLAT

Des papillons en chocolat posés sur un simple biscuit raviront vos invités même s'ils sont exigeants, et ils enchanteront les enfants pour un goûter d'anniversaire. Comme la plupart des décors en chocolat, les papillons ne demandent pas de tour de main particulier, mais il faut simplement avoir du temps pour que le chocolat puisse durcir. Hormis les copeaux, tout peut être fabriqué avec du vrai chocolat à cuire. Pour les copeaux, choisissez de préférence du chocolat de couverture, plus facile à utiliser.

Pour faire fondre le chocolat à cuire, brisez-le en petits morceaux, et mettez-le au bain-marie, dans de l'eau frémissante. Remuez constamment avec une spatule souple pendant 5 min, jusqu'à consistance bien homogène Avant de remplir la poche à douille, laissez refroidir.

FEUILLES NON TOXIQUES

Ces feuilles naturelles non toxiques permettent de confectionner des décors comestibles : capucine, citronnier, gardénia, magnolia, rose, vigne (non traitée), violette.
Laver les feuilles à l'eau chaude savonneuse. Rincer et sécher avant utilisation.
Ne pas mettre les feuilles suivantes en contact avec le chocolat ou d'autres aliments : amaryllis, azalée, caladium, delphinium (pied-d'alouette), dieffenbachia, gui, hortensia, jonquille, laurier, laurier-rose, lierre, muguet, narcisse, poinsettia, rhododendron.

Fruits enrobés de chocolat
En trempant de petits fruits comme les grains de raisin, les cerises et les fraises dans du chocolat fondu, on obtient de très jolis décors de gâteaux, en bordure ou en grappe centrale.

Feuilles en chocolat
Les feuilles enduites de chocolat fondu (noir, blanc ou au lait) donnent des formes et des couleurs intéressantes. Leur regroupement en bouquet ou en « fleur » au centre d'un gâteau ou d'un dessert est particulièrement réussi.

Coupes en chocolat
Pour mouler des coupes en chocolat, utiliser des formes en papier sulfurisé ou en aluminium. Une fois le chocolat durci, retirer le moule. Remplir ensuite ces coupes d'une crème ou de fruits pour décorer les plats de service.

Treillis
*Improviser un dessin avec la poche à douille
sur un morceau de papier sulfurisé.
Le faire ensuite refroidir au réfrigérateur,
puis retirer délicatement du papier.*

Cœurs en chocolat
*La forme est découpée avec un couteau
dans une plaque de chocolat fondu et refroidi.
Les dessins sont faits à la poche à douille
avec du chocolat blanc fondu.
Percer le trou pour le ruban
avec une petite pointe.*

Baguettes en chocolat
*Ces copeaux allongés comme des baguettes
sont confectionnés en raclant une plaque
de chocolat de couverture fondu puis refroidi.
Utiliser un couteau à lame droite
ou une spatule métallique,
en tenant l'ustensile horizontalement.*

Lamelles en chocolat
*Le procédé est le même
que pour les baguettes en chocolat
(ci-contre, à gauche),
mais on arrête le couteau
à mi-chemin de la plaque.*

Marguerites
*Dessiner la forme d'une marguerite
sur le dos d'une feuille de papier sulfurisé,
puis retourner la feuille
et déposer sur les lignes du dessin,
avec la douille, un filet de chocolat fondu.
Laisser durcir,
puis verser le chocolat blanc fondu.
Mettre ensuite à durcir au réfrigérateur,
avant d'ôter le papier sulfurisé.*

Copeaux
*Il suffit de réchauffer dans sa main
une barre de chocolat blanc
ou de chocolat de couverture,
puis de la racler avec un économe
dans le sens de la longueur.*

Fleurs de lis
*Dessiner la forme de la fleur
sur l'envers du papier sulfurisé,
puis retourner la feuille et déposer
avec la douille, suivant les lignes du dessin,
un filet de chocolat fondu.
Mettre au réfrigérateur,
puis décoller le motif du papier
avant de le poser sur le dessert.*

Triangles marbrés
*Faire fondre séparément le chocolat blanc
et le chocolat à cuire, et les verser
en même temps pour obtenir
une seule plaque marbrée.
Après refroidissement,
découper les triangles.*

100 • GÂTEAUX

| FRUITS ENROBÉS DE CHOCOLAT | COPEAUX EN CHOCOLAT | PAPILLONS EN CHOCOLAT |

Cerises enrobées de chocolat blanc et de chocolat noir.

Baguettes en chocolat (voir encadré, p. 98) et copeaux en chocolat.

Papillon bicolore réalisé à la douille avec du chocolat noir et du chocolat blanc.

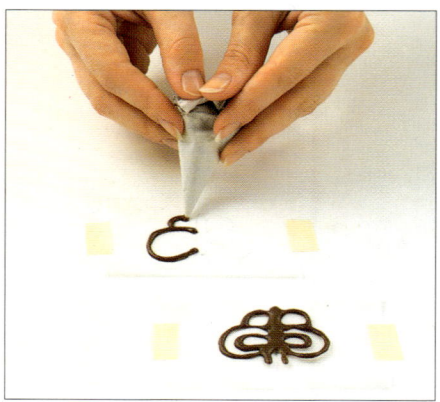

1 Rincer les fruits à l'eau courante froide, mais sans enlever les queues. Les sécher en les tapotant dans un morceau d'essuie-tout. Les mettre de côté (il faut que les fruits soient à température ambiante).

2 Dans un récipient posé dans une casserole pleine d'eau frémissante, faire fondre le chocolat (voir texte, p. 98). Laisser tiédir.

3 Plonger les fruits un par un dans le chocolat en les tenant par la queue. Les tremper en en laissant une partie découverte.

4 Secouer pour ôter l'excédent de chocolat. Poser le fruit sur du papier sulfurisé. Laisser prendre le chocolat 10 min environ. Décoller du papier sulfurisé.

1 Réchauffer dans le creux de la main le morceau de chocolat blanc ou de chocolat de couverture.

2 Faire des copeaux en raclant doucement mais sans hésitation la face la plus large du morceau avec la lame d'un économe. Pour de petits copeaux, racler la face la plus étroite.

3 À cause de leur fragilité, manipuler les copeaux avec des pique-olives.

Cette technique est aussi expliquée p. 142, avec du chocolat noir.

1 Découper des rectangles de papier sulfurisé, et dessiner dessus des formes de papillon. Poser sur un plan de travail propre, côté dessiné dessous. Fixer avec du ruban adhésif.

2 Fabriquer une douille en papier sulfurisé, avec une ouverture de 3 mm (ou choisir une poche à douille munie d'une petite ouverture). La remplir de chocolat fondu avec une cuiller.

3 Dessiner sur le papier sulfurisé avec la douille, en suivant fidèlement le dessin visible par transparence. Laisser refroidir quelque temps au réfrigérateur.

4 Remplir à la cuiller une douille propre de chocolat blanc fondu. Remplir l'intérieur des formes en chocolat noir. Faire durcir 1 h au réfrigérateur.

TRIANGLES EN CHOCOLAT

Triangles en chocolat noir et chocolat blanc.

1 *Fixer une feuille de papier sulfurisé sur le plan de travail propre avec du ruban adhésif.*

2 *Étaler à la spatule métallique le chocolat fondu (voir texte, p. 98) sur la feuille de papier sulfurisé. Faire durcir au réfrigérateur.*

3 *Avec un petit couteau ou un emporte-pièce, découper les formes en chocolat. Faire durcir au réfrigérateur.*

ZIGZAGS EN CHOCOLAT

Simples zigzags en chocolat.

1 *Fabriquer une douille en papier sulfurisé, avec une ouverture de 3 mm. Remplir de chocolat fondu avec une cuiller.*

2 *Dessiner le motif de son choix sur une feuille de papier sulfurisé avec la douille.*

3 *Laisser durcir au réfrigérateur.*

4 *Décoller doucement les motifs de leur support en papier sulfurisé avec une spatule métallique.*

FEUILLES EN CHOCOLAT

Feuilles en chocolat de formes et de couleurs différentes.

1 *Laver et rincer les feuilles de son choix (voir encadré, p. 98). Sécher en tapotant avec un morceau d'essuie-tout.*

2 *Avec un pinceau à pâtisserie ou une petite spatule métallique, déposer une couche de chocolat fondu (voir texte, p. 98) sur le dessous de la feuille (cette face permet d'obtenir des motifs plus marqués).*

3 *Mettre environ 30 min au réfrigérateur, le temps de faire durcir le chocolat.*

4 *Avec des mains bien fraîches, séparer délicatement la feuille de son empreinte en chocolat.*

GÂTEAU AUX NOIX

   Pour 10 personnes
Peut être préparé la veille et conservé au frais

---

450 g de cerneaux de noix
50 g de farine à gâteaux
1/2 c. à café de levure chimique
5 œufs, blancs et jaunes séparés
150 g de sucre en poudre
2 c. à soupe d'huile de maïs
60 cl de crème fraîche
30 g de sucre glace

1 Moudre finement au robot ménager ou au hachoir électrique les trois quarts des noix, la farine et la levure chimique. Si on utilise un hachoir électrique, procéder en plusieurs fois.

2 Préchauffer le four à 180 °C (th. 5). Graisser deux moules à gâteau ronds de 23 cm. Chemiser le fond des moules de papier sulfurisé.

3 Dans un grand saladier, monter les blancs d'œufs en neige au batteur électrique à pleine vitesse. Ajouter petit à petit un tiers du sucre en poudre et continuer de mélanger jusqu'à dissolution complète du sucre dans les blancs.

4 Dans un autre grand saladier, mélanger pendant 5 min environ au batteur les jaunes d'œufs, l'huile de maïs et le reste du sucre en poudre. Lorsque la pâte est épaisse et jaune pâle, incorporer à la spatule souple ou au fouet le mélange aux noix, puis les blancs en neige. Cesser de mélanger dès que le mélange est homogène.

5 Répartir le mélange dans les moules. Faire cuire pendant 20 à 25 min, jusqu'à ce que le sommet des gâteaux soit souple sous le doigt. Décoller alors aussitôt chaque gâteau du bord du moule avec une spatule. Retourner sur des grilles et retirer le papier sulfurisé. Laisser refroidir.

6 Dans un grand saladier, fouetter la crème fraîche et le sucre glace. Remplir une poche à douille cannelée avec environ un quart de cette crème fouettée. Réserver pour la décoration. Concasser le reste des noix pour la décoration.

7 Avec un couteau-scie, couper horizontalement en deux chaque gâteau. On obtient 4 abaisses.

8 Poser la première abaisse sur le plat de service. Étaler par-dessus un quart de la crème fouettée.

9 Alterner les couches de crème et de gâteau. On termine par une abaisse. Appliquer le dernier quart de la crème fouettée sur les flancs du gâteau.

10 Réserver 30 g de noix concassées et incruster le reste dans la crème qui tapisse les flancs du gâteau. Tracer avec la poche à douille des bandes parallèles de crème fouettée sur le sommet du gâteau.

11 Répartir les dernières noix concassées entre les bandes de crème.

12 Mettre au réfrigérateur jusqu'au moment de servir.

Alternance de bandes de crème fouettée et de noix concassées sur le sommet du gâteau.

GÂTEAU MARSHMALLOW AU CHOCOLAT

Pour 8 à 10 personnes
Peut être préparé la veille

350 g de margarine molle
90 g de cerneaux de noix concassés
60 g de biscuits sablés finement écrasés
165 g de cassonade
215 g de farine à gâteaux
200 g de sucre en poudre
30 g de cacao en poudre
1/4 de c. à café de levure chimique
4 œufs
100 g de noix de coco en poudre
75 g de boules de marshmallow
Glaçage au chocolat (voir encadré, ci-dessous)
Copeaux de chocolat (voir encadré, p. 104)

Ce fouillis de copeaux de chocolat est une façon astucieuse d'orner un simple gâteau glacé.

GLAÇAGE AU CHOCOLAT

Dans un récipient au bain-marie, faire fondre *225 g de chocolat à cuire* avec *45 g de beurre* et *2 c. à soupe d'eau*, en remuant souvent, jusqu'à ce que le mélange soit lisse et homogène. Retirer le récipient de la casserole. Laisser refroidir à température ambiante, puis incorporer doucement à la cuiller *3 c. à soupe de sucre glace*, jusqu'à consistance épaisse.

1 Préchauffer le four à 180 °C (th. 5). Graisser 2 moules à gâteau ronds de 23 cm. Chemiser le fond des moules de papier sulfurisé.

2 Dans une casserole de taille moyenne, faire fondre à feu doux 120 g de margarine. Ôter la casserole du feu. Incorporer les noix concassées, les biscuits écrasés et la cassonade. Répartir le mélange entre les 2 moules à gâteau ; égaliser en tapotant doucement les moules pour bien couvrir le fond.

3 Dans un grand saladier, mélanger intimement au batteur la farine, le sucre, le cacao, la levure, les œufs, la noix de coco et le reste de margarine, en raclant continuellement les flancs du saladier avec une spatule souple. Continuer à battre pendant 1 min de plus.

4 Répartir le mélange dans les moules. Égaliser la surface. Faire cuire 30 min (une aiguille enfoncée au centre du gâteau ressort propre). Décoller aussitôt les gâteaux des bords des moules. Retourner sur des grilles et enlever le papier sulfurisé.

5 Pendant qu'ils sont encore chauds, poser l'un des gâteaux sur le plat de service, face garnie de biscuits écrasés vers le dessus. Répartir les marshmallows.

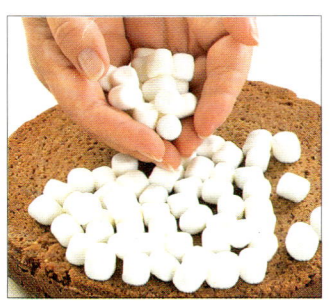

6 Poser immédiatement le second gâteau dans le même sens que le premier sur les marshmallows, de manière à les faire fondre.

7 Enfoncer une aiguille à brider à travers les 2 gâteaux pour les empêcher de se décaler.

8 Laisser refroidir, puis mettre au réfrigérateur jusqu'à ce que les marshmallows soient solidifiés.

9 Lorsque le gâteau est complètement froid, préparer le glaçage au chocolat.

10 Retirer l'aiguille qui maintient les 2 parties du gâteau. Étaler le glaçage au chocolat sur le sommet et les flancs. Décorer de copeaux de chocolat. Laisser prendre le glaçage avant de servir.

GÂTEAU SUISSE AU CHOCOLAT

La pâte de ce gâteau joliment décoré de crème fouettée contient de la crème aigre, un ingrédient couramment utilisé en Suisse, en Allemagne et en Autriche, pour le rendre plus moelleux. Si vous souhaitez accentuer le goût d'orange de ce gâteau, remplacez les violettes en sucre candi du décor par des morceaux d'orange confite.

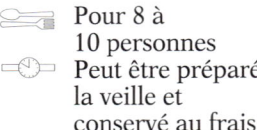

Pour 8 à 10 personnes
Peut être préparé la veille et conservé au frais

120 g de chocolat à cuire cassé en morceaux
2 œufs, blancs et jaunes séparés
300 g de sucre en poudre
120 g de beurre ramolli
340 g de farine à gâteaux
12,5 cl de crème aigre
2 c. à café d'eau de fleur d'oranger
175 g de chocolat de couverture
Crème au chocolat (voir encadré, p. 105)
30 cl de crème fraîche
Violettes en sucre candi pour décorer

1 Graisser et fariner un moule à charnière de 25 cm de diamètre.

2 Dans une petite casserole à fond épais, faire fondre à feu très doux les morceaux de chocolat à cuire, en remuant fréquemment jusqu'à consistance lisse et homogène. Retirer aussitôt la casserole du feu.

3 Dans un saladier de taille moyenne, monter les blancs en neige au batteur électrique à pleine vitesse.

4 Préchauffer le four à 180 °C (th. 5).

5 Dans un grand saladier, mélanger au batteur pendant 5 min les jaunes d'œufs, 250 g de sucre et le beurre, en raclant souvent les flancs du saladier à la spatule souple, jusqu'à ce que la pâte soit légère et mousseuse.

6 Sans arrêter de battre, incorporer le chocolat fondu, la farine, la crème aigre, l'eau de fleur d'oranger, et *25 cl d'eau*. Obtenir un mélange homogène, en raclant constamment les flancs du saladier. Continuer à battre pendant 2 min.

7 Incorporer délicatement les blancs en neige au fouet ou à la spatule souple.

8 Verser le mélange dans le moule avec une cuiller. Faire cuire pendant 45 min, jusqu'à ce que le sommet du gâteau soit souple sous le doigt. Laisser refroidir le gâteau dans son moule posé sur une grille pendant 10 min.

9 Décoller le gâteau des bords du moule. Retirer délicatement la partie amovible. Laisser refroidir sur le fond du moule posé sur la grille.

10 Pendant ce temps, émietter le chocolat de couverture. Le faire fondre doucement au bain-marie en remuant constamment, jusqu'à ce que la pâte soit lisse. S'en servir pour confectionner les copeaux de chocolat (voir encadré, ci-dessous).

11 Préparer la crème au chocolat.

12 Retirer le gâteau du fond du moule. Avec un couteau-scie, couper le gâteau en deux horizontalement. Poser l'une des abaisses sur le plat de service. Étaler dessus un tiers de la crème au chocolat. Poser la seconde abaisse de gâteau en couvercle.

COPEAUX DE CHOCOLAT

Faire un bloc de chocolat : *dans un petit moule à cake de 15 x 8 cm, chemisé de papier d'aluminium, verser le chocolat, préalablement fondu. Laisser refroidir, puis mettre 2 h environ au réfrigérateur.*

Démouler le bloc : *retirer le bloc du moule, puis ôter délicatement le papier d'aluminium.*

Fabriquer des copeaux : *pour obtenir des copeaux longs et fins, râper le bloc sur le côté le plus grossier de la râpe. Si la pâte semble trop cassante, la laisser à température ambiante pendant 30 min.*

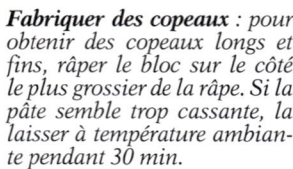

13 Étaler le reste de crème au chocolat sur le dessus et les flancs du gâteau. Coller les copeaux de chocolat contre les flancs.

14 Dans un petit saladier, fouetter la crème fraîche et le reste du sucre. Remplir à la cuiller une poche à douille munie d'une grosse douille cannelée. Couvrir le dessus du gâteau d'un treillis de lignes entrecroisées et orner le pourtour d'un cordon de même crème.

CRÈME AU CHOCOLAT

Dans une casserole à fond épais, porter à ébullition à feu moyen *35 cl de crème fraîche, 225 g de chocolat à cuire cassé en morceaux* et *60 g de beurre*. Remuer constamment jusqu'à consistance lisse. Verser le mélange dans un saladier. Laisser complètement refroidir à température ambiante. Mélanger au batteur électrique jusqu'à consistance légère et mousseuse.

Pour obtenir ce gros cordon de crème, parcourir le pourtour du gâteau avec la poche à douille en décrivant un mouvement en spirale.

Placer les violettes en sucre candi aux intersections des croisillons.

BISCUIT ROULÉ AU CHOCOLAT

Pour 10 personnes
Peut être préparé la veille et conservé au frais

6 œufs
215 g de sucre en poudre
120 g de farine à gâteaux
45 g de cacao en poudre, plus la quantité nécessaire au poudrage
Crème au chocolat blanc (voir encadré, à droite)
Copeaux de chocolat noir et de chocolat blanc (voir encadrés, p.100 et 142)

1 Graisser deux plaques à biscuit roulé de 33 x 23 cm. Les tapisser de papier sulfurisé.

2 Dans un grand saladier, monter les blancs en neige au batteur électrique à pleine vitesse. Ajouter progressivement 75 g de sucre. Battre jusqu'à dissolution complète du sucre ; les blancs doivent être très fermes.

3 Préchauffer le four à 190 °C (th. 5-6). Dans un autre grand saladier, mélanger au batteur les jaunes d'œufs et le reste du sucre. Lorsque la pâte est très épaisse et de couleur jaune pâle, ajouter la farine et 45 g de cacao. Battre jusqu'à consistance homogène, en raclant de temps en temps les flancs du saladier. Avec un fouet ou une spatule souple, incorporer doucement les blancs en neige dans ce mélange, un tiers à chaque fois.

CRÈME AU CHOCOLAT BLANC

Dans une petite casserole, faire chauffer à feu doux *3 c. à soupe de lait*, jusqu'à ce que de petites bulles se forment contre les bords. Ôter la casserole du feu. Incorporer au fouet *60 g de chocolat blanc cassé en morceaux*. Mélanger jusqu'à ce que le chocolat soit fondu. Incorporer *4 c. à café de liqueur de café*. Laisser refroidir, puis mettre pendant environ 30 min au réfrigérateur, en remuant de temps à autre.
Dans un grand saladier, mettre *120 g de sucre glace tamisé* et *175 g de beurre ramolli* (pas de margarine, sinon la crème tournerait). Mélanger au batteur pendant 10 min, jusqu'à consistance légère et mousseuse, en raclant de temps en temps les flancs du saladier avec une spatule souple. Incorporer progressivement le mélange au chocolat blanc dans cette crème, en raclant de temps en temps les flancs du saladier avec la spatule.

4 Répartir le mélange sur les plaques. Faire cuire pendant 8 à 10 min, jusqu'à ce que le dessus de la pâte soit souple sous le doigt.

5 Poudrer de cacao deux torchons très propres. Lorsque les gâteaux sont cuits, les démouler aussitôt sur les torchons.

6 Ôter délicatement le papier sulfurisé. Couper éventuellement les bavures des bords. En partant de l'un des petits côtés, rouler les biscuits à l'aide du torchon. Les ranger, jointure dessous, sur une grille et les laisser refroidir complètement.

LE ROULÉ DOUBLE

Étaler la crème : sur le premier biscuit, étaler un tiers de crème avec une spatule métallique.

Assembler : coller la jointure du biscuit déjà roulé à l'un des bords étroits du second biscuit.

Rouler les deux biscuits ensemble : le second s'enroule autour du premier.

GÂTEAUX • 107

7 Pendant ce temps, préparer la crème au chocolat blanc.

8 Dérouler l'un des biscuits refroidis. Étaler dessus un tiers environ de la crème (voir encadré, p. 106). En commençant par le même côté, rouler à nouveau le biscuit, cette fois sans le torchon. Dérouler le second biscuit. Étaler dessus un autre tiers de la crème au beurre. Ajuster les bords des deux biscuits et les rouler ensemble (voir encadré, p. 106).

9 Poser le biscuit roulé sur le plat de service. Étaler le reste de la crème sur toute la surface. Décorer avec les copeaux de chocolat. Mettre au réfrigérateur jusqu'au moment de servir.

COUPER LE BISCUIT ROULÉ

Pour faire de belles tranches, il faut couper proprement le biscuit afin que la garniture ne bave pas. Le meilleur résultat s'obtient en prenant un grand couteau-scie : le tremper dans l'eau bouillante avant de couper. Entre chaque tranche, essuyer la lame, puis la tremper de nouveau dans l'eau bouillante.

Pour donner du relief au décor du sommet, mélanger des copeaux blancs et noirs.

Les abaisses de biscuit sont extrafines : la pâte est cuite sur deux plaques différentes. Les deux biscuits sont ensuite roulés l'un après l'autre, avec la garniture.

BISCUIT ROULÉ AUX NOISETTES

 Pour 12 personnes
Peut être préparé la veille et conservé au frais

4 œufs, blancs et jaunes séparés
120 g de sucre glace, plus la quantité nécessaire au décor
120 g de farine à gâteaux
30 cl de crème fraîche
120 g de noisettes décortiquées
1 c. à soupe de miel liquide

LE BISCUIT ROULÉ

1 Poudrer légèrement un torchon propre de sucre glace. Lorsque le biscuit sort du four, le démouler immédiatement sur la serviette.

2 Ôter délicatement avec les doigts le papier sulfurisé. Couper éventuellement les bords croustillants.

3 En partant de l'un des petits côtés, rouler le biscuit avec le torchon. Le poser, jointure dessus, sur une grille et laisser refroidir complètement.

1 Graisser une plaque à biscuit roulé de 33 x 23 cm. La tapisser entièrement de papier sulfurisé.

2 Dans un grand saladier, monter les blancs en neige au batteur électrique à pleine vitesse. Ajouter progressivement 60 g de sucre en poudre, jusqu'à dissolution complète du sucre ; les blancs doivent être bien fermes.

3 Préchauffer le four à 190 °C (th. 5-6).

4 Dans un autre grand saladier, mélanger au batteur les jaunes d'œufs et 60 g de sucre glace. Lorsque la pâte est très épaisse et couleur jaune pâle, ajouter la farine et battre jusqu'à consistance homogène, en raclant continuellement les flancs du saladier avec une spatule souple.

5 Avec le fouet ou la spatule, incorporer doucement les blancs en neige dans le mélange aux jaunes d'œufs, un tiers à la fois.

6 Répartir le mélange dans le moule. Faire cuire pendant 12 à 15 min, jusqu'à ce que le dessus du biscuit soit souple sous le doigt.

7 Rouler le biscuit (voir encadré, ci-dessus).

8 Pendant que le roulé refroidit, battre la crème fraîche en crème fouettée.

9 Dans une petite poêle à feu moyen, faire dorer les noisettes décortiquées, en remuant fréquemment. Laisser refroidir.

10 Concasser grossièrement 12 noisettes grillées et les réserver pour la décoration. Piler le reste de noisettes pour l'incorporer à la garniture.

11 Mélanger les noisettes pilées et le miel avec la moitié de la crème fouettée.

12 Dérouler le gâteau refroidi. Tapisser le dessus avec le mélange de crème fouettée, de miel et de noisettes.

13 En commençant par le petit côté, rouler le biscuit sans le torchon et le poser sur le plat de service.

14 Remplir à la cuiller une poche à douille cannelée avec le reste de la crème fouettée. Confectionner le motif qui orne le dessus du gâteau. Mettre au réfrigérateur jusqu'au moment de servir.

AUTRE GARNITURE

La garniture de crème fouettée, noisettes pilées et miel utilisée pour la recette de base de cette page est très facile et très rapide à faire. Si on dispose d'un peu plus de temps et que l'on souhaite confectionner un dessert plus raffiné, essayer cette garniture à la crème d'érable.

Garniture à la crème d'érable

Dans une casserole de taille moyenne, verser *2 c. à soupe de farine*. Incorporer doucement, au fouet à main ou à la cuiller, *150 ml de lait et 5 c. à soupe de sirop d'érable*.
Lorsque la pâte est lisse, faire cuire à feu moyen, en remuant constamment, jusqu'à ébullition. Laisser bouillir pendant 1 min puis retirer la casserole du feu.
Battre légèrement *2 jaunes d'œufs* dans un bol à la fourchette. Incorporer une petite quantité de mélange au sirop d'érable. Reverser délicatement le mélange aux œufs dans le reste de mélange au sirop d'érable dans la casserole, et remuer rapidement avec la cuiller pour éviter la formation de grumeaux. Faire cuire à feu doux pendant 5 min en remuant constamment, jusqu'à consistance épaisse, lorsque le mélange nappe le dos de la cuiller. Ne pas laisser bouillir, sinon le mélange tournera.
Ôter la casserole du feu et verser la garniture dans un saladier. Pour empêcher la formation d'une peau pendant le refroidissement, poser une feuille de papier sulfurisé directement à la surface de la garniture chaude.

POUR SERVIR
Juste avant de servir, déposer une rangée de noix concassées sur la crème fouettée qui couronne le gâteau.

GÂTEAU AUX FRAISES FRAÎCHES

- Pour 8 à 10 personnes
- Peut être préparé la veille et conservé au frais

- 175 g de margarine ramollie
- 175 g de sucre en poudre
- 3 œufs battus
- 175 g de farine à gâteaux
- 1 1/2 c. à café de levure chimique
- 700 g de fraises
- 75 cl de crème fraîche
- 4 c. à soupe de confiture de fraises

---

1 Graisser deux moules à gâteau de 18 cm de diamètre, et les chemiser de papier sulfurisé.

2 Préchauffer le four à 180 °C (th. 5).

3 Verser dans un grand saladier la margarine, le sucre, les œufs, la farine et la levure chimique. Battre au mixeur jusqu'à consistance homogène.

4 Répartir le mélange à la cuiller dans les deux moules.

5 Laisser cuire pendant 25 min, jusqu'à ce qu'une aiguille enfoncée au milieu ressorte propre.

6 Laisser tiédir pendant environ 10 min, dans les moules posés sur une grille à gâteaux.

7 Décoller les gâteaux du bord du moule avec une spatule métallique. Retourner chaque gâteau sur une grille, et laisser refroidir complètement.

8 Équeuter deux tiers des fraises lavées puis les couper en deux. Réserver. (Le reste des fraises servira à décorer.)

9 Avec un couteau-scie, couper horizontalement en deux chaque gâteau. On obtient 4 abaisses.

10 Dans un grand saladier, fouetter vigoureusement la crème fraîche.

Les fraises sont plus belles si on laisse leurs feuilles pour la décoration.

Ce joli décor ondulé en crème fouettée est réalisé à l'aide d'une douille cannelée.

DÉCOR À LA POCHE À DOUILLE

Lorsqu'elle est fouettée, la crème fraîche double de volume et reste bien ferme pendant plusieurs heures. Pour obtenir les meilleurs résultats, réfrigérer le saladier, le fouet et la crème avant de commencer. Battre jusqu'à épaississement du mélange, mais pas trop longtemps, sinon la crème coagule et finit par se transformer en beurre.

Si on ne l'utilise pas aussitôt, mettre la crème fouettée au réfrigérateur. Après avoir appliqué le décor à la poche à douille, placer le gâteau au réfrigérateur jusqu'au moment de servir.

Adaptateur et tube.

La poche à douille avec l'adaptateur et le tube.

11 Poser une première abaisse sur le plat de service. Étaler par-dessus un quart de la crème fouettée. Répartir dessus la moitié des fraises coupées en deux.

12 Recouvrir la couche de fraises d'une autre abaisse, en la posant doucement mais fermement. Étaler la confiture de fraises sur le dessus du gâteau.

13 Poser sur la couche de confiture de fraises une nouvelle abaisse, étaler une nouvelle couche de crème (un quart) puis une nouvelle couche de fraises. Poser sur le tout en couvercle la dernière abaisse de gâteau.

14 Napper le sommet et les flancs du gâteau avec le troisième quart de la crème fouettée. Remplir la poche à douille avec le reste de la crème fouettée, à la cuiller (grosse douille cannelée). Décorer le dessus et les flancs du gâteau.

15 Disposer 3 fraises entières au sommet du gâteau. Couper soigneusement le reste des fraises en deux, et les disposer en décor sur les flancs du gâteau. Mettre au réfrigérateur jusqu'au moment de servir.

AUTRE GARNITURE

La génoise dont la recette est exposée sur cette double page est fourrée d'une garniture classique à base de confiture et de crème fouettée. Pour changer, essayer la garniture suivante :

Crème à la framboise
Verser en pluie *60 g de sucre en poudre* sur *225 g de framboises surgelées*. Laisser décongeler, puis égoutter et réserver 12,5 cl de jus. Dans une casserole, mélanger *1 c. à soupe de gélatine en poudre, 4 c. à café de sucre en poudre* et *4 c. à café de farine*. Battre ensemble *2 jaunes d'œufs, 25 cl de lait* et *le jus de framboise*, et verser dans le mélange à la gélatine. Laisser reposer pendant 1 min. Faire cuire à feu doux en remuant constamment, jusqu'à consistance épaisse, lorsque le mélange nappe le dos de la cuiller. Ôter la casserole du feu, et incorporer les framboises. Laisser refroidir, puis couvrir et mettre au réfrigérateur. Remuer de temps à autre jusqu'à ce que la gélatine prenne. Fouetter *15 cl de crème fraîche* et l'incorporer dans la crème. Mettre environ 20 min au réfrigérateur.

GÂTEAU DE FÊTE

- Pour 8 à 10 personnes
- Peut être préparé la veille et conservé au frais

450 g de chocolat à cuire cassé en morceaux

35 cl de crème fraîche

12,5 cl de liqueur-crème à l'amande

2 sachets de 225 g de mélange tout prêt pour génoise

30 g de cacao en poudre

Fraises pour décorer

1 Mettre le chocolat dans un grand saladier. Dans une casserole de taille moyenne, à feu moyen, faire chauffer la crème fraîche et la liqueur, jusqu'à l'apparition de petites bulles contre les bords. Verser le mélange chaud sur le chocolat. Mélanger au mixeur jusqu'à ce que le chocolat soit fondu, et le mélange homogène. Couvrir puis laisser au réfrigérateur jusqu'à consistance épaisse.

2 Préchauffer le four à 180 °C (th. 5). Tapisser deux plaques à biscuit roulé de 33 x 23 cm de papier sulfurisé.

3 Préparer la pâte à génoise en suivant les instructions du fabricant. Étaler à la cuiller la moitié du mélange sur l'une des plaques, et lisser la surface. Incorporer le cacao dans le reste de la pâte, et la verser sur la deuxième plaque.

4 Faire cuire les biscuits pendant 10 min, jusqu'à ce qu'une aiguille enfoncée au milieu ressorte propre. Laisser tiédir pendant environ 10 min sur les plaques posées sur une grille. Décoller les biscuits à la spatule métallique. Les retourner sur la grille. Retirer le papier sulfurisé puis laisser refroidir complètement.

5 Avec un couteau-scie, découper chaque biscuit en deux dans le sens de la longueur, afin de faire 4 parts égales.

6 Travailler au mixeur le mélange chocolaté refroidi jusqu'à consistance épaisse et facile à étaler.

7 Poser une abaisse de biscuit blanc sur une grande plaque à pâtisserie. La tartiner avec 5 c. à soupe de pâte au chocolat. Poser dessus une abaisse de biscuit au chocolat. Étaler 5 c. à soupe de pâte au chocolat.

8 Continuer de monter le gâteau en alternant les couches, et terminer par la dernière abaisse de biscuit au chocolat. Réserver le restant de pâte au chocolat.

9 Couvrir le gâteau et mettre au congélateur pendant 1 h, pour faire durcir la pâte au chocolat.

10 Assembler et glacer le gâteau (voir encadré, à droite). Poudrer le gâteau du reste de cacao.

11 Transférer le gâteau sur le plat de service. Si vous ne le servez pas tout de suite, mettez-le en attendant au réfrigérateur.

12 Servir le gâteau en le décorant soigneusement de fraises fraîches.

ASSEMBLAGE DU GÂTEAU

Couper en diagonale : poser le gâteau glacé sur le plan de travail, grand côté le long du bord. Avec un couteau-scie, couper le gâteau en deux, sur la diagonale reliant le côté arrière supérieur au côté face inférieur. On obtient deux moitiés triangulaires allongées. Poser une moitié sur une plaque en carton recouverte de papier aluminium, côté tranché tourné vers l'extérieur.

Napper de chocolat : étaler à la spatule métallique, sur le côté intérieur de la première moitié du gâteau, 5 c. à soupe de pâte au chocolat.

Ajuster les deux moitiés du gâteau : disposer la seconde moitié face à la première, symétriquement. Coller soigneusement, pour former un grand triangle.

Glacer : napper les deux pentes du gâteau avec le reste de nappage au chocolat.

*Qui pourrait imaginer
que ce superbe gâteau triangulaire
est si facile et si rapide à confectionner,
avec des sachets de mélange pour génoise ?*

GÂTEAU AUX CAROTTES

- Pour 8 à 10 personnes
- Peut être préparé 3 jours à l'avance

450 g de farine à gâteaux
500 g de sucre en poudre
1/2 c. à café de levure chimique
1 c. à soupe de cannelle en poudre
4 œufs
35 cl d'huile de tournesol
3 carottes de taille moyenne, pelées et râpées
225 g de cerneaux de noix concassés
25 cl de compote de pommes
150 g de sucre glace

Le glaçage doit être assez liquide pour couler sur les côtés du gâteau.

1. Préchauffer le four à 170 °C (th. 5). Graisser un moule à kouglof de 25 cm. Poudrer légèrement le fond du moule de farine.

2. Dans un grand saladier, verser la farine, le sucre, la levure et la cannelle.

3. Dans un saladier de taille moyenne, battre légèrement les œufs à la fourchette. Ajouter l'huile. Incorporer dans le mélange à la farine les œufs battus avec l'huile, les carottes râpées, les noix et la compote de pommes. Mélanger jusqu'à ce que la farine ait absorbé le liquide.

4. Verser le mélange dans le moule et lisser le dessus. Faire cuire pendant 20 min, jusqu'à ce qu'une aiguille enfoncée au centre du gâteau ressorte propre.

5. Laisser tiédir pendant 10 min dans le moule posé sur une grille.

NAPPAGE AU FROMAGE BLANC

Dans un grand saladier, verser *350 g de fromage blanc*, *120 g de beurre ramolli* et *1 c. à soupe de jus de citron*. Mélanger les ingrédients au mixeur. Lorsque la pâte est lisse, incorporer progressivement *625 g de sucre glace tamisé*. Arrêter le mixeur lorsque le mélange est homogène et facile à étaler.

6. Décoller le gâteau du moule avec une spatule métallique. Démouler sur la grille à pâtisserie, et laisser refroidir.

7. Préparer le glaçage : dans un petit saladier, mélanger à la cuiller le sucre glace et *5 c. à soupe d'eau* jusqu'à ce que le mélange soit homogène et facile à étaler.

8. Poser le gâteau sur un plat de service. Étaler soigneusement le glaçage à la spatule métallique.

VARIANTE

Pour obtenir un gâteau d'une autre forme, on peut cuire séparément deux abaisses de biscuit aux carottes, puis réunir les deux parties avec du nappage avant de glacer l'ensemble du gâteau.

Génoise aux carottes

Lors de l'étape n° 4, répartir le mélange dans deux moules à génoise de 23 cm de diamètre. Faire cuire pendant 40 à 45 min, jusqu'à ce qu'une aiguille enfoncée au centre de chaque gâteau ressorte propre. Laisser tiédir pendant 10 min, dans les moules posés sur une grille. Démouler sur la grille, et laisser refroidir complètement. Confectionner le nappage au fromage blanc (voir encadré, à gauche). Poser l'un des biscuits, côté bombé dessous, sur le plat de service. Étaler régulièrement 25 cl de nappage à la spatule métallique. Poser le second biscuit, côté bombé dessus, sur le premier. À la spatule, tapisser le sommet et les flancs du gâteau avec le reste de nappage. Le décor est effectué en se servant également de la spatule.

GÂTEAU À LA CRÈME AU CHOCOLAT

Pour 16 personnes
Peut être préparé la veille et conservé au frais

225 g de chocolat à cuire
6 œufs, blancs et jaunes séparés
75 g de sucre en poudre
50 g de farine
120 g d'amandes mondées effilées
Garniture de crème au chocolat (voir encadré, à droite)
25 g de cacao en poudre

1 Préchauffer le four à 180 °C (th. 5). Graisser un moule à charnière de 25 cm.

2 Râper la moitié du chocolat, et le réserver.

3 Dans un grand saladier, monter les blancs d'œufs en neige très ferme à l'aide d'un batteur électrique à pleine vitesse.

4 Dans un autre grand saladier, mélanger au batteur électrique pendant environ 5 min les jaunes d'œufs et le sucre jusqu'à ce que le mélange soit épais et couleur jaune pâle. Ajouter la farine et continuer de mélanger pour obtenir une pâte homogène, en raclant de temps en temps les flancs du saladier avec une spatule métallique. Incorporer délicatement les blancs en neige, un tiers à la fois, avec la spatule ou le fouet à main.

5 Verser le mélange dans le moule, lisser le dessus, et faire cuire pendant 25 min, jusqu'à ce qu'une aiguille enfoncée au centre du gâteau ressorte propre. Laisser tiédir pendant 5 min, dans le moule posé sur une grille. Décoller le gâteau du moule avec la spatule. Retirer les bords. Dégager le gâteau du fond du moule puis enlever celui-ci. Poser le gâteau sur la grille, et laisser refroidir complètement.

6 Dans une poêle à feu moyen, faire dorer les amandes mondées en les remuant fréquemment. Laisser refroidir.

7 Préparer la garniture de crème au chocolat. En mettre une petite quantité dans une poche à douille munie d'une petite ouverture cannelée. Réserver. Remplir un bol d'une autre petite quantité de crème. Réserver pour décorer ultérieurement les flancs du gâteau.

8 Casser le reste du chocolat en petits morceaux. Le mettre dans un récipient contenant *2 c. à soupe d'eau*, au bain-marie. Remuer souvent. Ôter du feu lorsque le chocolat a fondu.

9 Avec un couteau-scie, découper le gâteau en 2 abaisses horizontales. Tartiner de chocolat fondu le dessus de la partie supérieure. Laisser durcir pendant environ 10 min.

> **GARNITURE DE CRÈME AU CHOCOLAT**
>
> Dans un grand saladier, mélanger au mixeur *75 cl de crème fraîche, 60 g de cacao en poudre tamisé* et *150 g de sucre en poudre*, jusqu'à consistance épaisse.

10 Pendant ce temps, poser la base du gâteau sur le plat de service, face tranchée dessus. Étaler la crème au chocolat.

11 Découper la partie supérieure du gâteau en 16 parts. Les disposer sur la base tapissée de crème. Avec la crème au chocolat réservée dans le bol, recouvrir les flancs du gâteau. Coller sur cette crème les amandes grillées. Poudrer de cacao le dessus du gâteau. Souligner les parts d'un trait au couteau. Avec la douille, déposer une petite rosette entre chaque trait. Mettre au réfrigérateur jusqu'au moment de servir.

Après avoir poudré de cacao, marquer les parts avec le couteau.

Rosette en crème au chocolat.

Les amandes grillées sont l'élément croustillant de ce gâteau riche et crémeux.

GÂTEAU À L'ORANGE

- Pour 8 à 10 personnes
- Peut être préparé la veille et conservé au frais

---

6 œufs, blancs et jaunes séparés
200 g de sucre en poudre
120 g de farine à gâteaux
2 grosses oranges
2 c. à soupe de liqueur d'orange (facultatif)
900 g de ricotta (ou fromage frais très ferme)
200 g de fromage blanc
120 g de sucre glace tamisé
100 g de copeaux de chocolat
Nappage à la vanille (voir encadré, p. 117)

---

1 Préchauffer le four à 190 °C (th. 5-6). Chemiser de papier sulfurisé le fond d'un moule à charnière de 23 cm de diamètre.

2 Dans un grand saladier, monter les blancs d'œufs en neige avec un batteur électrique à pleine vitesse. Incorporer progressivement la moitié du sucre en poudre, en mélangeant jusqu'à absorption complète.

3 Dans un autre grand saladier, travailler pendant 5 min environ au batteur électrique les jaunes d'œufs, la farine, le reste du sucre et 2 c. à soupe d'eau. Incorporer délicatement dans ce mélange les blancs en neige, un tiers à la fois.

4 Remplir le moule à pâtisserie avec cette pâte. Faire cuire pendant 30 à 35 min, jusqu'à ce que le dessus du gâteau soit doré, et qu'il soit souple sous le doigt.

LE DÉCOR

Dessiner des cercles concentriques : fabriquer une douille en papier avec une ouverture de 3 mm (voir encadré), puis dessiner soigneusement les cercles en partant du centre.

Marquer les parts de façon élégante : avant que le chocolat ne soit durci, tracer des rayons entre le centre et la périphérie du gâteau, en alternant le sens du tracé (un rayon tous les 4 cm environ).

Alterner le sens du tracé : tracer un rayon depuis le centre vers la périphérie du gâteau, puis depuis la périphérie (4 cm plus loin) vers le centre, et ainsi de suite.

5 Retourner le gâteau, toujours dans son moule, sur une grille, et laisser refroidir complètement.

6 Râper 2 c. à café de zeste d'orange, et presser 5 c. à soupe de jus. Si on n'utilise pas de liqueur, presser 8 c. à soupe de jus. Sinon, ajouter la liqueur au jus. Réserver.

7 Dans un grand saladier, mélanger au mixeur la ricotta, le fromage blanc, le zeste râpé et le sucre glace. Lorsque la masse est lisse, incorporer 45 g de copeaux de chocolat.

DOUILLE EN PAPIER

Découper un carré de papier sulfurisé, puis le plier sur la diagonale pour former un triangle. Poser sur une surface plane, grand côté vers le haut. Rabattre la pointe gauche sur le sommet inférieur. Puis, enrouler la pointe droite autour de la pointe gauche repliée, de façon à former un cône. Les trois pointes du triangle initial se rejoignent.

Pincer entre les doigts les trois pointes à la fois.

Remplir le cône aux trois quarts. Le fermer soigneusement en le repliant.

GÂTEAUX • 117

8 Avec une spatule métallique, décoller le gâteau du moule. Retirer les bords. Dégager le gâteau du fond du moule, puis enlever le fond. Découper le gâteau en deux abaisses avec un couteau-scie. Badigeonner de jus d'orange les faces tranchées des deux abaisses.

9 Poser la base du gâteau sur le plat de service, face tranchée dessus. Déposer la garniture au centre, à la cuiller. Repousser un peu de garniture vers les bords, et donner à la garniture une forme bombée.

10 Retirer une portion de la seconde abaisse de gâteau, au centre, puis poser l'abaisse sur le sommet. Remettre ensuite bien en place la portion coupée (cette opération permet au couvercle d'épouser naturellement la forme bombée du dessus sans se déchirer).

11 Préparer le nappage à la vanille. L'étaler sur le sommet et les flancs du gâteau.

12 Dans un récipient au bain-marie, faire fondre le reste des copeaux de chocolat en remuant jusqu'à consistance bien lisse.

13 Verser le chocolat fondu à la cuiller dans une poche à douille en papier (voir encadré, p. 116). Dessiner les cercles concentriques sur le sommet du gâteau (voir encadré, p. 116).

14 Mettre le gâteau au réfrigérateur pendant au moins 3 h, pour faire durcir le nappage et pouvoir couper plus facilement le gâteau.

> **NAPPAGE À LA VANILLE**
>
> Dans un saladier de taille moyenne, mélanger au mixeur *45 g de beurre ramolli, 3 c. à soupe de lait, 200 g de sucre glace tamisé* et *3/4 de c. à café d'extrait de vanille*. Le mélange doit être bien lisse. Si nécessaire, rajouter du lait, pour qu'il se tartine facilement. Battre *450 ml de crème fraîche* en crème fouettée. L'incorporer au mélange précédent.

Un bel effet de toile d'araignée.

L'intérieur fourré à la ricotta est parfumé à l'orange et cache des copeaux de chocolat.

DES FLEURS POUR DÉCORER

Vous disposez souvent en milieu de table de belles fleurs, qui apportent par leur fraîcheur et leurs couleurs une note décorative appréciable. Pourquoi ne les utilisez-vous pas pour orner les desserts ?

Premier principe : choisissez des fleurs non toxiques. En cas de doute, renseignez-vous auprès d'un botaniste ou d'un fleuriste, ou consultez un ouvrage spécialisé. Toutes les fleurs illustrées sur cette double page ne présentent aucun risque.

Second principe : utilisez des fleurs ayant poussé sans pesticides ou autres produits chimiques. En général, les fleurs des fleuristes sont traitées. Mieux vaut utiliser des fleurs du jardin, si elles ont poussé sans insecticide.

Cueillez les fleurs tôt le matin. Rincez rapidement la fleur, les feuilles et la tige à l'eau froide ; secouez pour égoutter. Conservez dans l'eau, au réfrigérateur, et utilisez rapidement, avant que les fleurs se fanent.

Vous pouvez utiliser des fleurs ouvertes ou en bouton, avec ou sans la queue et les feuilles, et même éparpiller simplement les pétales sur le dessert.

Œillet
Pensée
Violettes
Bourrache
Chrysanthème
Géranium panaché
Bleuet
Géranium rose
Gypsophile
Lavande

ANGEL CAKE AMÉRICAIN

Pour 16 personnes
Préparation et cuisson : 3 h

- 150 g de sucre glace
- 120 g de farine
- 13 blancs d'œufs
- 3 c. à soupe de café soluble
- 1 1/2 c. à café de crème de tartre (en vente dans les drogueries)
- 250 g de sucre en poudre
- Glaçage au café (voir encadré, ci-dessus à droite)
- 75 g d'amandes grillées, grossièrement concassées

1 Préchauffer le four à 190 °C (th. 5-6). Mélanger à la fourchette, dans un petit saladier, le sucre glace et la farine. Réserver.

2 Dans un grand saladier, monter les blancs d'œufs en neige ferme au batteur électrique à pleine vitesse avec le café soluble et la crème de tartre. Incorporer progressivement le sucre en poudre, 2 c. à soupe à la fois, et arrêter le batteur dès que le sucre est dissous et les blancs bien fermes. Incorporer le mélange sucre-farine à la spatule souple ou au fouet à main, jusqu'à absorption complète.

3 Verser la pâte dans un moule à savarin de 25 cm de diamètre ou un moule à baba de 3,5 l. Faire cuire pendant 35 à 40 min, jusqu'à ce que le sommet du gâteau soit souple sous le doigt. Retourner le gâteau sans le démouler, et laisser refroidir.

4 Avec une spatule métallique, décoller le gâteau des bords du moule. Le glisser sur un plat à gâteau.

5 Préparer le glaçage au café. L'étaler sur le dessus du gâteau. Répartir régulièrement les amandes grillées sur le pourtour.

GLAÇAGE AU CAFÉ

Dans un bol, mélanger *1 c. à soupe de café soluble* et *2 c. à soupe d'eau bouillante*, jusqu'à dissolution du café. Incorporer *175 g de sucre glace tamisé*.

Quelques amandes grillées, grossièrement concassées, sont prises dans un délicieux glaçage au café, qui nappe ce gâteau à la fois léger et croustillant (sans le glaçage et les amandes, le gâteau est très pauvre en calories).

CHEESECAKES

Lors d'une soirée en famille ou entre amis, les cheesecakes sont un dessert idéal. Ils sont attrayants et capables de satisfaire l'appétit d'une grande tablée. Leur texture est lisse et crémeuse, et ils sont aussi nourrissants que délicats au goût. Vous pouvez en outre varier les parfums en fonction du menu. Tous les gâteaux présentés ici peuvent être préparés à l'avance. Vous pouvez également les congeler, et les conserver pendant 1 mois. Dans ce cas, laissez refroidir le gâteau complètement, puis emballez-le dans du papier aluminium spécialement conçu pour aller au congélateur. Le jour où vous servez, décongelez pendant quelques heures dans l'emballage, ou une nuit entière au réfrigérateur, puis ajoutez les fruits ou le décor avant de servir.

CHEESECAKE AUX NOIX DE PECAN

Réaliser un joli motif décoratif avec les noix.

Pour 12 personnes
Peut être préparé la veille et conservé au frais

Pâte
150 g de farine
90 g de beurre ou de margarine
45 g de sucre en poudre
1 jaune d'œuf

Garniture
135 g de cerneaux de noix de pecan ou de noix
700 g de fromage blanc ou de cottage cheese
100 g de sucre en poudre
4 œufs
5 c. à soupe de mélasse
15 g de farine
Quelques noix supplémentaires pour décorer

1 Préparer d'abord la pâte : dans un petit saladier, mélanger au batteur électrique la farine, le beurre ou la margarine, le sucre et le jaune d'œuf. Faire 2 boules de pâte, puis les emballer et les mettre au réfrigérateur pendant 1 h.

2 Préchauffer le four à 200 °C (th. 6). Aplatir l'une des boules de pâte en galette couvrant le fond d'un moule à charnière de 25 cm de diamètre. Laisser l'autre boule au réfrigérateur.

3 Faire cuire ce fond au four pendant 8 min environ, jusqu'à ce qu'il devienne doré. Réduire la température du four à 180° (th. 5).

4 Laisser refroidir. Pendant ce temps, préparer la garniture. Concasser les noix. Dans un grand saladier, battre le fromage blanc au batteur électrique jusqu'à consistance lisse. Incorporer lentement le sucre sans cesser de battre, en raclant souvent les flancs du saladier à la spatule souple. Ajouter les œufs, 4 c. à soupe de mélasse et la farine. Battre pendant 2 min, en raclant les flancs du saladier. Incorporer les noix concassées.

5 Appliquer le reste de pâte contre les flancs du moule, jusqu'à 1 à 2 cm du bord. Verser le mélange au fromage blanc dans le moule.

6 Faire cuire le cheesecake pendant 40 à 45 min. Au bout de 10 min, couvrir de papier d'aluminium sans le tendre. Éteindre le four, mais laisser le gâteau encore 30 min. Laisser refroidir complètement dans le moule posé sur une grille. Couvrir puis mettre 3 h au moins au réfrigérateur.

7 Lorsque le gâteau est bien ferme, le décoller des bords du moule à la spatule métallique. Retirer les bords. Dégager le gâteau du fond du moule, puis le faire glisser sur le plat de service.

8 Juste avant de servir, décorer avec les cerneaux de noix. Les fixer avec la mélasse restante.

Incorporer les noix concassées dans le mélange au fromage blanc.

CHEESECAKE AU CHOCOLAT

- Pour 10 à 12 personnes
- Peut être préparé la veille et conservé au frais

Pâte
300 g de farine
60 g de sucre en poudre
1/2 c. à café de levure chimique
150 g de beurre ou de margarine
2 jaunes d'œufs
2 c. à soupe de lait

Garniture
225 g de chocolat à cuire cassé en morceaux
700 g de fromage blanc ou de cottage cheese
300 g de sucre en poudre
45 cl de crème aigre
3 œufs
Sucre glace pour décorer

POUR SERVIR
Poudrer les croisillons de pâte de sucre glace tamisé.

Les croisillons de pâte posés sur la garniture forment un élégant décor.

1 Préparer d'abord la pâte : dans un saladier de taille moyenne, mélanger à la fourchette la farine, le sucre et la levure. Incorporer le beurre ou la margarine avec les doigts en l'émiettant jusqu'à consistance granuleuse.

2 Incorporer à la fourchette les jaunes d'œufs et le lait. Travailler à la main en masse compacte. Pétrir la pâte sur un plan de travail légèrement fariné, pendant 2 min environ, jusqu'à ce qu'elle soit bien lisse. Diviser la pâte en deux boules, puis les emballer et les mettre au réfrigérateur pendant 1 h.

3 Préchauffer le four à 190 °C (th. 5-6). Graisser légèrement le fond d'un moule à charnière de 23 cm.

4 Aplatir l'une des boules de pâte en galette couvrant le fond du moule. Laisser l'autre boule au réfrigérateur. Faire cuire ce fond au four pendant 15 à 20 min, jusqu'à ce qu'il devienne doré. Laisser refroidir dans le moule posé sur une grille. Réduire la température du four à 170 °C (th. 5).

5 Pendant que le fond refroidit, préparer la garniture : dans un récipient au bain-marie, faire fondre les morceaux de chocolat en remuant constamment, jusqu'à consistance lisse. Retirer la casserole du feu. Laisser refroidir le chocolat à température ambiante.

6 Dans un grand saladier, battre le fromage blanc au batteur électrique jusqu'à consistance lisse. Incorporer progressivement le sucre sans cesser de battre, en raclant souvent les flancs du saladier à la spatule souple. Ajouter la crème aigre et les œufs ; battre ainsi pendant encore 1 min. Incorporer le chocolat fondu, puis verser le mélange dans le moule.

7 Diviser le reste de pâte en dix portions égales. Les rouler en boudins de 23 cm de longueur.

8 Disposer 5 boudins sur la garniture, parallèlement les uns aux autres.

9 Disposer les autres boudins au-dessus des premiers, en diagonale, pour former des croisillons. Couper la pâte dépassant du bord du moule.

10 Faire cuire pendant 50 à 60 min. Au bout de 45 min, si la pâte se colore trop vite, la protéger avec du papier d'aluminium. Éteindre le four, mais laisser le gâteau encore 50 min. Laisser refroidir complètement dans le moule posé sur une grille. Couvrir puis mettre 4 h au moins au réfrigérateur.

11 Lorsque le gâteau est bien ferme, le décoller des bords du moule à la spatule métallique. Retirer les bords. Détacher le gâteau du fond du moule et le faire glisser sur le plat de service.

CHEESECAKE AUX FRUITS

Pour 12 personnes
Peut être préparé la veille et conservé au frais

Pâte
185 g de farine
120 g de beurre ou de margarine ramollis
60 g de sucre en poudre
1 jaune d'œuf
Le zeste râpé d'1 gros citron

Garniture
1,2 kg de fromage blanc ou de cottage cheese
350 g de sucre en poudre
5 œufs
2 jaunes d'œufs
4 c. à soupe de lait
25 g de farine
Le zeste râpé d'1 gros citron
Fraises et kiwis pour décorer
Un peu de confiture de framboises tamisée (facultatif)

1 Préparer d'abord la pâte : dans un saladier de taille moyenne, mélanger avec un mixeur la farine, le beurre ou la margarine, le sucre, le jaune d'œuf et le zeste de citron râpé. Faire une boule de pâte, puis l'emballer et la mettre au réfrigérateur pendant 1 h.

2 Préchauffer le four à 200 °C (th. 6). Aplatir le tiers de la boule de pâte en galette couvrant le fond d'un moule à charnière de 25 cm de diamètre. Conserver le reste de pâte au réfrigérateur.

3 Faire cuire le fond au four pendant 8 min environ, jusqu'à ce qu'il prenne une couleur dorée. Monter la température du four à 230 °C (th. 7).

4 Laisser refroidir. Préparer la garniture : battre le fromage blanc au batteur électrique jusqu'à consistance lisse. Incorporer lentement le sucre sans cesser de battre, en raclant souvent les flancs du saladier. Ajouter les œufs, les jaunes d'œufs, le lait, la farine et le zeste râpé. Battre pendant 5 min, en raclant le saladier.

5 Appliquer le reste de pâte contre les flancs du moule, jusqu'à 1 cm du bord. Verser le mélange au fromage blanc sur cette croûte.

Verser le mélange dans le moule.

6 Faire cuire pendant environ 12 min, puis baisser la température du four à 150 °C (th. 4). Laisser cuire pendant encore 45 min. Éteindre le four, mais laisser le gâteau encore 30 min.

7 Laisser refroidir complètement dans le moule posé sur une grille.

AUTRE DÉCOR

On peut remplacer les fraises et les kiwis montrés sur la photo par une garniture aux cerises.

Garniture aux cerises

Égoutter une boîte de 425 g de cerises noires dénoyautées. Verser *15 cl de jus* dans une petite casserole. Incorporer *1 c. à café bombée d'arrow-root* (racines pilées de plantes tropicales, en vente dans les épiceries fines). Porter lentement à ébullition et remuer constamment jusqu'à épaississement. Ajouter les cerises et mélanger, puis verser avec précaution sur le gâteau et laisser refroidir complètement. Mettre au réfrigérateur quelque temps avant de servir.

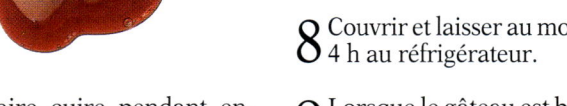

---

8 Couvrir et laisser au moins 4 h au réfrigérateur.

9 Lorsque le gâteau est bien ferme, le décoller des bords du moule à la spatule métallique. Retirer les bords. Dégager le gâteau du fond du moule, puis le faire glisser sur le plat de service.

10 Décorer selon son goût avec les fruits et la confiture.

CHEESECAKE AU CITRON

Pour 6 à 8 personnes

Peut être préparé la veille et conservé au frais

| 175 g de biscuits sablés |
| 60 g de beurre |
| 25 g de sucre roux |
| 350 g de fromage blanc ou de cottage cheese |
| Le zeste râpé et le jus de 3 gros citrons |
| 400 g de lait concentré sucré |
| 15 cl de crème fraîche |
| 15 cl de crème aigre |
| Fruits frais de saison pour décorer |

1 Mettre les biscuits dans un sac en plastique. Les réduire en miettes au rouleau à pâtisserie.

2 Faire fondre le beurre dans une petite casserole, ajouter le sucre et les biscuits en miettes ; mélanger.

3 Verser le mélange dans un moule à charnière de 20 cm de diamètre, et l'appliquer au fond en tassant bien avec le dos d'une cuiller.

4 Dans un saladier de taille moyenne, battre le fromage blanc au batteur électrique jusqu'à consistance lisse. Ajouter le zeste et le jus de citron puis le lait concentré. Bien mélanger.

5 Dans un autre saladier de taille moyenne, fouetter la crème fraîche. L'incorporer dans le mélange au fromage blanc.

6 Verser le tout dans le moule à charnière, en recouvrant bien la couche de biscuits écrasés qui tapisse le fond.

7 Lisser le dessus de la garniture. Couvrir et laisser une nuit entière au réfrigérateur, pour faire durcir.

8 Décoller le gâteau des bords du moule à la spatule métallique. Retirer les bords. Dégager du fond du moule, et faire glisser sur le plat de service.

9 Étaler la crème aigre sur le dessus du gâteau avec une spatule métallique.

10 Décorer le dessus du gâteau avec les fruits de saison.

Une jolie guirlande de myrtilles, de fraises et de groseilles décore ce délicieux gâteau.

GÂTEAU SUISSE AU FROMAGE ET AU CHOCOLAT BLANCS

Pour 12 personnes
Peut être préparé la veille et conservé au frais

- 315 g de biscuits secs au chocolat
- 200 g de beurre ramolli
- 450 g de chocolat blanc cassé en morceaux
- 900 g de fromage blanc ou de cottage cheese
- 60 g de sucre en poudre
- 4 œufs
- Copeaux en chocolat blanc (voir p. 100) et cacao en poudre pour décorer

1 Mettre les biscuits dans un sac en plastique, et les réduire en miettes au rouleau à pâtisserie. On peut aussi passer les biscuits au mixeur. Procéder en plusieurs fois si nécessaire.

2 Graisser légèrement un moule à charnière de 25 cm de diamètre. Dans le moule, mélanger à la main les biscuits écrasés et 90 g de beurre. Tasser le mélange contre le fond et les flancs du moule, jusqu'à 1 cm du bord. Réserver.

3 Préchauffer le four à 170 °C (th. 5). Dans un récipient au bain-marie, faire fondre le chocolat blanc en remuant constamment jusqu'à consistance lisse. Si nécessaire, battre au fouet à main. Retirer du feu. Laisser refroidir quelque temps à température ambiante.

4 Dans un grand saladier, battre le fromage blanc et le reste du beurre au batteur électrique, jusqu'à consistance lisse. Incorporer progressivement le sucre sans cesser de battre, en raclant souvent les flancs du saladier à la spatule souple. Ajouter le chocolat blanc fondu et les œufs. Battre jusqu'à consistance homogène.

5 Verser le mélange sur le fond de biscuits. Faire cuire pendant 1 h. Laisser complètement refroidir dans le moule posé sur une grille. Couvrir puis laisser 4 h au moins au réfrigérateur.

6 Lorsque le gâteau est bien ferme, le décoller des bords du moule à la spatule métallique. Retirer les bords. Dégager du fond du moule, puis faire glisser sur le plat de service.

7 Disposer les copeaux en chocolat blanc, et poudrer le tout de cacao.

Ces copeaux en chocolat blanc poudrés de cacao font toute l'originalité du décor.

Sur des assiettes sombres, le gâteau est bien mis en valeur.

CHEESECAKE AU CAFÉ

- Pour 10 à 12 personnes
- Peut être préparé la veille et conservé au frais

315 g de macarons nature

90 g de beurre ramolli

175 g de chocolat à cuire cassé en morceaux

900 g de fromage blanc ou de cottage cheese

135 g de sucre en poudre

3 œufs

5 c. à soupe de lait

2 c. à café de café soluble

Sucre glace, feuilles en chocolat (voir p. 101) et framboises fraîches pour décorer

POUR SERVIR
Poudrer le gâteau de sucre glace, puis décorer le centre avec les feuilles en chocolat et les framboises.

1 Mettre les macarons dans un sac en plastique, et les réduire en miettes au rouleau à pâtisserie. On peut aussi passer les biscuits au mixeur. Procéder en plusieurs fois, si nécessaire.

2 Dans un moule à charnière de 23 cm de diamètre, légèrement graissé, mélanger à la main les biscuits écrasés et le beurre. Tasser le mélange contre le fond et les flancs du moule, jusqu'à 1 cm du bord. Réserver.

3 Allumer le four à 170 °C (th. 5). Dans un récipient au bain-marie, faire fondre le chocolat en remuant constamment jusqu'à consistance lisse. Retirer du feu.

4 Dans un grand saladier, battre le fromage blanc au batteur électrique, jusqu'à consistance lisse. Incorporer progressivement le sucre sans cesser de battre, en raclant souvent les flancs du saladier à la spatule souple. Ajouter le chocolat fondu, les œufs, le lait et le café soluble. Continuer de battre pendant 3 min, en raclant de temps en temps les flancs du saladier.

5 Verser le mélange dans le moule.

6 Agiter doucement le moule pour bien répartir la garniture. Faire cuire pendant 1 h. Laisser refroidir dans le moule posé sur une grille. Recouvrir, puis laisser 4 h au réfrigérateur.

7 Lorsque le gâteau est bien ferme, le décoller des bords du moule à la spatule métallique. Retirer les bords. Dégager le cheesecake du fond du moule, puis le faire glisser sur le plat de service.

LE CHOCOLAT FONDU

Il ne faut pas faire brûler le chocolat, ni trop le chauffer. Un chocolat trop chauffé se dessèche et devient amer. Faire fondre tout doucement, à feu très doux.

- Casser le chocolat en petits morceaux et mettre les morceaux dans un récipient posé dans une casserole pleine d'eau frémissante.

- Ou bien mettre le chocolat dans une casserole à fond épais qui n'attache pas, posée sur feu très doux. Dans une casserole trop mince, la température monte trop vite, et le chocolat brûle.

- Pour des petites quantités, on peut laisser le chocolat dans son emballage en aluminium, et le poser sur un endroit chaud de la cuisinière.

- Pour que le chocolat fonde plus vite, le casser en très petits morceaux et remuer souvent.

- Au bain-marie, ne pas faire bouillir l'eau trop fort, sinon elle risque de déborder dans le chocolat : elle le ferait épaissir ou tourner.

- Si le chocolat épaissit ou tourne, ajouter un peu de Végétaline (ni beurre ni margarine), très progressivement, en remuant jusqu'à la consistance souhaitée.

TARTE SICILIENNE

Pour 12 personnes
Peut être préparée la veille et conservée au frais

Pâte
300 g de farine
175 g de beurre ou de margarine ramollis
60 g de sucre en poudre
2 c. à soupe de marsala
2 jaunes d'œufs

Garniture
900 g de ricotta ou de cottage cheese
200 g de sucre en poudre
25 cl de crème fraîche
50 g de farine
6 œufs
Le zeste râpé de 2 oranges moyennes
Le zeste râpé de 2 citrons moyens
Sucre glace et rondelles d'orange pour décorer

1 Préparer d'abord la pâte à tarte : dans un grand saladier, mélanger au batteur électrique la farine, le beurre ou la margarine, le sucre, le marsala et les jaunes d'œufs. Faire une grosse boule de pâte, puis l'emballer et la mettre au réfrigérateur pendant 1 h.

2 Préchauffer le four à 180 °C (th. 5).

3 Aplatir les trois quarts de la boule de pâte en galette pour couvrir le fond d'un moule à charnière de 25 cm de diamètre et les flancs jusqu'à 2 cm du bord. Conserver le reste de la pâte au réfrigérateur.

4 Faire cuire pendant 15 min, jusqu'à ce que la pâte soit dorée. Laisser refroidir dans le moule posé sur une grille.

5 Pendant ce temps, préparer la garniture : verser la ricotta dans un grand saladier, en la faisant passer à travers un tamis fin. Battre au batteur jusqu'à consistance lisse. Incorporer lentement le sucre sans cesser de battre, en raclant souvent les flancs du saladier avec une spatule souple. Ajouter la crème fraîche, la farine, les œufs, puis les zestes d'orange et de citron. Travailler ainsi jusqu'à consistance homogène. Verser dans le moule garni de pâte.

6 Sur une surface plane légèrement farinée, abaisser le reste de pâte au rouleau fariné en formant un rectangle de 25 x 12,5 cm. Le couper dans le sens de la longueur en bandes de 1 cm de large. Disposer sur la garniture 5 bandes parallèles, espacées de 2,5 cm. Disposer les autres bandes perpendiculairement, pour former des croisillons. Couper ce qui dépasse.

7 Faire cuire cette préparation pendant 1 h 15. Éteindre le four, mais laisser le gâteau encore 1 h. Laisser refroidir complètement dans le moule posé sur une grille. Couvrir et mettre 4 h au moins au réfrigérateur.

8 Lorsque le gâteau est bien ferme, le décoller des bords du moule à la spatule métallique. Retirer les bords. Dégager le gâteau du fond du moule, puis le faire glisser sur le plat de service.

9 Poudrer de sucre glace tamisé. Disposer les rondelles d'orange tout autour.

LA RICOTTA

Assez proche du fromage blanc, la ricotta présente une consistance particulièrement crémeuse. Elle est très douce et moelleuse, avec un goût sucré.

• Cette tarte sicilienne à base de ricotta est un grand classique de la cuisine italienne. Le gâteau à l'orange, p. 116, est un autre dessert à base de ricotta.

• La ricotta est un fromage frais préparé avec du petit-lait, sous-produit de la fabrication d'autres fromages. Elle doit être consommée très rapidement.

CAKES

Un cake magnifiquement décoré fait un effet superbe sur un buffet, ou un dessert délicieux à déguster entre amis ou en famille pour célébrer une fête. Ces cakes aux saveurs étonnantes accompagnent du cidre ou du vin chaud, du café ou du thé. Vous pouvez de plus les conserver longtemps (voir encadré, ci-dessous).

CAKE AMÉRICAIN

   Pour 8 à 10 personnes
   Peut être préparé la veille ou congelé jusqu'à 1 mois à l'avance

450 g de cerises confites rouges
120 g de cerises confites vertes
350 g de pruneaux dénoyautés
300 g de dattes dénoyautées
120 g de crème de sherry
700 g de mélange de noix, noisettes, noix de pecan, amandes, etc.
215 g de farine à gâteaux
200 g de sucre en poudre
6 œufs, légèrement battus

1 Dans un très grand saladier, mélanger les 5 premiers ingrédients. Laisser reposer 15 min en remuant souvent : le liquide doit être absorbé complètement.

2 Pendant ce temps, badigeonner d'huile un moule à savarin de 25 cm ou un moule à baba de 3,5 l, puis le chemiser de papier d'aluminium. Le lisser le plus possible pour éviter les irrégularités à la surface du gâteau. Graisser ensuite le papier d'aluminium.

3 Préchauffer le four à 150 °C (th. 4). Ajouter le mélange de noix, noisettes, etc. dans le grand saladier. Réserver 225 g de ce mélange. Incorporer la farine et le sucre au mélange restant dans le saladier. Ajouter ensuite les œufs et mélanger intimement.

4 Verser cette pâte à la cuiller dans le moule, puis lisser le dessus. Répartir par-dessus les fruits réservés. Couvrir de papier d'aluminium, sans le tendre. Faire cuire pendant 2 h.

5 Ôter l'aluminium puis remettre à cuire pendant 30 min ; la lame d'un couteau enfoncée au milieu du gâteau doit ressortir propre.

6 Laisser refroidir pendant 10 min, dans le moule posé sur une grille. Démouler, puis ôter soigneusement le papier d'aluminium. Laisser refroidir complètement sur la grille.

7 Enfermer dans un emballage hermétique. Laisser une nuit au réfrigérateur pour faire durcir le gâteau et le couper plus facilement.

CONSERVATION DU CAKE

Le mettre dans un récipient hermétique, dans un endroit frais ou au réfrigérateur. Vous pouvez aussi, avant de le mettre au réfrigérateur, l'asperger de vin cuit ou de liqueur.

On peut également emballer le gâteau dans un linge imbibé de vin ou de liqueur, puis dans du papier d'aluminium. Réimbiber le linge toutes les semaines.

Le gâteau est décoré d'une multitude de fruits secs et confits qui lui donnent un aspect très coloré.

CAKE CALYPSO

Pour 8 à 10 personnes
Peut être préparé la veille ou congelé jusqu'à 1 mois à l'avance

---

35 cl d'un vin rouge sec
90 g de pruneaux dénoyautés
120 g de raisins secs
100 g de citron confit en dés
300 g de sucre en poudre
225 g de beurre ou de margarine ramollis
425 g de farine à gâteaux
1 c. à café de cannelle en poudre
3 œufs
1 c. à café de zeste de citron vert râpé
Glaçage au citron vert (voir encadré, en haut à droite)
100 g de mélange de fruits confits hachés
1 c. à soupe de mélasse

---

1 Dans une casserole de taille moyenne, mélanger les 4 premiers ingrédients et les porter à ébullition à feu vif. Retirer la casserole du feu. Laisser macérer pendant 30 min.

2 Passer au robot ménager ou au mixeur, en deux fois, jusqu'à ce que le mélange soit homogène. Réserver.

3 Préchauffer le four à 170 °C (th. 5).

4 Graisser soigneusement un moule à kouglof ou à savarin de 23 cm.

5 Dans un grand saladier, mélanger au batteur électrique, pendant 10 min, jusqu'à consistance moelleuse, le sucre et le beurre, en raclant souvent le saladier avec une spatule souple.

6 Ajouter à ce mélange la farine, la cannelle, les œufs et le mélange de fruits réservé. Mélanger, en raclant constamment le saladier, jusqu'à obtention d'une masse homogène, puis continuer à faire tourner le batteur pendant 1 min, en raclant de temps en temps le saladier. Incorporer le zeste de citron vert.

7 Verser la pâte dans le moule à la cuiller et lisser le dessus. Faire cuire pendant 1 h, jusqu'à ce qu'une aiguille enfoncée au milieu du gâteau ressorte propre. Laisser refroidir pendant 10 min, dans le moule posé sur une grille. Démouler, puis ôter soigneusement le papier d'aluminium. Laisser refroidir complètement sur la grille.

GLAÇAGE AU CITRON VERT

Dans un saladier de taille moyenne, mélanger soigneusement à la cuiller *175 g de sucre glace, 4 c. à soupe d'eau chaude, 2 c. à café de jus de citron vert* et *1/2 c. à café de zeste de citron vert râpé*.

---

8 Mélanger dans un bol les fruits confits et la mélasse.

9 Avant de servir, préparer le glaçage au citron vert. Le verser sur le gâteau à la cuiller.

10 Avant que le glaçage ne prenne, disposer aussi vite que possible les fruits confits en guirlande autour du gâteau. Laisser prendre, puis servir.

Le cake calypso, nappé d'un glaçage au citron vert, est couronné d'une jolie guirlande de fruits confits.

CAKE ANGLAIS AUX ÉPICES

- Pour 8 à 10 personnes
- Peut être préparé la veille ou congelé 1 mois à l'avance

300 g de dattes dénoyautées
225 g de figues sèches en rondelles
175 g de noix ou de noix de pecan
120 g de cerises confites rouges
120 g de cerises confites vertes
600 g de farine à gâteaux
325 g de cassonade
200 g de sucre en poudre
225 g de margarine ramollie
6 œufs
1/2 c. à café de cannelle moulue
1/2 c. à café de muscade
1/2 c. à café de mélange d'épices moulues
800 g de mincemeat (hachis de fruits secs, pommes et matière grasse, imbibé de cognac, en vente dans les épiceries fines)
2 c. à soupe de mélasse

Ce ruban vert donne au gâteau un air de fête.

1 Réserver 75 g de dattes, 120 g de figues, 45 g de noix et 60 g de chaque variété de cerises. Couper en dés le reste de dattes et de cerises. Dans un saladier, mélanger les dattes et les cerises en dés au reste de figues et de noix. Ajouter 150 g de farine et mélanger.

2 Préchauffer le four à 150 °C (th. 4). Graisser un moule à charnière muni d'une cheminée centrale.

3 Dans un grand saladier, mélanger au batteur électrique, pendant 10 min, le sucre et la margarine, jusqu'à consistance mousseuse en raclant souvent les flancs du saladier avec une spatule souple. Ajouter les œufs, la cannelle, la muscade et le mélange d'épices. Travailler la masse jusqu'à consistance homogène en raclant constamment le saladier. Incorporer à la cuiller le mincemeat, le mélange aux fruits et le reste de farine.

4 Verser la pâte dans le moule, et lisser le dessus avec le dos d'une cuiller.

5 Faire cuire pendant 2 h, jusqu'à ce qu'une aiguille enfoncée au milieu du gâteau ressorte propre, et qu'un espace apparaisse entre le gâteau et le bord du moule.

6 Laisser refroidir pendant 30 min, dans le moule posé sur une grille. Démouler sur la grille, et laisser refroidir complètement.

7 Lorsque le gâteau est froid, préparer la garniture : dans une casserole de taille moyenne, à feu moyen, verser les fruits réservés, ajouter la mélasse, et remuer sans arrêt pendant 5 min. Verser sur le gâteau et étaler.

8 Laisser la garniture refroidir complètement.

9 Emballer soigneusement le gâteau. Le laisser une nuit entière au réfrigérateur, pour qu'il durcisse et soit plus facile à couper.

Ajouter la farine au mélange de fruits.

Tourtes, Tartes, Pâtisseries et Puddings Chauds aux Fruits

131-198

Tourtes, Tartes, Pâtisseries et Puddings Chauds aux Fruits

Dans ce chapitre, la pâtisserie dévoile ses nombreuses facettes, aussi variées qu'attrayantes. On peut s'exercer avec les recettes simples, et terminer par des classiques célébrés depuis des décennies, comme les tartes aux pommes, aux cerises ou aux fraises et à la rhubarbe, que toute la famille appréciera. À l'époque des vacances, lancez-vous dans une tourte aux fruits d'été, une tarte Ascot aux fruits ou des coupes individuelles aux pêches. Mais n'oubliez pas pour autant les pâtisseries traditionnelles du monde entier, telles que les baklavas et le strudel aux pommes, les puddings délicieux comme le Brown Betty à la banane et l'entremets aux pommes, tellement rapides à préparer, ni les merveilleuses compositions que sont les cygnes en choux à la crème et le Paris-Brest au chocolat, digne couronnement d'un repas élégant.

SOMMAIRE

TOURTES ET TARTES

Pâte sablée pour tourte en croûte 134
Pâte sablée pour fond de tarte 134
Bordures décoratives 136
Tourte aux poires et à l'ananas 138
Tarte au chocolat 139
Tourte aux fraises et à la rhubarbe 140
Tarte Alexandra 142
Tourte aux myrtilles 143
Tarte à la crème et aux bananes 144
Apple pie 145
Tarte à la crème et aux pêches 146
Tarte aux noix de pecan 148
Tarte à la citrouille 149
Tarte meringuée au citron ... 150
Tarte fondante aux noix 151
Tarte aux fruits d'été 152
Tartelettes aux pommes 154
Tarte au citron vert 155
Tourte aux cerises 156
Tarte à la crème et au chocolat 157
Tourte aux pêches 158

TARTES ET FLANS

Fond de tarte ou de flan 159
Fonds de tartelettes 159
Tartelettes au chocolat noir . 160
Tarte aux prunes et aux amandes 161
Tarte Ascot 162
Tarte royale aux framboises 164
Tarte Casse-Noisettes 165
Feuilletés aux pommes 166
Galette aux pêches 167
Tarte Tatin 168
Tarte mincemeat aux poires 169
Tartelettes aux fruits 170
Tarte sablée aux poires 172
Linzertorte aux abricots 173
Tarte aux cerises fraîches 174
Flan aux myrtilles ou aux cerises 175
Flan aux oranges et aux amandes 176
Tarte aux noix 177
Tarte aux pommes 178
Tarte au caramel et aux noix 180
Tarte à la crème au citron ... 181
Flan au raisin et aux kiwis .. 182

PÂTISSERIES

Poires en croûte à la crème 183
Jalousie aux poires 184
Chausson aux fruits secs 185
Chaussons aux pommes 186
Chaussons aux fruits et à la crème 187
Feuilletés aux fruits frais 188
Baklavas 190
Strudel aux pommes 191
Cygnes en choux à la crème 192
Paris-Brest au chocolat 193
Pommes en croûte au cheddar 194
Profiteroles glacées, sauce framboise 195

PUDDINGS CHAUDS AUX FRUITS

Brown Betty à la banane 196
Crumble à la rhubarbe 197
Entremets aux pommes 197
Ramequins aux pêches 198

TOURTES ET TARTES

Les tourtes et tartes sucrées peuvent aussi bien être simples et familiales qu'élaborées et élégantes, selon vos besoins. La réussite viendra de la pâte, qui doit mettre en valeur la saveur de la garniture, et non entrer en compétition avec elle. Elle doit, par ailleurs, être croustillante ou moelleuse, jamais lourde. Pour varier, on pourra faire un dessus simple une première fois, puis en croisillons la fois suivante. Pour les tourtes à base de biscuits, vous pourrez donner libre cours à votre imagination en essayant différentes garnitures.

PÂTE SABLÉE POUR TOURTE EN CROÛTE

300 g de farine
1 c. à café de sel (facultatif)
175 g de beurre ou de margarine
3 à 4 c. à soupe d'eau froide

1 Préparer une pâte sablée (voir encadré, à droite), étapes 1 à 3.

2 Diviser la pâte en deux parties, dont une un peu plus grosse que l'autre.

3 Sur un plan de travail légèrement fariné, avec un rouleau à pâtisserie également fariné, abaisser la plus grosse partie pour former un disque épais d'environ 3 mm et dépassant de 4 cm le bord d'un moule à tarte renversé, peu profond, de 23 cm de diamètre.

4 Enrouler doucement la pâte sur le rouleau à pâtisserie ; la faire passer au-dessus du moule et dérouler. Placer délicatement la pâte au fond et sur les côtés du moule pour le recouvrir uniformément ; rabattre le bord de la pâte et garnir selon chaque recette.

5 Pour la croûte de dessus, abaisser le morceau de pâte plus petit, comme pour le fond ; à l'aide d'un couteau aiguisé, pratiquer quelques entailles ou dessiner des motifs sur le centre ; placer la croûte du dessus bien au centre, sur la garniture.

6 Confectionner alors une bordure décorative (voir p. 136-137) ; faire cuire la tourte au four selon la recette.

PRÉPARATION DE LA PÂTE À L'AIDE D'UN ROBOT MÉNAGER

Pour gagner du temps, vous pouvez préparer la pâte à l'aide du robot ménager. Le résultat sera excellent et d'autant plus utile si vos invités sont nombreux et que vous deviez préparer un grand nombre de tourtes.

1 Dans le robot ménager (doté de l'accessoire couteau), mélanger la farine et le beurre ou la margarine. Actionner l'appareil 1 à 2 s, jusqu'à ce que le mélange devienne granuleux.

2 Ajouter l'eau froide ; faire tourner le mélange 1 à 2 s, jusqu'à ce que la pâte se forme sur les lames.

3 Retirer la pâte du récipient ; la façonner en boule.

PÂTE SABLÉE POUR FOND DE TARTE

200 g de farine
1 c. à café de sel (facultatif)
120 g de beurre ou de margarine
2 à 3 c. à soupe d'eau froide

1 Dans un saladier de taille moyenne, mélanger la farine et éventuellement le sel.

2 Avec un malaxeur à pâte ou avec les doigts, émietter le beurre ou la margarine dans la farine, jusqu'à ce que le mélange devienne granuleux.

3 Arroser le mélange d'eau froide, une cuillerée après l'autre. Mélanger délicatement à la fourchette après chaque ajout, jusqu'à ce que la pâte soit juste assez humide pour prendre consistance.

TOURTES ET TARTES • 135

4 Dans le même saladier, avec des mains légèrement farinées, rouler la pâte en boule.

5 Sur un plan de travail fariné, abaisser la pâte avec un rouleau à pâtisserie fariné pour former un disque épais de 3 mm.

6 Abaisser la pâte du centre vers les bords pour lui conserver une forme circulaire. Ajouter juste un peu de farine si la pâte adhère au plan de travail. Égaliser les côtés à la main, et soulever légèrement le rouleau à pâtisserie près des bords pour éviter qu'ils ne soient trop fins.

7 Découper la pâte en un disque dépassant de 4 cm le pourtour d'un plat à tarte de 20 à 23 cm.

8 Enrouler avec soin la pâte sur le rouleau à pâtisserie ; la faire passer au-dessus du plat et dérouler.

9 Faire doucement descendre la pâte au fond et le long des côtés du plat pour le tapisser entièrement.

10 Décorer les bords (voir p. 136-137) ; garnir et faire cuire au four selon la recette.

CUISSON DE LA CROÛTE SEULE

De nombreuses tourtes contiennent une garniture qui n'a pas besoin d'être cuite, aussi devrez-vous d'abord faire cuire le fond séparément. Si vous destinez votre tourte à recevoir une garniture glacée, elle devra être entièrement refroidie avant de procéder à l'opération.

1 Faire préchauffer le four à 220 °C (th. 6-7). Foncer le moule avec la pâte.

2 Avec une fourchette, piquer la pâte plusieurs fois.

3 Recouvrir la pâte d'une feuille de papier d'aluminium puis de haricots secs.

4 Mettre au four 15 min, jusqu'à ce que la pâte soit légèrement dorée.

5 Enlever la feuille de papier d'aluminium et les haricots, piquer à nouveau et remettre au four 3 à 4 min.

6 Refroidir sur une grille.

BORDURES DÉCORATIVES

Ces jolies bordures apportent la touche finale, et sont très faciles à confectionner. Vous pouvez choisir une bordure ondulée, dentelée ou pincée, pour les tartes comme pour les tourtes. Les bordures en feuilles ou tressées ne conviennent que pour les tartes.

Bordures de tarte

1 Tapisser d'abord le moule à tarte avec la pâte (voir p. 135) ; découper le bord de la pâte avec des ciseaux de cuisine, en en laissant déborder environ 2,5 cm tout autour du moule.

2 Replier le rebord, puis le rabattre par-dessus le bord du moule.

3 Confectionner alors la bordure décorative de votre choix, puis mettre au four en suivant la recette choisie.

Tourtes

1 Découper le bord du « couvercle » avec des ciseaux de cuisine, en en laissant déborder environ 2,5 cm autour du moule. Replier puis rabattre sur les bords du moule.

2 Confectionner la bordure de votre choix, puis mettre la tourte au four en suivant la recette choisie.

BORDURE ONDULÉE

Tourte aux pêches (voir p. 158) à bordure ondulée.

1 Pincer pour former la partie verticale de la bordure. Placer l'index sur le bord intérieur de la pâte puis avec le pouce et l'index de l'autre main, pincer la pâte pour former le décor.

2 Répéter tout autour de la pâte, en laissant 5 mm entre chaque motif.

BORDURE DENTELÉE

Apple pie (voir p. 145) à bordure dentelée.

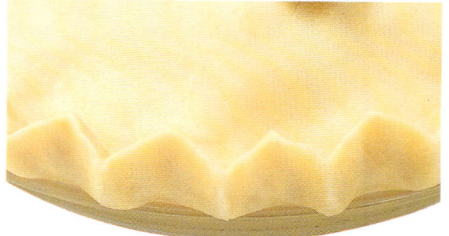

1 Pincer pour former la partie verticale de la bordure. Placer l'angle pointu d'un emporte-pièce en étoile à l'intérieur de la bordure de pâte puis, avec l'index et le pouce de l'autre main, pincer la pâte pour former le décor.

2 Répéter tout autour de la bordure, en laissant 5 mm entre chaque motif.

TOURTES ET TARTES • 137

BORDURE EN FEUILLES

Tarte aux noix de pecan (voir p. 148) à bordure en feuilles.

1 Préparer la pâte sablée (voir p. 134) ; utiliser la plus grosse partie de pâte pour foncer le moule.

2 Abaisser le restant de pâte jusqu'à une épaisseur de 3 mm. Avec un couteau aiguisé ou un petit emporte-pièce, découper les motifs (feuilles ou cœurs).

3 Appliquer chaque motif sur le bord légèrement humidifié de la tarte, en les faisant se chevaucher légèrement ou en variant les angles.

BORDURE PINCÉE

Tourte aux cerises (voir p. 156) à bordure pincée.

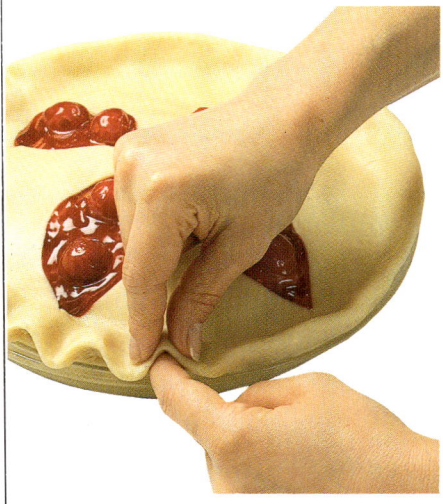

1 Pincer pour former la partie verticale de la bordure. Placer l'index sur le bord extérieur de la pâte puis, avec l'index et le pouce de l'autre main, pincer la pâte.

2 Répéter tout autour de la pâte, en laissant 5 mm entre chaque motif.

BORDURE TRESSÉE

Tarte à la citrouille (voir p. 149) à bordure tressée.

1 Préparer la pâte sablée pour tourte (voir p. 134) ; utiliser la plus grosse part de pâte pour foncer le moule.

2 Abaisser le restant de pâte jusqu'à une épaisseur d'environ 3 mm ; couper en bandes de 5 mm de large.

3 Tresser délicatement les bandes et les appliquer contre la bordure légèrement humidifiée de la tarte. Faire se rejoindre les extrémités de la tresse pour recouvrir entièrement la bordure.

TOURTE AUX POIRES ET À L'ANANAS

 Pour 10 personnes
Préparation et cuisson : 2 h

Garniture
820 g de poires au sirop coupées en deux	
400 g de morceaux d'ananas au sirop	
1 c. à soupe bombée de farine de maïs	
1/2 c. à café de muscade râpée	
1/2 c. à café de cannelle en poudre	
45 g de beurre	

Pâte
225 g de farine	
1/2 c. à café de sel (facultatif)	
120 g de beurre ou de margarine	
1 jaune d'œuf légèrement battu	

La bordure en cordon de cette tourte aux fruits lui donne une touche professionnelle.

1 Égoutter les poires en conservant 40 cl de jus ; découper toutes les moitiés de poire en tranches fines. Égoutter l'ananas.

2 Dans une assez grande casserole, mélanger la farine de maïs, la muscade, la cannelle et le jus de poire. Faire cuire à feu modéré, en remuant constamment, jusqu'à ce que le mélange épaississe et se mette à bouillir. Retirer la casserole du feu ; y verser les moitiés de poire et les morceaux d'ananas.

3 Dans un plat carré de 23 cm allant au four, verser le mélange de fruits.

4 Couper le beurre en petits morceaux ; les placer sur les fruits. Laisser refroidir la garniture à température ambiante, environ 30 min.

5 Pendant ce temps, préparer la pâte : dans une terrine, mélanger farine et sel (éventuellement). Avec un malaxeur à pâte ou les doigts, émietter le beurre ou la margarine dans la farine jusqu'à ce que le mélange devienne granuleux. Arroser avec 3 c. à soupe d'eau froide, une après l'autre, en mélangeant avec une fourchette après chaque ajout jusqu'à ce que la pâte soit consistante. La façonner en boule.

6 Préchauffer le four à 220 °C (th. 6-7). Sur un plan de travail fariné, avec un rouleau à pâtisserie fariné, abaisser la pâte à 3 mm d'épaisseur, à la dimension du plat, en débordant de 2,5 cm ; poser sur la garniture.

7 Retourner le rebord pour former la bordure verticale. Confectionner la bordure en cordon (voir encadré, à droite).

8 Pratiquer soigneusement quelques entailles sur la croûte pour permettre à la vapeur de s'échapper en cours de cuisson. Badigeonner légèrement la croûte avec le jaune d'œuf.

9 Mettre au four pendant 25 à 30 min, jusqu'à ce que la croûte soit brun doré. Laisser refroidir la tourte sur une grille pendant 15 min, puis servir tiède ou laisser complètement refroidir pour servir plus tard.

Verser délicatement les fruits dans le plat allant au four.

BORDURE EN CORDON

Appuyer avec le pouce sur la bordure de la pâte, de façon à former un angle, puis pincer la pâte avec le pouce et l'index. Placer le pouce dans le sillon laissé par l'index. Répéter tout autour de la pâte pour créer un effet de cordon.

TARTE AU CHOCOLAT

Pour 8 personnes
À préparer la veille et à mettre au frais

175 g de biscuits secs
120 g de beurre ramolli
60 g de chocolat à cuire cassé en morceaux
200 g de fromage blanc entier
400 g de lait concentré sucré
Zestes d'orange confits (voir encadré, à droite)

1 Préchauffer le four à 190 °C (th. 5-6). Placer les biscuits en vrac dans un sac en plastique alimentaire et les écraser finement avec un rouleau à pâtisserie. Vous pouvez aussi les broyer dans un hachoir électrique jusqu'à ce qu'ils soient réduits en miettes fines.

2 Dans un moule à tarte peu profond d'environ 20 cm, mélanger les biscuits en miettes avec le beurre ; répartir le mélange en appuyant sur le fond et contre les bords du moule.

3 Mettre au four la croûte pendant 8 min, jusqu'à ce qu'elle soit dorée ; laisser refroidir sur une grille.

4 Placer les morceaux de chocolat au bain-marie et remuer fréquemment jusqu'à consistance lisse.

5 Dans une grande terrine, battre le fromage blanc et le lait concentré au batteur électrique jusqu'à consistance homogène ; incorporer le chocolat fondu jusqu'à ce que la pâte soit lisse.

6 Verser le mélange au chocolat sur la croûte. Couvrir et laisser toute la nuit au réfrigérateur.

7 Le lendemain, préparer les zestes d'orange confits et les disposer soigneusement sur le dessus de la tarte.

ZESTES D'ORANGE CONFITS

Avec un économe, prélever *les zestes de 2 oranges moyennes* ; couper ensuite les zestes en languettes de 3 mm de large. Dans une casserole moyenne porter à ébullition à feu vif les zestes d'orange, *12,5 cl d'eau* et *60 g de sucre en poudre*. Réduire alors à feu moyen et faire cuire pendant 10 à 15 min jusqu'à ce que les zestes deviennent souples et transparents. Mettre *30 g de sucre en poudre* dans une petite terrine. Bien égoutter les zestes ; les mettre dans la terrine avec le sucre et les remuer délicatement pour bien les enrober.

Une fois les zestes enrobés de sucre, les étaler sur une plaque à pâtisserie pour les faire sécher.

Une superbe guirlande de zestes d'orange confits ajoute une note de gaieté à cette tarte.

La croûte en biscuits passée au four devient croustillante.

La garniture à base de chocolat, de fromage blanc et de lait concentré, se prépare sans aucune difficulté.

TOURTE AUX FRAISES ET À LA RHUBARBE

Les fraises et la rhubarbe se marient à merveille, que ce soit en saveur ou en couleur. En outre, ces fruits mûrissent à la même saison, et constituent donc une combinaison idéale pour cette succulente tourte.

 Pour 8 à 10 personnes
Préparation et cuisson : 3 h

Garniture
450 g de fraises
450 g de rhubarbe préparée et lavée
175 g de sucre en poudre
45 g de farine
15 g de beurre

Croûte
Pâte sablée pour tourte (voir p. 134)
1 c. à soupe de lait

1 Équeuter les fraises et les couper en deux. Couper les tiges de rhubarbe en tronçons de 1 cm d'épaisseur.

2 Dans une grande terrine, avec une spatule en caoutchouc, mélanger délicatement les fraises, la rhubarbe, le sucre et la farine.

3 Préparer la pâte.

4 Sur un plan de travail fariné, avec un rouleau à pâtisserie fariné, abaisser les deux tiers de la pâte en un disque de 40 cm.

5 Placer délicatement la pâte dans le fond et sur les bords d'une tourtière profonde d'au moins 4 cm, de manière à la recouvrir entièrement ; découper le bord de la pâte en en laissant déborder environ 4 cm.

6 Déposer le mélange de fraises et de rhubarbe dans la tourtière.

7 Couper le beurre en petits morceaux et le répartir régulièrement sur les fraises et la rhubarbe.

8 Préchauffer le four à 220 °C (th. 6-7).

9 Abaisser le reste de la pâte en un disque de 27 cm. Avec une roulette à pâtisserie ou un couteau, le couper en bandes larges de 2 cm.

10 Placer 5 bandes sur la garniture ; ne pas sceller les extrémités.

11 Avec les 5 bandes restantes, former des losanges (voir encadré, p. 141).

12 Ajuster les extrémités des bandes ; humidifier le bord de la pâte avec de l'eau ; appuyer sur les extrémités des bandes pour les sceller ; confectionner la bordure décorative de votre choix (voir p. 136-137). Badigeonner soigneusement les losanges avec le lait.

13 Mettre la tourte au four 45 à 50 min, jusqu'à ce que la croûte soit dorée. Après 30 min, couvrir la tourte avec une feuille de papier d'aluminium si la croûte se colore trop rapidement.

14 Laisser reposer la tourte 1 h pour permettre au jus des fruits de se figer ; servir tiède ou froid.

Bien mélanger les fraises, la rhubarbe, le sucre et la farine.

POUR VARIER

Confectionnez ce décor où les bandes de pâte sont disposées sur la garniture comme les rayons d'une roue.

Décor en rayons

1 Avec une roulette à pâtisserie ou un couteau, découper la pâte en 12 bandes larges de 1 cm environ.

2 Disposer 6 bandes sur la garniture, en forme de V.

3 Utiliser d'autres bandes pour former des V plus petits à l'intérieur des grands.

4 Si on le désire, couper de petits morceaux de pâte et les placer au centre de la tourte.

DÉCORS EN CROISILLONS

Replier les bandes de pâte : aligner 5 bandes en en repliant une sur deux sur les trois quarts de sa longueur.

Mettre en place la croix centrale : disposer une bande en diagonale au-dessus du centre de la garniture de manière à former un losange, puis placer la partie repliée des bandes au-dessus de la bande centrale.

Replier une bande sur deux : replier les bandes qui n'ont pas été repliées auparavant.

Placer la deuxième croix : disposer une nouvelle bande en croix, parallèle à la bande centrale, à 2,5 cm de celle-ci.

Tout remettre en place : placer la partie repliée des bandes au-dessus de la bande qu'on vient de poser. Continuer à replier une bande sur deux et à poser de nouvelles bandes en diagonale sur la garniture pour confectionner les croisillons.

Les bords dentelés des losanges sont obtenus en découpant les bandes avec une roulette à pâtisserie.

Cette exquise garniture de fraises et de rhubarbe se déguste des yeux à travers les croisillons.

TARTE ALEXANDRA

 Pour 8 à 10 personnes
Peut être préparée la veille et conservée au frais

225 g de biscuits croustillants au chocolat noir
175 g de beurre ramolli
225 g de sucre glace tamisé
120 g de chocolat à cuire fondu
3 c. à soupe de cognac
15 cl de crème fraîche
Copeaux de chocolat noir (voir encadré, à droite) pour décorer

1 Placer en vrac les biscuits au chocolat dans un sac en plastique alimentaire ; avec un rouleau à pâtisserie, réduire les biscuits en miettes. Vous pouvez aussi broyer les biscuits au mixeur, jusqu'à ce qu'ils soient réduits en miettes.

2 Dans une terrine, mélanger les miettes de biscuits et 60 g de beurre. Étaler bien ce mélange sur le fond et contre les bords d'un moule à tarte (ou d'un plat à flan en porcelaine à feu), peu profond, de 20 à 23 cm.

3 Dans un robot ménager, travailler le sucre glace et le reste du beurre jusqu'à consistance lisse et bien crémeuse. Incorporer le chocolat fondu et le cognac ; travailler à nouveau dans le robot ménager jusqu'à consistance épaisse et lisse.

4 Dans une terrine, battre la crème fraîche jusqu'à consistance épaisse. Avec un fouet métallique ou une spatule en caoutchouc, incorporer la crème fouettée au mélange à base de chocolat. Verser sur la croûte de biscuits.

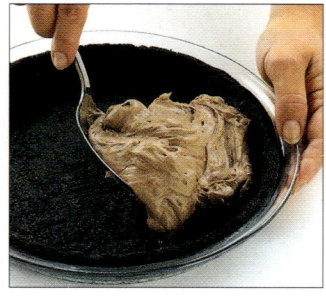

5 Décorer la tarte de copeaux de chocolat. Mettre au réfrigérateur au moins 1 h avant de servir.

Cette superbe garniture est à base de beurre, de sucre, de chocolat et de crème fouettée, avec en plus du cognac !

COPEAUX DE CHOCOLAT NOIR

Entre vos mains, réchauffer légèrement *60 g de chocolat de couverture* pour le ramollir.

À l'aide d'un économe, râper lentement et fermement les morceaux de chocolat pour former des copeaux.

Selon la taille de copeaux désirée, se servir de la partie large ou fine du morceau de chocolat. Manipuler les copeaux avec un pique-olives. Si on le souhaite, utiliser du chocolat blanc à la place du chocolat de couverture (voir p. 100).

POUR SERVIR
Pour être parfaite, la tarte Alexandra, garnie d'un riche mélange à la crème, au cognac et au chocolat, doit être servie glacée.

TOURTE AUX MYRTILLES

Pour 10 personnes
Préparation et cuisson : 3 h

Pâte
300 g de farine
3/4 de c. à café de sel (facultatif)
175 g de beurre ou de margarine
1 œuf

Garniture
700 g de myrtilles surgelées (décongelées)
100 g + 2 c. à café de sucre en poudre
1 c. à café de zeste de citron râpé
15 g de beurre

1 Préparer d'abord la pâte : dans une grande terrine, mélanger la farine avec le sel, si on en utilise. Avec un malaxeur à pâte ou les doigts, émietter le beurre ou la margarine dans la farine jusqu'à consistance granuleuse. Dans une tasse, battre l'œuf légèrement. L'ajouter à la préparation précédente, en mélangeant délicatement avec une fourchette jusqu'à ce que la pâte soit bien consistante, et en ajoutant un peu d'eau froide si nécessaire. Avec les mains, former deux boules de pâte, dont l'une un peu plus grosse que l'autre.

2 Sur un plan de travail légèrement fariné, abaisser la plus grosse boule de pâte en un disque plus grand d'environ 4 cm qu'une tourtière peu profonde retournée, de 20 à 23 cm. Placer soigneusement la pâte dans la tourtière de manière à la recouvrir complètement.

3 Lorsque les myrtilles sont décongelées, les égoutter. Dans une grande terrine, avec une spatule en caoutchouc, les mélanger avec 100 g de sucre en poudre et le zeste de citron râpé.

4 Avec une cuiller, répartir les myrtilles dans le moule foncé de pâte. Couper le beurre en petits morceaux et le déposer sur les myrtilles.

5 Préchauffer le four à 220 °C (th. 6-7). Abaisser le reste de pâte comme précédemment. Humecter le bord de la tourte avec de l'eau ; placer le couvercle de pâte sur la garniture.

6 Découper le bord de la pâte, en laissant déborder d'environ 4 cm. Replier le rebord ; décorer la bordure (voir p. 136-137).

7 Avec un couteau aiguisé, découper un X de 10 cm au centre du couvercle.

8 Replier les pointes de l'X de manière à former une ouverture carrée au centre de la tourte.

9 Saupoudrer le centre de la tourte de 2 c. à café de sucre en poudre.

10 Mettre la tourte au four pendant 40 min jusqu'à ce que la garniture commence à bouillonner et que la pâte soit dorée. Si la pâte dore trop rapidement, la recouvrir d'une feuille de papier d'aluminium. Laisser la tourte refroidir sur une grille avant de servir. Servir tiède ou froid.

TARTE À LA CRÈME ET AUX BANANES

Pour 8 personnes
Préparation et cuisson : 4 h

100 g de noix de coco en poudre
60 g de flocons d'avoine
75 g de beurre ramolli
75 cl de lait
45 g de farine de maïs
100 g de sucre en poudre
3 jaunes d'œufs
3 grosses bananes
15 cl de crème fraîche
Amandes effilées grillées pour décorer

1 Préchauffer le four à 150 °C (th. 4). Dans une tourtière peu profonde de 20 à 23 cm, mélanger avec les doigts la noix de coco, les flocons d'avoine et 45 g de beurre. Étaler ce mélange en appuyant sur le fond et les bords du moule, de manière à le tapisser entièrement.

2 Mettre au four pendant 15 min, jusqu'à ce que la croûte soit dorée ; laisser refroidir sur une grille.

La croûte, à base de noix de coco et de flocons d'avoine, forme un contraste croustillant avec la garniture crémeuse à la banane.

3 Dans une casserole moyenne, mélanger le lait, la farine, le sucre et le reste du beurre. Cuire à feu modéré, en remuant continuellement, jusqu'à ce que le mélange épaississe ; laisser bouillir encore 1 min.

4 Enlever la casserole du feu ; incorporer les jaunes d'œufs.

5 Peler et couper 2 bananes en tranches de 5 mm d'épaisseur. Tapisser le fond refroidi de la tarte avec les tranches de banane ; verser la crème sur les bananes.

6 Couvrir hermétiquement le tout et mettre au réfrigérateur jusqu'à refroidissement complet.

7 Dans une petite terrine, battre la crème fraîche jusqu'à consistance souple.

8 Avec une spatule, étendre cette crème uniformément sur la garniture de la tarte.

9 Couvrir et mettre la tarte au réfrigérateur, jusqu'au moment de la servir.

> **POUR SERVIR**
> Couper en tranches la banane restante. Décorer la tarte avec les tranches de banane et les amandes grillées.

APPLE PIE

  Pour 8 personnes
Préparation
et cuisson : 3 h

Garniture
8 pommes moyennes
2 c. à café de jus de citron
1 c. à soupe de farine de maïs
100 g de sucre en poudre
15 g de beurre

Croûte
Pâte sablée pour tourte en croûte (voir p. 134)
Lait
1 c. à soupe de sucre en poudre
7 tranches de fromage de Hollande (facultatif)

1 Peler puis épépiner les pommes ; les couper en tranches fines. Dans une grande terrine, avec une spatule en caoutchouc, mélanger délicatement les tranches de pomme, le jus de citron, la farine de maïs et le sucre ; laisser reposer.

2 Préparer la pâte. La diviser en deux parts, dont une plus grosse que l'autre. Sur un plan de travail légèrement fariné, avec un rouleau à pâtisserie fariné, abaisser la plus grosse part en un disque plus grand de 4 cm qu'une tourtière renversée peu profonde, de 20 à 23 cm. Disposer la pâte dans la tourtière de manière à la tapisser uniformément ; couper le bord de la pâte, en laissant déborder de 2,5 cm. Réserver les chutes de pâte.

3 Avec une cuiller, verser le mélange à base de pommes dans la tourtière. Couper le beurre en petits morceaux ; les répartir sur les pommes.

4 Préchauffer le four à 220 °C (th. 6-7). Abaisser l'autre boule de pâte et recouvrir la garniture. Couper le bord de la pâte en laissant déborder de 2,5 cm. Replier le rebord ; faire un motif décoratif avec la bordure (voir p. 136-137).

Le fromage et les pommes se marient bien ; ici, les lamelles de fromage glissées sous les feuilles de pâte sont aussi savoureuses que décoratives.

5 Abaisser de nouveau les chutes de pâte. Avec un emporte-pièce en forme de feuille ou un couteau, découper 7 feuilles et les disposer sur la tourte. Badigeonner légèrement de lait le dessus de la tourte.

6 Avec la pointe d'un couteau, découper un trou dans le « couvercle » pour que la vapeur puisse s'échapper en cours de cuisson.

7 Saupoudrer la tourte de sucre en poudre. Placer la tourtière sur une plaque à pâtisserie et mettre au four pendant 45 min, jusqu'à ce que la pâte soit dorée et les pommes tendres.

8 Mettre la tourte sur une grille pour refroidir. Si l'on utilise le fromage, découper chaque tranche en forme de feuille. Placer les feuilles de fromage sous les feuilles de pâte, en prenant soin de ne pas briser la pâte.

La croûte est saupoudrée de sucre avant d'être mise au four pour lui donner un aspect givré en fin de cuisson.

TARTE À LA CRÈME ET AUX PÊCHES

 Pour 8 personnes
Préparation et cuisson : 3 h

Pâtisserie
Pâte sablée pour croûte de tourte (voir encadré, p. 134-135)

Garniture
5 pêches moyennes (environ 700 g)
15 cl de crème aigre
3 jaunes d'œufs
200 g de sucre en poudre
30 g de farine

Décor autrichien
60 g de beurre
75 g de farine
60 g de sucre en poudre
1/2 c. à café de cannelle en poudre

1 Préparer la pâte.

2 Préchauffer le four à 220 °C (th. 6-7). Sur un plan de travail légèrement fariné, à l'aide d'un rouleau à pâtisserie fariné, abaisser la pâte en un rond débordant d'environ 4 cm d'un moule à tarte renversé peu profond, de 20 à 23 cm ; placer la pâte dans le moule, de manière à le recouvrir uniformément.

3 Découper le bord de la pâte, en laissant déborder de 2,5 cm. Replier le rebord ; faire un motif décoratif avec la bordure (p. 136-137).

4 Peler 4 pêches (voir encadré, p. 53) ; les couper en tranches épaisses de 5 mm avec un couteau aiguisé.

5 Disposer dans le moule les tranches de pêche en cercles concentriques, en les faisant un peu se chevaucher.

6 Dans une terrine moyenne, battre la crème, les jaunes d'œufs, le sucre et la farine jusqu'à ce que le mélange soit homogène ; le verser délicatement sur les pêches, en prenant soin de ne pas les déplacer.

7 Mettre la tarte au four 30 min, jusqu'à ce que la crème commence à prendre.

8 Pendant ce temps, préparer le décor : dans une petite terrine, bien malaxer le beurre, la farine et le sucre jusqu'à ce que le mélange devienne granuleux ; ajouter la cannelle en poudre.

DÉCOR AUTRICHIEN

Cette garniture croustillante est à base de farine, de beurre et de sucre ; elle est souvent mélangée avec des épices telles que cannelle, muscade ou clou de girofle, et l'on en parsème les pains, les gâteaux et les puddings avant de les mettre au four. Elle ressemble beaucoup aux garnitures des crumbles anglais.

9 Après 30 min de cuisson, étendre uniformément la garniture à la cannelle sur les pêches et la crème.

Poudrer les pêches et la crème avec la garniture à la cannelle.

10 Laisser 15 min de plus au four jusqu'à ce que la garniture soit bien dorée ; la lame d'un couteau enfoncée au centre de la tarte doit ressortir sèche et propre.

11 Si la pâte commence à dorer trop rapidement, la couvrir d'une feuille de papier d'aluminium.

12 Laisser refroidir sur une grille pendant 1 h ; servir tiède, ou laisser refroidir complètement.

À la fin du temps de cuisson, enfoncer la pointe d'un couteau dans le centre de la tarte ; si la crème est prise, la pointe du couteau ressort propre.

POUR SERVIR
Couper la pêche restante en tranches de 5 mm d'épaisseur et les disposer au centre de la tarte.

TARTE AUX NOIX DE PECAN

- Pour 8 personnes
- Préparation et cuisson : 4 h

Pâte

Pâte sablée pour tourte en croûte (voir p. 134)

Garniture

4 œufs
25 cl de sirop de sucre
60 g de sucre roux
60 g de sucre en poudre
30 g de beurre fondu
90 g de noix de pecan ou de noix hachées
Garniture aux noix de pecan et au miel (voir encadré, en haut à droite)

1 Préparer la pâte. La diviser la pâte en deux parts, dont l'une légèrement plus grosse que l'autre.

2 Préchauffer le four à 180 °C (th. 5). Sur un plan de travail légèrement fariné, avec un rouleau à pâtisserie fariné, abaisser la plus grosse part de pâte en un rond débordant d'environ 4 cm d'un moule à tarte peu profond renversé, de 20 à 23 cm.

3 Étaler la pâte dans le moule à tarte de manière à le recouvrir uniformément ; découper le bord de la pâte, en laissant déborder de 1,5 cm. Replier le bord par en dessous. Faire une bordure avec le reste de pâte (voir p. 136-137).

4 Dans une terrine moyenne, battre légèrement les œufs ; ajouter le sirop de sucre, le sucre roux, le sucre en poudre et le beurre ; incorporer les noix hachées. Verser le tout avec une cuiller dans le moule à tarte ; mettre au four pendant 40 min.

5 Pendant ce temps, préparer la garniture aux noix de pecan et au miel.

6 Au bout de 40 min, retirer la tarte du four ; étendre la garniture sur le dessus.

Répartir la garniture aux noix de pecan et au miel sur le dessus de la tarte.

GARNITURE AUX NOIX DE PECAN ET AU MIEL

Dans une casserole de taille moyenne, à feu moyen, mélanger *75 g de sucre roux, 3 c. à soupe de miel* et *45 g de beurre* ; faire cuire pendant 2 à 3 min, en remuant constamment, jusqu'à ce que le sucre soit dissous. Incorporer *150 g de cerneaux de noix* ou *de noix de pecan mondées*. Retirer la casserole du feu.

7 Remettre la tarte au four et laisser cuire de 10 à 15 min, jusqu'à ce que la garniture soit bien gonflée et dorée. Si nécessaire, couvrir soigneusement les bords de la croûte avec une feuille de papier d'aluminium.

8 Laisser refroidir sur une grille avant de servir.

Une bordure de feuilles dorées souligne la touche automnale de cette tarte typiquement américaine.

La tarte aux noix de pecan est parfaite pour un dîner d'automne ou d'hiver.

TARTE À LA CITROUILLE

Pour 8 personnes
Préparation et cuisson : 3 h

Pâte
Pâte sablée pour tourte en croûte (voir p. 134)

Garniture
450 g de pulpe de citrouille cuite, réduite en purée

400 g de lait en poudre

2 œufs

165 g de sucre roux

1 1/2 c. à café de cannelle en poudre

1/2 c. à café de gingembre en poudre

1/2 c. à café de muscade râpée

Garniture aux noix (voir encadré, ci-dessous)

15 cl de crème fraîche pour décorer

1 Préparer la pâte. La diviser en deux parts, dont l'une légèrement plus grosse que l'autre.

2 Préchauffer le four à 200 °C (th. 6). Sur un plan de travail légèrement fariné, avec un rouleau à pâtisserie fariné, abaisser la plus grosse part de pâte en un rond débordant de 4 cm d'un moule à tarte peu profond renversé, de 20 à 23 cm.

3 Étaler la pâte dans le moule ; couper le bord, en laissant déborder de 1 cm. Replier le bord par en dessous. Avec le restant de pâte, confectionner une bordure tressée ou le motif de votre choix (voir p. 136-137).

4 Dans une grande terrine, à l'aide d'un batteur électrique, mélanger la pulpe de citrouille et les 6 ingrédients suivants.

5 Placer le moule sur la grille du four ; verser la garniture sur la croûte. Mettre la tarte au four pendant 40 min ; la lame d'un couteau enfoncée au milieu doit ressortir propre et sèche.

6 Laisser refroidir la tarte sur une grille pendant environ 1 h 30.

7 Quand la tarte est refroidie, préchauffer le four à la température maximale. Préparer la garniture aux noix ; la verser uniformément sur la tarte, puis placer celle-ci à environ 15 cm au-dessous de la source de chaleur et laisser griller pendant 3 min, jusqu'à ce que la garniture soit dorée et le sucre dissous. Laisser refroidir la tarte sur une grille.

8 Dans une terrine, battre la crème jusqu'à consistance ferme. En décorer la tarte avec une poche à douille.

Le décor de crème complète la bordure de cette tarte servie traditionnellement aux États-Unis pour le repas du Thanksgiving Day.

Les noix, le sucre roux et le beurre qui composent cette garniture donnent un contraste délicieux et croustillant avec la citrouille.

GARNITURE AUX NOIX

Dans une petite casserole, faire fondre à feu moyen, *60 g de beurre*. Ajouter en mélangeant *120 g de cerneaux de noix hachés* et *165 g de sucre roux*, jusqu'à consistance homogène ; faire cuire quelques minutes, le temps que le beurre soit absorbé.

TARTE MERINGUÉE AU CITRON

- Pour 6 à 8 personnes
- Préparation et cuisson : 50 min

Croûte croustillante
175 g de biscuits secs
75 g de beurre
45 g de cassonade

Garniture au citron
Le zeste râpé et le jus de 2 citrons
45 g de farine de maïs
2 jaunes d'œufs
75 g de sucre en poudre

Garniture du dessus
3 blancs d'œufs
120 g de sucre en poudre

La meringue est étalée à la cuiller sur la crème au citron, mais on peut aussi la disposer à l'aide d'une poche à douille pour un effet plus professionnel.

1 Confectionner la croûte : mettre les biscuits secs dans un sac en plastique alimentaire ; avec un rouleau à pâtisserie, écraser les biscuits en miettes.

2 Faire fondre le beurre dans une petite casserole à feu moyen, ajouter la cassonade et les biscuits en miettes ; bien mélanger.

3 Verser ce mélange dans un plat à flan de 23 cm ; avec le dos d'une cuiller, presser soigneusement le mélange sur le fond et contre les bords du plat.

4 Faire la garniture au citron : mélanger dans une terrine le zeste et le jus des citrons avec la farine de maïs jusqu'à consistance lisse.

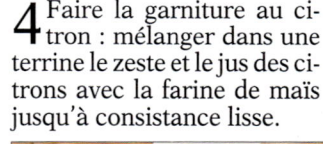

5 Dans une casserole de taille moyenne, porter 30 cl d'eau à ébullition ; la verser sur le mélange précédent. Remettre le tout dans la casserole, porter à ébullition, et laisser mijoter pendant 3 min, en remuant jusqu'à consistance épaisse.

6 Retirer la casserole du feu ; ajouter les jaunes d'œufs et le sucre en poudre. Remettre sur le feu ; faire cuire pendant 1 min, pour faire épaissir la sauce. Laisser refroidir légèrement, puis verser la crème avec une cuiller sur la croûte à base de biscuits.

7 Préchauffer le four à 170 °C (th. 5).

8 Confectionner la garniture dans une grande terrine. Avec un batteur électrique à pleine vitesse, monter les blancs d'œufs en neige peu ferme. Ajouter le sucre en poudre, 1 c. à soupe à la fois, en battant bien après chaque ajout jusqu'à complète dissolution du sucre et formation d'une neige ferme et luisante.

9 À l'aide d'une cuiller, verser cette garniture sur la crème au citron, en prenant soin de ne pas laisser de vide au bord de la croûte.

10 Mettre la tarte au four pendant environ 30 min, jusqu'à ce que la meringue soit bien dorée. Servir froid ou chaud.

Presser le mélange de biscuits écrasés sur le fond et les côtés du plat à flan.

TARTE FONDANTE AUX NOIX

 Pour 8 à 10 personnes
Préparation et cuisson : 4 h

---

225 g de cerneaux de noix
Pâte sablée pour tourte en croûte (voir p. 134)
60 g de beurre
60 g de chocolat à cuire cassé en morceaux
200 g de sucre en poudre
5 c. à soupe de lait
4 c. à soupe de nappage au chocolat
4 œufs
Glace à la vanille pour accompagner (facultatif)

POUR SERVIR
Si vous le désirez, couronnez chaque part de tarte d'une boule de glace à la vanille.

1 Préchauffer le four à 180 °C (th. 5). Mettre les noix dans un plat allant au four ; les faire griller pendant 10 min, jusqu'à obtenir une belle coloration dorée, en secouant le plat de temps en temps. Laisser refroidir. Ne pas éteindre le four.

2 Pendant ce temps, préparer la pâte. La diviser en deux parts, l'une légèrement plus grosse que l'autre.

3 Sur un plan de travail légèrement fariné, avec un rouleau à pâtisserie fariné, abaisser la plus grosse part de pâte en un disque débordant de 4 cm du fond d'un moule à tarte peu profond, de 20 à 23 cm.

4 Foncer le moule à tarte de manière à le tapisser uniformément ; couper le bord de la pâte, en laissant déborder de 1,5 cm. Replier par en dessous.

5 Dans une casserole à feu moyen, faire chauffer le beurre et le chocolat, en remuant souvent, jusqu'à ce que le mélange soit lisse et homogène. Avec un fouet métallique, incorporer le sucre, le lait, le nappage au chocolat et 3 œufs jusqu'à consistance homogène. Ajouter les noix grillées hachées. Verser sur la tarte.

6 Abaisser le reste de pâte sur une épaisseur de 3 mm. Avec des emporte-pièce de différentes tailles ou un couteau, découper des cœurs pour décorer les bords et le centre de la tarte.

7 Disposer les cœurs sur la bordure de la tarte et sur sa garniture.

Placer les cœurs en pâte sur la garniture.

8 Dans une terrine, battre à la fourchette l'œuf restant, et en badigeonner la bordure.

9 Badigeonner les cœurs avec l'œuf battu.

10 Mettre au four pendant 1 h ; la lame d'un couteau enfoncée au centre de la tarte doit ressortir propre et sèche. Faire refroidir sur une grille. Servir froid ou tiède.

TARTE AUX FRUITS D'ÉTÉ

 Pour 8 à 10 personnes
Préparation et cuisson : 4 h

Pâte aux amandes
225 g de farine
1 c. à soupe de sucre en poudre
1/2 c. à café de sel (facultatif)
120 g de beurre
2 c. à soupe d'amandes mondées et finement broyées

Garniture de fruits
300 g de myrtilles ou de baies de cassis fraîches ou surgelées (mais décongelées)
30 g de sucre en poudre
1 c. à soupe de farine de maïs
1 c. à soupe de jus de citron
1 c. à soupe de zeste de citron râpé
30 g de beurre

Garniture au chocolat blanc
215 g de chocolat blanc cassé en morceaux
15 g de beurre
30 g d'amandes mondées, grillées et grossièrement hachées
15 cl de crème fraîche

Couche de crème
30 cl de crème fraîche
30 g de sucre glace

1 Préparer la pâte : dans une grande terrine, mélanger à la fourchette la farine, le sucre et éventuellement le sel. Avec un malaxeur à pâte ou les doigts, ajouter le beurre en l'émiettant jusqu'à l'obtention d'un mélange granuleux. Incorporer les amandes. Mouiller avec 3 c. à soupe d'eau, une cuillerée à la fois, en mélangeant délicatement avec une fourchette après chaque ajout jusqu'à ce que la pâte soit juste assez humide pour bien se tenir. Avec les mains, former une boule de pâte.

2 Préchauffer le four à 220 °C (th. 6-7).

3 Sur un plan de travail légèrement fariné, avec un rouleau à pâtisserie fariné, abaisser la pâte en un disque de 4 cm plus grand que le fond d'un moule à tarte peu profond, de 20 à 23 cm.

4 Étendre la pâte dans le moule, de manière à le recouvrir entièrement. Couper le bord de la pâte, en laissant déborder de 1,5 cm ; réserver les restants de pâte. Replier la partie qui déborde.

5 À intervalles réguliers, autour de la bordure de la pâte, pratiquer de fines incisions de 1,5 cm de long.

6 Placer un pouce sur le bord intérieur de chaque section ; avec l'index et le pouce de l'autre main, pincer la pâte et appuyer vers le haut pour créer un pétale. Répéter cette opération tout autour du moule.

7 Piquer le fond et les côtés de la pâte à plusieurs reprises avec une fourchette pour éviter qu'elle ne se rétracte en cours de cuisson.

8 Couvrir la pâte de papier d'aluminium ; étaler une couche de haricots secs.

9 Cuire la pâte 15 min, jusqu'à ce que la croûte soit dorée ; ôter l'aluminium et les haricots, piquer le fond et remettre au four 3 à 4 min. Laisser refroidir sur une grille.

10 Abaisser le restant de pâte. Avec de petits emporte-pièce ou un couteau, découper quelques fleurs et fruits pour décorer. Les faire cuire au four sur un plat non graissé pendant environ 10 min, jusqu'à ce qu'ils soient dorés ; mettre à refroidir.

11 Préparer la garniture de fruits : si les fruits sont surgelés, les décongeler. Dans une casserole de taille moyenne, mélanger le sucre, la farine de maïs, le jus et le zeste de citron ; ajouter la moitié des fruits. Faire cuire à feu moyen, en écrasant les fruits avec une cuiller et en remuant jusqu'à ébullition et épaississement. Ôter la casserole du feu ; ajouter le beurre et le reste de fruits, en gardant quelques myrtilles pour décorer. Laisser refroidir.

12 Pour la garniture de chocolat blanc : mettre les morceaux de chocolat, le beurre et 2 c. à soupe d'eau dans une terrine au bain-marie et faire chauffer en remuant souvent jusqu'à consistance lisse et homogène. Ôter la casserole du feu ; laisser refroidir complètement. Ajouter les amandes grillées et hachées. Dans une petite terrine, fouetter la crème fraîche jusqu'à consistance ferme. Mélanger quelques cuillerées de crème fouettée dans la préparation au chocolat pour l'alléger, puis, avec un fouet métallique ou une spatule en caoutchouc, incorporer avec soin le restant de crème.

13 Pour la couche de crème : dans la même terrine, fouetter la crème fraîche avec le sucre glace jusqu'à consistance ferme.

Couper la bordure pour former des pétales.

TOURTES ET TARTES • 153

14 Dans la croûte froide, avec une cuiller, étaler la garniture de fruits.

15 Couronner les fruits avec la garniture de chocolat blanc. Étendre le mélange de crème fouettée, en gardant 1 c. à soupe pour la décoration.

16 Décorer soigneusement la tarte avec les fleurs en pâte, la crème fouettée, les myrtilles mises de côté et les feuilles en pâte.

Disposer les myrtilles, les feuilles et les fleurs en pâte sur la crème fouettée.

LES MYRTILLES

Succulentes et sucrées, les myrtilles sont des baies d'un bleu profond, duveteux. Ce sont des aristocrates parmi les fruits. On en trouve plusieurs variétés, sauvages ou cultivées, en bocaux ou surgelées.

• Les myrtilles sont mûres en été, de juin à septembre.

• Juste avant d'utiliser des myrtilles fraîches, enlever les tiges et éliminer toutes les baies talées, blettes ou endommagées ; rincer avec soin les myrtilles à l'eau froide, bien les égoutter et les sécher sur de l'essuie-tout.

• Pour congeler les myrtilles, les envelopper dans des sachets spéciaux et les mettre au congélateur. On peut également les disposer en une seule couche sur un plat, les mettre ensuite au réfrigérateur jusqu'à ce qu'elles soient fermes, puis les transférer dans le freezer ; les utiliser dans les 12 mois.

• Quand on utilise des myrtilles surgelées, veiller à les décongeler uniquement si la recette le précise.

Cette tarte cache bien son secret — la crème fouettée qui la couronne dissimule une garniture de chocolat blanc et une couche de succulentes baies d'été.

TARTELETTES AUX POMMES

Pour 6 personnes
Préparation et cuisson : 2 h

Pâte

375 g de farine
225 g de beurre ramolli
75 g de sucre en poudre
2 jaunes d'œufs légèrement battus
1 c. à soupe de lait

Garniture

8 grosses pommes reinettes
120 g de sucre en poudre
60 g de beurre

1 Préparer la pâte : dans une grande terrine, avec les doigts, mélanger rapidement la farine, le beurre et le sucre jusqu'à consistance granuleuse. Ajouter les jaunes d'œufs et le lait ; mélanger jusqu'à ce que la pâte se tienne bien.

2 Faire une boule avec les deux tiers de la pâte ; l'envelopper et la laisser reposer. Sur un papier sulfurisé, avec un rouleau à pâtisserie, abaisser le tiers de pâte restant sur une épaisseur de 3 mm. À l'aide d'un emporte-pièce de 6 x 4 cm, découper 36 feuilles. Avec un pique-olives, dessiner des nervures sur chaque feuille ; les mettre au réfrigérateur sur un plat allant au four.

3 Diviser la plus grosse boule de pâte en 6 morceaux égaux. Les presser soigneusement sur les fonds de 6 moules à tartelette à fond amovible de 10 à 11 cm ; les mettre au réfrigérateur.

4 Préparer la garniture : peler et épépiner les pommes ; les couper en tranches de 5 mm. Dans une grande poêle, faire chauffer à feu moyen 100 g de sucre et le beurre jusqu'à ce que le beurre soit fondu, en remuant de temps en temps (ne pas utiliser de margarine car elle se sépare du sucre à la cuisson). Le sucre ne doit pas se dissoudre complètement.

5 Disposer les tranches de pommes sur ce mélange ; faire chauffer jusqu'à ébullition, sans remuer. Faire cuire environ 20 min (selon la quantité de jus rendu par les pommes), jusqu'à obtention d'une couleur caramel ; remuer pour mélanger les pommes avec le sucre caramélisé. (Les pommes doivent être encore légèrement croquantes.) Retirer la casserole du feu.

6 Préchauffer le four à 200 °C (th. 6). Répartir les pommes avec une cuiller sur les croûtes des tartelettes. Disposer 6 feuilles de pâte sur chaque tartelette, en laissant un peu de garniture apparente. Disposer les tartelettes dans un plat allant au four pour les manipuler plus aisément. Mettre les tartelettes au four 25 à 30 min jusqu'à ce que la pâte soit dorée (si nécessaire, couvrir les feuilles de papier d'aluminium au bout de 15 min, pour éviter de brûler le dessus).

7 Laisser les tartelettes refroidir sur une grille pendant 10 min ; poudrer légèrement de sucre. Servir chaud, ou froid plus tard. Démonter les moules avant de servir.

Les tartelettes aux pommes sont légèrement poudrées de sucre juste avant de servir, pour donner à la pâte un aspect givré.

Les tartelettes sont cuites dans des moules à fond amovible afin de pouvoir être démoulées avant le service ; elles sont ainsi tout à leur avantage.

TARTE AU CITRON VERT

- Pour 6 à 8 personnes
- Peut être préparée la veille et conservée au frais

135 g de biscuits secs finement broyés

60 g de sucre en poudre

75 g de beurre ramolli

400 g de lait concentré sucré

12,5 cl de jus frais de citron vert (3 à 4 citrons verts)

2 c. à café de zeste râpé de citron vert

2 œufs, jaunes et blancs séparés

Colorant alimentaire vert (facultatif)

30 cl de crème fraîche

Décoration de citrons verts de votre choix (voir encadré, en haut à droite)

1 Préchauffer le four à 170 °C (th. 5). Dans un plat à tarte peu profond de 20 à 23 cm, mélanger les biscuits en miettes, le sucre et le beurre ; appliquer avec soin le mélange sur le fond et les côtés du moule à tarte, en ménageant un petit rebord.

2 Dans une terrine de taille moyenne, avec un fouet métallique ou une fourchette, mélanger le lait concentré, le jus de citron vert, le zeste râpé de citron vert et les jaunes d'œufs, jusqu'à consistance épaisse. Si on le désire, ajouter quelques gouttes de colorant alimentaire vert.

3 Dans une petite terrine, avec un batteur électrique à pleine vitesse, monter les blancs d'œufs en neige ferme. Avec une spatule en caoutchouc ou un fouet métallique, incorporer délicatement les blancs battus en neige dans la pâte précédente.

4 Verser le mélange sur la croûte ; égaliser le dessus. Mettre la tarte au four 15 à 20 min jusqu'à ce que la garniture soit juste prise.

5 Laisser la tarte refroidir un peu sur une grille, puis la mettre au réfrigérateur environ 3 h.

6 Dans une petite terrine, fouetter la crème fraîche jusqu'à consistance ferme. Déposer la crème fouettée à l'aide d'une poche à douille sur le pourtour de la garniture ou étendre délicatement la crème sur le dessus et y dessiner de jolis motifs.

POUR SERVIR
Couronner la crème de triangles de citron vert ou d'une décoration de votre choix.

DÉCORATIONS AU CITRON VERT

Le contraste des nuances de vert donne de belles décorations pour les desserts, et change des habituelles décorations à base d'orange ou de citron jaune.

Cônes en citron vert
À l'aide d'un couteau aiguisé, couper le citron vert par le travers en fines tranches. Pratiquer délicatement une incision, du centre jusqu'au bord de chaque tranche de citron vert, puis courber avec soin la tranche à partir du centre de manière à lui donner une forme de cône.

Triangles et nœuds papillons en citron vert
À l'aide d'un couteau aiguisé, détailler le citron vert par le travers, en fines tranches, puis couper chaque tranche en quarts, à utiliser séparément ou à combiner par deux comme sur l'illustration, pour leur donner une forme de nœud papillon.

TOURTE AUX CERISES

 Pour 8 personnes
Préparation et cuisson : 4 h

Garniture

850 g de cerises dénoyautées au sirop	
75 g de sucre roux en poudre	
60 g de sucre en poudre	
30 g de farine de maïs	
15 g de beurre	
1 c. à café d'extrait d'amande	

Pâte

Pâte sablée pour tourte en croûte (voir p. 134)	
Un peu de lait	
2 c. à café de sucre en poudre	

1 Égoutter les cerises ; réserver 25 cl de jus.

2 Dans une casserole de taille moyenne, mélanger le sucre roux, le sucre en poudre, la farine de maïs et le jus. Faire cuire à feu moyen, en remuant continuellement jusqu'à épaississement ; laisser bouillir encore 1 min. Retirer la casserole du feu ; incorporer le beurre et l'extrait d'amande. Ajouter les cerises.

3 Préparer la pâte. La diviser en deux parts, l'une un peu plus grosse que l'autre.

4 Préchauffer le four à 220 °C (th. 6-7). Sur un plan de travail légèrement fariné, avec un rouleau à pâtisserie fariné, abaisser la plus grosse part de pâte en un disque débordant d'environ 4 cm du fond d'une tourtière peu profonde, de 20 à 23 cm ; étendre la pâte dans la tourtière, de manière à la recouvrir uniformément. Couper la pâte au ras du bord de la tourtière ; conserver les chutes de pâte.

5 Verser la garniture sur la croûte. Abaisser les restants de pâte comme précédemment. Avec un emporte-pièce, découper des feuilles dans la croûte du couvercle ; les mettre de côté. Placer le couvercle de pâte sur la garniture. Couper les bords du couvercle, en laissant déborder de 1 cm ; mettre de côté les chutes de pâte. Replier la partie qui déborde ; réaliser une bordure décorative (voir p. 136-137).

6 Avec les chutes de pâte, confectionner des baies (voir encadré, à droite). Dessiner des nervures sur les feuilles réservées, et les disposer avec les baies sur le couvercle. Badigeonner le tout de lait et poudrer de sucre. Mettre la tourte au four pendant environ 15 min. Réduire la chaleur à 180 °C (th. 5) ; laisser cuire pendant encore 25 min, jusqu'à ce que la pâte soit dorée.

7 Laisser la tourte refroidir dans son moule sur une grille avant de servir.

FEUILLES ET BAIES EN PÂTE

Les feuilles peuvent être confectionnées en découpant des formes sur le couvercle de la croûte, comme dans cette recette de tourte aux cerises, ou en abaissant les chutes de pâte, puis en les découpant à l'aide d'un couteau aiguisé ou un emporte-pièce. Après avoir confectionné les feuilles, dessiner soigneusement les nervures avec la pointe d'un couteau aiguisé.

Entre les doigts, rouler les chutes de pâte en forme de baie. Disposer ensemble feuilles et baies, en tordant les feuilles à leur base de manière à leur donner un aspect plus réaliste.

Pour décorer une grande tourte, grouper plusieurs baies ensemble pour former une grappe ; pour une tourte de Noël, réaliser une décoration appropriée avec des baies et des feuilles de houx en pâte.

TARTE À LA CRÈME ET AU CHOCOLAT

Pour 8 personnes
Peut être préparée la veille et conservée au frais

120 g de biscuits secs
120 g de beurre ramolli
50 g de farine de maïs
100 g + 1 c. à café de sucre en poudre
45 cl de lait
90 g de chocolat à cuire cassé en morceaux
2 jaunes d'œufs
1/2 c. à café d'extrait de vanille
30 g de cerneaux de noix
15 cl de crème fraîche

1 Préchauffer le four à 190 °C (th. 5-6). Placer les biscuits dans un sac en plastique alimentaire et les réduire en miettes avec un rouleau à pâtisserie. On peut également réduire les biscuits en miettes dans un hachoir électrique.

2 Dans un moule à tarte peu profond, de 20 à 23 cm, mélanger les biscuits en miettes et 90 g de beurre ramolli ; étaler le mélange sur le fond et les côtés du moule en appuyant bien ; ménager un petit rebord.

3 Cuire cette croûte au four pendant 8 min ; laisser refroidir sur une grille.

4 Pendant que la croûte refroidit, préparer la garniture : dans une grande casserole qui n'attache pas, mélanger la farine de maïs et 100 g de sucre. Ajouter le lait et le chocolat. Faire cuire à feu moyen, en remuant constamment, jusqu'à ce que le chocolat fonde et que le mélange épaississe. Laisser bouillir encore 1 min puis retirer aussitôt du feu.

5 Dans un bol, battre les jaunes d'œufs à la fourchette ; y incorporer une petite quantité du mélange chaud au chocolat. Verser lentement cette préparation dans le reste du mélange au chocolat en remuant énergiquement. Faire cuire en remuant constamment, jusqu'à ce que le mélange épaississe et nappe bien la cuiller (ne surtout pas laisser bouillir). Incorporer l'extrait de vanille et le reste du beurre ; remuer jusqu'à mélange homogène.

6 Verser cette crème au chocolat sur la croûte ; lisser soigneusement le dessus avec une spatule en caoutchouc.

Verser la garniture sur la croûte en biscuits cuite au four.

7 Pour éviter la formation d'une peau lorsque la garniture refroidira, appliquer un papier sulfurisé humide sur la surface de la garniture encore chaude. Mettre la tarte au réfrigérateur pendant au moins 3 h, jusqu'à ce qu'elle soit bien froide.

8 Pendant ce temps, dans une petite casserole, faire griller les noix à feu moyen en remuant constamment ; laisser refroidir. Les hacher.

9 Dans une petite terrine, battre la crème fraîche avec la cuillerée de sucre restante jusqu'à consistance souple.

10 Ôter le papier sulfurisé qui protège la garniture. Ajouter la crème fouettée avec une cuiller ou une poche à douille en réalisant des volutes décoratives.

POUR SERVIR
Parsemer la tarte de noix hachées et grillées.

TOURTE AUX PÊCHES

- Pour 8 personnes
- Préparation et cuisson : 3 h

Garniture
14 grosses pêches	
30 g de farine de maïs	
2 c. à soupe de jus de citron	
1 c. à café de cannelle en poudre	
200 g de sucre en poudre	
15 g de beurre	

Pâte
175 g de farine	
1/2 c. à café de sel (facultatif)	
1 c. à café de sucre en poudre	
90 g de beurre	
1 jaune d'œuf battu	

1 Préparer la garniture : peler les pêches (voir encadré, p. 53). Avec un couteau aiguisé, les couper en tranches épaisses.

2 Dans une terrine, mélanger très délicatement les pêches, la farine de maïs, le jus de citron, la cannelle et le sucre. Mettre de côté.

3 Préparer la pâte : dans une terrine de taille moyenne, mélanger à la fourchette la farine, le sel (éventuellement) et le sucre. Avec un malaxeur à pâte ou les doigts, incorporer le beurre en l'émiettant jusqu'à consistance bien granuleuse. Ajouter 2 à 3 c. à soupe d'eau froide, une cuillerée à la fois, en mélangeant légèrement avec une fourchette après chaque ajout jusqu'à ce que la pâte soit assez humidifiée pour bien se tenir. La rouler en boule entre les mains.

4 Verser les pêches avec une cuiller dans une tourtière profonde, de 20 à 23 cm. Couper le beurre en petits morceaux ; les répartir sur les pêches.

5 Préchauffer le four à 220 °C (th. 6-7). Abaisser la pâte en un disque de 28 à 32 cm. Pratiquer quelques incisions au centre du disque pour permettre à la vapeur de s'échapper pendant la cuisson.

6 Placer le disque de pâte sur la tourte pour couvrir les pêches ; couper le bord de la pâte en laissant déborder de 2,5 cm. Replier par en dessous ; décorer la bordure (voir p. 136-137).

7 Abaisser de nouveau les chutes de pâte ; découper quelques feuilles. Disposer les feuilles sur le « couvercle » de la tourte. Badigeonner toute la surface avec le jaune d'œuf battu.

8 Comme les pêches sont plus ou moins juteuses, il faut placer une feuille de papier d'aluminium sous la tourtière et relever les bords pour recueillir le jus de cuisson. Mettre la tourte au four pendant 50 min, jusqu'à ce que la pâte soit dorée. Si la pâte commence à brunir, la couvrir d'une feuille de papier d'aluminium.

9 Laisser légèrement refroidir la tourte sur la grille et servir tiède. Mais on peut également la laisser refroidir complètement et la servir froide, plus tard.

Les tourtes garnies de fruits juteux n'ont besoin que d'un « couvercle » de pâte ; le jus des fruits rendrait le fond de pâte spongieux.

Les incisions pratiquées sur le « couvercle » avant la cuisson permettent à la vapeur des fruits de s'échapper et à la pâte de rester sèche et croustillante.

Tartes et Flans

Tartes et flans faits d'une pâte croustillante et garnis de savoureuses crèmes, de fruits frais, de chocolat et de noisettes croquantes constituent les plus savoureux des desserts. Dans cette gamme de recettes, vous retrouverez aussi bien les grands classiques que de nouvelles idées séduisantes, aussi agréables à regarder qu'à déguster. Pour les réussir, ce n'est pas la peine de sortir d'une école de cuisine : il suffit de suivre attentivement les indications.

FOND DE TARTE OU DE FLAN

175 g de farine
1 c. à soupe de sucre en poudre
1/4 de c. à café de sel (facultatif)
120 g de beurre froid
2 à 3 c. à soupe d'eau froide

1 Dans une terrine de taille moyenne, mélanger à la fourchette la farine avec le sucre et, éventuellement, le sel. À l'aide d'un malaxeur à pâte ou avec les doigts, incorporer le beurre en l'émiettant jusqu'à obtenir une consistance granuleuse.

2 Ajouter l'eau froide, 1 c. à soupe à la fois, en mélangeant délicatement avec une fourchette après chaque ajout, jusqu'à ce que la pâte prenne consistance. La rouler en boule avec les mains. L'envelopper et la mettre environ 1 h au réfrigérateur.

3 Préchauffer le four à 220 °C (th. 6-7). Sur un plan de travail légèrement fariné, avec un rouleau à pâtisserie fariné, abaisser la pâte en un disque d'environ 2,5 cm plus grand qu'un moule à tarte ou à flan, à fond amovible.

4 Appliquer la pâte dans le moule de manière à le tapisser uniformément, sur le fond et le long des parois.

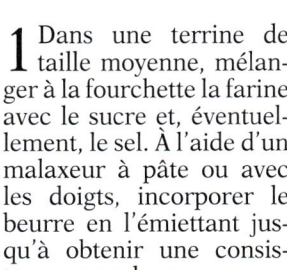

5 Avec le rouleau à pâtisserie, ôter l'excédent de pâte sur le moule ; garder les chutes pour décorer.

6 Avec une fourchette, piquer le fond en de nombreux endroits pour éviter que la pâte ne se boursoufle ou ne se rétracte en cours de cuisson.

7 Tapisser la croûte de papier d'aluminium ; la recouvrir de haricots secs. Faire cuire 10 min. Retirer l'aluminium et les haricots ; piquer la pâte. Remettre au four 10 à 15 min, jusqu'à ce qu'elle soit dorée.

8 Si la pâte se boursoufle, appuyer dessus avec une cuiller.

9 Laisser le fond de tarte ou de flan refroidir dans son moule sur une grille.

FONDS DE TARTELETTE

1 Dans une terrine, avec une fourchette, mélanger *75 g de farine, 1 c. à café de sucre en poudre* et *1/4 de c. à café de sel (facultatif)*. À l'aide d'un malaxeur à pâte ou avec les doigts, incorporer *60 g de beurre froid* en l'émiettant jusqu'à consistance granuleuse. Ajouter *4 à 5 c. à café d'eau froide*, une cuillerée à la fois, en mélangeant délicatement avec une fourchette après chaque ajout, jusqu'à ce que la pâte soit juste assez humidifiée pour bien se tenir. La rouler en boule avec les mains. Envelopper et mettre 1 h au réfrigérateur.

2 Préchauffer le four à 190 °C (th. 5-6). Sur un plan de travail légèrement fariné, avec un rouleau à pâtisserie fariné, abaisser la moitié de la pâte sur 3 mm environ d'épaisseur. Avec un emporte-pièce rond de 7,5 cm, découper autant de disques que possible. Répéter l'opération avec le restant de pâte et les chutes pour obtenir 18 disques.

3 Appliquer chaque disque de pâte sur le fond et les parois de moules à tartelette de 6 cm (profondeur 2 cm).

4 Avec une fourchette, piquer les fonds de tartelette en de nombreux endroits, pour éviter que les tartelettes ne se boursouflent ou ne se rétractent en cours de cuisson. Les placer sur un plat allant au four pour les manipuler plus facilement. Les mettre au four pendant 12 à 15 min jusqu'à ce qu'elles soient légèrement dorées.

5 Laisser refroidir pendant 10 min sur une grille. Avec un couteau, décoller délicatement les tartelettes des moules et les laisser refroidir complètement sur des grilles.

6 Si les fonds de tartelette ne sont pas utilisés immédiatement, les conserver dans un récipient totalement hermétique.

TARTELETTES AU CHOCOLAT NOIR

- Pour 18 tartelettes
- Peuvent être préparées la veille et conservées au frais

350 g de chocolat à cuire cassé en morceaux

30 cl de crème fraîche

90 g de beurre

2 c. à soupe de liqueur d'orange ou de cognac

18 fonds de tartelette (voir encadré, p. 159)

Lanières de zeste d'orange pour décorer

Ces fonds de tartelette sont faits à la maison, mais, si on n'a pas assez de temps, on peut acheter des fonds tout faits.

1 Dans une casserole qui n'attache pas, faire chauffer à feu doux le chocolat, la crème fraîche et le beurre, en remuant fréquemment, jusqu'à consistance lisse et homogène. Retirer la casserole du feu ; ajouter la liqueur ou le cognac.

2 Mettre ce mélange au réfrigérateur pendant environ 2 h 30, en remuant de temps en temps, jusqu'à obtenir une consistance épaisse, facile à utiliser dans une poche à douille.

3 Pendant ce temps, réaliser les fonds de tartelette ; laisser refroidir sur une grille.

AUTRE GARNITURE

Pour varier les plaisirs, on peut utiliser du chocolat blanc pour réaliser la garniture de ces élégantes tartelettes.

Tartelettes au chocolat blanc
À l'étape 1, remplacer le chocolat à cuire par *350 g de chocolat blanc*, et utiliser *2 c. à café d'extrait de vanille* à la place de la liqueur d'orange ou du cognac.

Pour décorer, utiliser des « grains de café » en chocolat, du chocolat râpé, des copeaux de chocolat (voir p. 100) ou des framboises fraîches.

4 Verser la crème au chocolat dans une grande poche à douille cannelée et en garnir les fonds.

5 Servir les tartelettes lorsque la garniture est encore souple, ou mettre au réfrigérateur pendant plusieurs heures pour qu'elle prenne une consistance plus ferme. Décorer de zestes d'orange avant de servir.

TARTE AUX PRUNES ET AUX AMANDES

🍴 Pour 8 personnes
⏱ Préparation et cuisson : 3 h

Pâte sablée à la cannelle

| 175 g de farine |
| 120 g de beurre ramolli |
| 60 g de sucre en poudre |
| 1/2 c. à café de cannelle en poudre |

Garniture

| 700 g de prunes |
| 100 g de sucre en poudre |
| 1 c. à soupe de farine de maïs |
| 1/2 c. à café de cannelle en poudre |
| 1/4 de c. à café d'extrait d'amande |
| 30 g d'amandes mondées et effilées |
| Crème fouettée pour accompagner (facultatif) |

La croûte sablée de la tarte est riche et onctueuse.

1 Préparer la pâte sablée à la cannelle : dans une terrine de taille moyenne, mélanger la farine, le beurre, le sucre et la cannelle. Avec les doigts, mélanger jusqu'à ce que la pâte commence à bien se tenir.

2 Appliquer cette pâte sur le fond et les parois d'un moule à tarte de 20 cm à fond amovible.

3 Préchauffer le four à 190 °C (th. 5-6). Préparer la garniture : couper chaque prune en deux et retirer le noyau ; couper ensuite les prunes en tranches.

4 Dans une grande terrine, mélanger les prunes, le sucre, la farine, la cannelle et l'extrait d'amande.

5 Disposer les tranches de prune, en les faisant se chevaucher, pour former des cercles concentriques sur le fond de pâte sablée.

LES PRUNES

Ces fruits gonflés et parfumés apparaissent au début de mai, et on peut en trouver jusqu'à la fin d'octobre, mais ils sont à maturité complète en août.

• Les prunes présentent un large choix de volumes, de formes et de couleurs, du vert-jaune au pourpre presque noir, selon la variété.

• Les prunes peuvent être congelées : les couper en deux et retirer les noyaux, puis les congeler par petites quantités, dans des sacs conçus pour aller au congélateur.

• Peu importe la variété choisie, les prunes sont toutes interchangeables dans n'importe quelle recette.

• Une prune parfaite doit être ferme et colorée, et un peu plus souple près de la queue.

• On peut conserver des prunes mûres au réfrigérateur pendant 3 à 5 jours.

Répartir les amandes sur les prunes.

6 Répartir uniformément les amandes sur les tranches de prune.

7 Mettre au four pendant 45 min, jusqu'à ce que la pâte soit dorée et les prunes tendres. Laisser la tarte refroidir dans son moule sur une grille.

8 Retirer avec précaution les parois du moule. Transférer la tarte sur le plat de service.

9 Servir la tarte aux prunes et aux amandes coupée en parts, avec de la crème fouettée si on le désire.

TARTE ASCOT

  Pour 8 personnes
Préparation et cuisson : 3 h 30

Pâte à la noix de coco
| 150 g de farine |
| 75 g de noix de coco en poudre |
| 90 g de beurre |
| 30 g de sucre en poudre |
| 1 jaune d'œuf |

Garniture de crème au citron
| 1 gros citron |
| 90 g de beurre |
| 60 g de sucre en poudre |
| 1 c. à soupe de farine de maïs |
| 4 jaunes d'œufs |
| 30 cl de crème fraîche |

Garniture aux fruits
| 350 g de framboises |
| 225 g de myrtilles |

1 Préparer la pâte à la noix de coco : dans une terrine de taille moyenne, mélanger la farine, la noix de coco, le beurre, le sucre et le jaune d'œuf. Avec les doigts, malaxer le tout jusqu'à consistance homogène.

2 Appliquer la pâte sur le fond et les parois d'un moule à tarte ou à flan à fond amovible, de 25 cm. Avec une fourchette, piquer la croûte en plusieurs endroits pour éviter qu'elle ne se boursoufle ou ne se rétracte en cours de cuisson.

3 Préchauffer le four à 180 °C (th. 5). Recouvrir la croûte avec une feuille de papier d'aluminium, et étaler dessus des haricots secs ; mettre au four pendant 10 min. Retirer le papier d'aluminium et les haricots ; piquer de nouveau la croûte. Remettre au four pendant encore 10 min jusqu'à ce qu'elle dore (si la pâte se boursoufle, appuyer dessus dans le moule avec une cuiller). Laisser la croûte refroidir sur une grille, dans son moule.

4 Pendant la cuisson de la pâte, préparer la garniture de crème au citron : râper 1 c. à café de zeste de citron et presser 2 c. à café de jus ; réserver. Dans une casserole de taille moyenne à fond épais, faire chauffer le beurre, le sucre et la farine de maïs, en remuant constamment, jusqu'à ébullition ; laisser bouillir encore 1 min pour faire épaissir.

5 Dans une petite terrine, battre à la fourchette les jaunes d'œufs ; y verser une petite quantité de la préparation chaude ; mélanger.

6 Reverser très lentement le mélange aux jaunes d'œufs dans la casserole en remuant rapidement avec une cuiller en bois.

7 Faire cuire en remuant continuellement jusqu'à épaississement, pendant environ 1 min. Retirer la casserole du feu.

8 Ajouter le zeste et le jus de citron à la crème ; laisser refroidir puis mettre au réfrigérateur pendant environ 1 h, jusqu'à ce que le mélange soit très froid.

9 Dans une petite terrine, fouetter la crème jusqu'à consistance ferme. Avec une spatule en caoutchouc ou un fouet métallique, incorporer la crème fouettée à la crème au citron froide.

LES FRAMBOISES

Il existe plusieurs variétés de ces petits fruits juteux, rouges, pourpres ou jaunes ; ils sont plus savoureux de juin à juillet et de septembre à octobre.

• Choisir des fruits rebondis et de belle apparence.

• Éviter toujours d'acheter des fruits qui semblent avoir été écrasés ou talés, ou qui présentent des traces de moisissure.

• Conserver au réfrigérateur et utiliser dans les 2 jours.

• Les framboises fraîches se servent nature ou en salade de fruits, et s'emploient pour les tartes, les tourtes, les flans, les confitures, les gelées etc.

10 Avec une cuiller, étaler uniformément la crème au citron sur le fond refroidi.

Avec une cuiller, verser la crème au citron sur la croûte.

La crème fouettée est incorporée à la crème aux œufs pour donner une garniture riche et onctueuse.

11 Disposer des framboises le long du bord.

12 Remplir le centre en alternant myrtilles et framboises ; mettre au réfrigérateur 1 h, jusqu'à ce que la crème soit bien prise.

En changeant les fruits au gré des saisons, ce régal peut se déguster toute l'année : bananes et oranges en hiver ; ananas et papayes au printemps ; abricots et cerises en été ; raisin et poires en automne. Si nécessaire, couper les fruits en dés ou en tranches, pour leur donner un aspect plus présentable et les servir plus facilement.

TARTE ROYALE AUX FRAMBOISES

- Pour 8 à 10 personnes
- Préparation et cuisson : 3 h 30

1 fond de tarte ou de flan de 25 cm (voir encadré, p. 159)
60 g de sucre en poudre
20 g de farine de maïs
1 c. à soupe de gélatine en poudre
2 œufs entiers + 1 jaune d'œuf
35 cl de lait
15 cl de crème fraîche
450 g de framboises

1 Préparer et faire cuire le fond de tarte ou de flan en suivant la recette ; laisser refroidir sur une grille.

2 Dans une casserole de taille moyenne, bien mélanger le sucre, la farine et la gélatine. Dans une terrine de taille moyenne, à l'aide d'un fouet métallique ou d'une fourchette, battre les œufs et le jaune d'œuf avec le lait jusqu'à obtenir une consistance homogène ; les incorporer au mélange précédent. Laisser reposer pendant environ 5 min pour ramollir légèrement la gélatine.

3 Faire cuire à feu moyen, en remuant constamment pendant environ 20 min, jusqu'à ce que le mélange épaississe et nappe la cuiller. Retirer la casserole du feu.

4 Verser cette crème dans une grande terrine ; laisser refroidir puis couvrir et mettre au réfrigérateur pendant environ 1 h, en remuant de temps en temps, jusqu'à ce que le mélange soit légèrement pris quand on le verse avec une cuiller.

5 Dans une petite terrine, fouetter la crème fraîche jusqu'à consistance ferme. Avec une spatule en caoutchouc ou un fouet métallique, incorporer la crème fouettée à la crème prise.

6 Ôter le fond de son moule ; le disposer sur le plat de service. Avec une cuiller, répartir la crème dessus et recouvrir de framboises.

7 Mettre la tarte au réfrigérateur pendant environ 1 h, jusqu'à ce que la crème soit complètement prise.

AUTRES GARNITURES AUX FRAMBOISES

Sur l'illustration principale, les framboises sont simplement placées en vrac. Pour créer un autre effet, elles peuvent être disposées selon des motifs, comme ci-dessous.

Le moulin à vent
Disposer les framboises en 4 triangles, en partant du centre de la garniture vers l'extérieur.

En cercle
Disposer les framboises en cercles concentriques, en allant du bord de la garniture vers le centre.

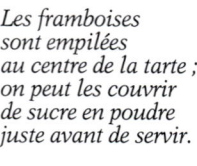

Les framboises sont empilées au centre de la tarte ; on peut les couvrir de sucre en poudre juste avant de servir.

TARTE CASSE-NOISETTES

  Pour 8 personnes
Préparation et cuisson : 3 h

Pâte au gingembre
175 g de farine
2 c. à soupe de sucre en poudre
1 c. à café de gingembre en poudre
120 g de beurre
1 œuf

Garniture
60 g de beurre
60 g de mélasse
175 g de sirop de sucre
60 g de sucre en poudre
3 œufs
120 g de noix de pecan ou de cerneaux de noix
100 g de noisettes décortiquées non salées
Crème fouettée et fleurs non toxiques (voir p. 118-119) pour décorer

1 Préparer la pâte au gingembre : dans une terrine de taille moyenne, avec une fourchette, mélanger la farine, le sucre et le gingembre. Avec un malaxeur à pâte ou avec les doigts, incorporer le beurre en l'émiettant jusqu'à consistance granuleuse. Ajouter l'œuf ; mélanger délicatement avec une fourchette jusqu'à ce que la pâte prenne consistance.

Les noix de pecan se marient très bien avec les noisettes mais on peut aussi utiliser des noix.

2 Avec la main, appliquer la pâte sur le fond et contre les parois d'un moule à tarte ou à flan à fond amovible, de 25 cm. Réserver.

3 Préchauffer le four à 180 °C (th. 5).

4 Préparer la garniture : dans une casserole, faire fondre le beurre à feu moyen ; retirer du feu.

5 Avec un fouet métallique, ajouter au beurre fondu la mélasse, le sirop, le sucre et les œufs ; mélanger jusqu'à consistance homogène.

6 Disposer les noix de pecan (ou les noix) et les noisettes sur le fond, en cercles concentriques.

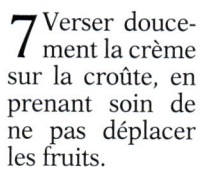

7 Verser doucement la crème sur la croûte, en prenant soin de ne pas déplacer les fruits.

8 Mettre la tarte au four pendant 35 min, jusqu'à ce qu'une lame de couteau enfoncée dans la garniture ressorte propre et sèche. Laisser refroidir la tarte dans son moule sur une grille.

9 Pour servir, enlever la bordure du moule ; décorer soigneusement le centre de la tarte avec la crème fouettée et les fleurs.

166 • TARTES ET FLANS

FEUILLETÉS AUX POMMES

 Pour 8 personnes
Préparation et cuisson : 1 h 30

450 g de pâte feuilletée surgelée
4 pommes à couteau moyennes
3 gros biscuits secs écrasés
45 g de beurre fondu
Environ 3 c. à soupe de marmelade d'oranges
Sucre glace
Crème fouettée pour accompagner (facultatif)

1 Décongeler la pâte feuilletée selon le mode d'emploi.

2 Préchauffer le four à 220 °C (th. 6-7). Sur un plan de travail légèrement fariné, avec un rouleau à pâtisserie fariné, abaisser la moitié de la pâte en formant un carré de 36 cm de côté.

3 Avec une assiette ronde de 17,5 cm de diamètre, découper 4 ronds dans le carré de pâte.

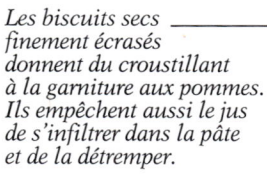

Les biscuits secs finement écrasés donnent du croustillant à la garniture aux pommes. Ils empêchent aussi le jus de s'infiltrer dans la pâte et de la détremper.

POUR SERVIR
Tamiser le sucre glace sur les tranches de pomme. Servir les feuilletés chauds, avec de la crème fouettée si on le désire.

4 Couper 2 pommes en deux dans la longueur ; les peler et les épépiner. Couper les moitiés de pomme en tranches très fines.

5 Disposer les disques de pâte dans un plat allant au four. Mettre sur chaque disque 1 c. à soupe de biscuits écrasés, puis un quart des tranches de pommes.

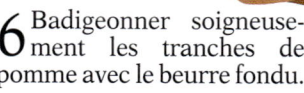

6 Badigeonner soigneusement les tranches de pomme avec le beurre fondu.

7 Mettre les feuilletés au four pendant 15 min, jusqu'à ce que la pâte soit légèrement dorée et croquante, et les tranches de pomme tendres. À l'aide d'une pelle à tarte, transférer les feuilletés sur une grille.

8 Dans une casserole, faire chauffer la marmelade d'oranges à feu moyen. Quand elle est fondue, en badigeonner les tranches de pomme pendant qu'elles sont encore très chaudes.

Le sucre glace fond et se caramélise sur la marmelade.

GALETTE AUX PÊCHES

Pour 8 personnes
Préparation et cuisson : 3 h

Pâte
175 g de farine
30 g de sucre en poudre
120 g de beurre
1 œuf

Garniture
2 boîtes de 825 g de demi-pêches au sirop
1 c. à café de jus de citron
1/4 de c. à café de gingembre en poudre
3 c. à soupe de confiture de pêches ou d'abricots

Les coquilles de pâte épousent la forme des pêches.

1 Préparer la pâte : dans une terrine de taille moyenne, mélanger la farine et le sucre. Avec un malaxeur à pâte ou avec les doigts, incorporer le beurre en l'émiettant jusqu'à consistance granuleuse. Ajouter l'œuf ; mélanger délicatement avec une fourchette jusqu'à ce que la pâte devienne consistante. (Vous pouvez aussi, dans un robot ménager équipé d'un couteau, mélanger la farine, le sucre et le beurre coupé en 8 morceaux, pendant environ 10 s. Ajouter l'œuf ; mélanger encore 15 s.) Rouler la pâte en boule, l'envelopper et la mettre pendant environ 1 h au réfrigérateur.

2 Pendant ce temps, préparer la garniture : égoutter les fruits ; mettre de côté 8 demi-pêches. Couper le reste en tranches.

3 Mettre les pêches en tranches dans une casserole ; ajouter le jus de citron, le gingembre et 1 c. à soupe de confiture. Porter à ébullition, puis faire cuire à feu moyen pendant 5 à 10 min pour réduire à 30 cl, en écrasant le tout plusieurs fois. Laisser refroidir.

4 Préchauffer le four à 180 °C (th. 5). Sur un plan de travail légèrement fariné, avec un rouleau à pâtisserie fariné, abaisser la pâte en un disque de 35 cm ; le mettre dans un plat allant au four.

5 Avec les doigts, enrouler le bord de la pâte vers le centre jusqu'à ce que le disque mesure environ 25 cm et que le bord soit haut de 2 cm ; pousser ce rebord vers le milieu de manière à former 7 grandes coquilles régulièrement espacées.

6 Mettre au four pendant environ 25 min, jusqu'à ce que la pâte soit dorée. Laisser refroidir dans le plat sur une grille.

7 Faire fondre à feu moyen le reste de confiture dans une petite casserole, puis le verser dans un petit pot à travers une passoire. Avec une cuiller, répandre soigneusement la garniture aux pêches sur le fond de tarte.

8 Couper en tranches les demi-pêches réservées, en prenant soin de conserver la forme des fruits. Faire glisser la lame d'un couteau sous chaque demi-pêche et les disposer sur la garniture.

9 Écarter légèrement les tranches de pêche ; napper avec la confiture tamisée. Transférer la galette sur le plat de service.

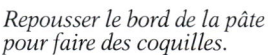

Repousser le bord de la pâte pour faire des coquilles.

TARTE TATIN

Pour 8 à 10 personnes

Préparation et cuisson : 1 h 30

---

300 g de pâte feuilletée surgelée

10 grosses pommes golden pas trop mûres

200 g de sucre en poudre

120 g de beurre

1/4 de c. à café d'extrait d'amande

Crème glacée pour accompagner (facultatif)

---

1 Décongeler la pâte feuilletée en suivant les indications du mode d'emploi.

2 Pendant ce temps, peler et épépiner les pommes après avoir coupé chaque fruit en deux dans le sens de la longueur.

3 Dans une poêle de 25 cm épaisse, avec un manche en métal (ou recouvert d'une bonne couche de papier d'aluminium), faire chauffer à feu moyen le sucre, le beurre et l'extrait d'amande jusqu'à ce que le beurre fonde, en remuant de temps en temps (ne pas utiliser de margarine, car elle se sépare du beurre à la cuisson). Le sucre ne doit pas être complètement dissous. Retirer la poêle du feu.

4 Disposer soigneusement les demi-pommes en cercles concentriques dans la poêle, en les serrant les unes contre les autres.

5 Remettre la poêle à feu moyen et porter à ébullition ; laisser bouillir 20 à 40 min, selon la quantité de jus rendu par les pommes, jusqu'à ce que le mélange de beurre et de sucre se caramélise. Retirer du feu.

6 Préchauffer le four à 230 °C (th. 7).

7 Sur un plan de travail légèrement fariné, avec un rouleau à pâtisserie fariné, abaisser la pâte en un disque de 30 cm.

8 Disposer délicatement la pâte sur les moitiés de pomme dans la poêle.

9 Avec une fourchette, faire glisser la pâte et la presser sur les bords de la poêle.

10 Pratiquer des incisions dans la pâte. Mettre au four pendant 20 à 25 min, jusqu'à ce que la croûte soit dorée. Retirer la poêle du four ; laisser refroidir sur une grille 10 min.

11 Retourner le plat de service sur la poêle ; en les tenant fermement serrés l'un contre l'autre, renverser la tarte sur le plat (faire cette opération au-dessus d'un évier, car la tarte peut dégager du jus).

POUR SERVIR
Servir la tarte Tatin chaude ou froide, avec de la crème glacée si on le désire.

Lorsque la tarte est retournée, les pommes sont caramélisées tout en conservant leur forme.

TARTE MINCEMEAT AUX POIRES

Pour 8 à 10 personnes
Préparation et cuisson : 2 h

La garniture croustillante souligne la douceur onctueuse du mincemeat et des poires.

Pâte
175 g de farine
30 g de sucre en poudre
120 g de beurre
1 œuf

Garniture croustillante
30 g de farine
20 g de sucre roux
30 g de beurre

Garniture au mincemeat
450 g de mincemeat (en vente dans les épiceries fines)
1 boîte de 400 g de moitiés de poire

1 Préparer la pâte : dans une terrine de taille moyenne, mélanger la farine et le sucre à l'aide d'une fourchette. Avec un malaxeur à pâte ou avec les doigts, incorporer le beurre jusqu'à consistance bien granuleuse. Ajouter l'œuf ; mélanger légèrement avec une fourchette jusqu'à ce que la pâte prenne consistance. (Vous pouvez aussi utiliser un robot ménager muni d'un couteau et mélanger la farine, le sucre et le beurre coupé en 8 morceaux jusqu'à consistance granuleuse, pendant environ 10 sec. Ajouter l'œuf ; mélanger pendant encore 15 sec, jusqu'à ce que la pâte se tienne et n'adhère plus aux parois du récipient.) Avec les mains, rouler doucement la pâte en boule. L'envelopper et la mettre au réfrigérateur pendant 1 h.

2 Préparer la garniture croustillante : dans une petite terrine, mélanger la farine et le sucre roux. Avec un malaxeur à pâte ou avec les doigts, incorporer le beurre jusqu'à obtenir une consistance granuleuse. Mettre au réfrigérateur.

3 Préchauffer le four à 180 °C (th. 5).

4 Sur un plan de travail légèrement fariné, avec un rouleau à pâtisserie fariné, abaisser la pâte en un disque débordant de 2,5 cm un moule à tarte de 23 cm à fond amovible.

5 Étaler la pâte dans le moule pour le tapisser uniformément ; découper le bord. Avec une fourchette, piquer la croûte pour éviter qu'elle ne se boursoufle ou ne se rétracte en cours de cuisson.

6 Recouvrir la pâte avec une feuille de papier d'aluminium et étaler dessus des haricots secs ; mettre au four pendant 10 min.

7 Retirer le papier d'aluminium et les haricots ; piquer de nouveau la pâte. Remettre au four encore 10 min. Retirer du four ; le régler à 220 °C (th. 6-7).

8 Avec une cuiller, verser le mincemeat sur le fond de tarte ; l'étaler régulièrement.

9 Égoutter les poires ; les éponger dans de l'essuie-tout. Couper chaque demi-poire dans le sens de la longueur en tranches épaisses de 5 mm, en prenant soin de laisser ensemble les tranches de chaque moitié. Disposer les poires sur le mincemeat, en écartant légèrement les tranches.

10 Avec une cuiller, saupoudrer uniformément les tranches de poire de garniture croustillante.

11 Mettre la tarte au four pendant 15 à 20 min, jusqu'à ce que la garniture soit chaude, et le reste doré. Faire refroidir dans le moule sur une grille.

12 Retirer les parois du moule. Servir tiède ou laisser refroidir complètement pour servir plus tard.

Écarter légèrement les tranches de poire pour former un cercle sur la couche de mincemeat.

TARTELETTES AUX FRUITS

Ces tartelettes garnies de fruits colorés recouverts d'un nappage brillant constituent des desserts de qualité. Voici quelques idées de présentation qui vous inspireront pour la réalisation de vos propres garnitures. Utilisez des moules à tartelette de formes variées, et choisissez de petits fruits entiers qui se prêtent au format des tartelettes, ou coupez de plus grands fruits pour les adapter. Faites la pâte en suivant la recette pour les fonds de tartelette (voir encadré, p. 159), laissez refroidir ceux-ci, puis garnissez-les de crème au citron (voir p. 162) ou de crème fouettée sucrée. Une fois les fruits disposés, nappez-les d'un peu de gelée fondue. Utilisez de la gelée de groseilles pour les fruits aux couleurs sombres, et de la confiture d'abricots tamisée pour les fruits clairs. Ce nappage délicat leur donne un éclat qui dure plusieurs heures.

Framboises et mûres

Myrtilles

Fraises

Orange et pamplemousse

Grains de raisin blanc et noir sans pépins

TARTES ET FLANS • 171

GARNITURE DE FRUITS

Choisir des fruits qui conviennent à la taille et à la forme de la tartelette. Des petits fruits entiers comme les fraises ou les grains de raisin peuvent être utilisés isolément ou regroupés pour les besoins de la garniture. Couper les plus gros fruits en dés ou en tranches pour les adapter aux tartelettes.

Les grains de raisin peuvent être laissés entiers ou coupés en deux, selon leur grosseur.

Les tranches de carambole sont toujours du meilleur effet.

La pulpe du fruit de la Passion peut décorer d'autres fruits.

TARTE SABLÉE AUX POIRES

- Pour 8 à 10 personnes
- Préparation et cuisson : 3 h

Garniture

30 g de sucre en poudre
1 c. à café de cannelle en poudre
30 cl de crème fraîche
2 jaunes d'œufs
800 g de demi-poires au sirop

Pâte sablée

215 g de farine
45 g de sucre en poudre
1/4 de c. à café de sel (facultatif)
90 g de beurre

La pâte sablée donne un fond sucré et onctueux.

Les tranches de poires, prises dans une crème aux œufs, sont parfumées à la cannelle.

1 Préparer la garniture : dans une terrine, mélanger à la fourchette le sucre et la cannelle ; réserver.

2 Dans une autre petite terrine, avec un fouet métallique ou une fourchette, battre la crème fraîche et les jaunes d'œufs jusqu'à consistance homogène ; couvrir et mettre au réfrigérateur.

3 Préchauffer le four à 200 °C (th. 6). Préparer la pâte sablée : dans une terrine de taille moyenne, avec une fourchette, mélanger la farine, le sucre et éventuellement le sel. Avec un malaxeur à pâte ou les doigts, incorporer le beurre jusqu'à consistance granuleuse.

4 Avec la main, appliquer la pâte sablée sur le fond et les parois d'un plat à tarte peu profond, de 25 cm.

5 Égoutter les poires et les éponger dans de l'essuie-tout. Les couper en tranches, puis les disposer dans le plat à tarte, en écartant légèrement les tranches.

6 Avec une cuiller, poudrer uniformément les poires avec le mélange de sucre et de cannelle.

7 Mettre la tarte au four pendant environ 5 min, jusqu'à ce que le mélange de sucre et de cannelle soit fondu.

8 En laissant le plat sur la grille du four, verser avec précaution le mélange de crème et d'œufs sur les poires.

9 Faire cuire au four 20 à 30 min jusqu'à ce que le dessus soit doré ; la lame d'un couteau enfoncée doit ressortir propre et sèche.

10 Laisser la tarte refroidir dans le plat sur une grille. Servir tiède, ou couvrir et mettre au réfrigérateur pour servir plus tard.

LINZERTORTE AUX ABRICOTS

  Pour 8 personnes
Préparation et cuisson : 3 h

Garniture
350 g d'abricots secs
25 cl de jus d'orange
100 g de sucre en poudre

Pâte à la poudre d'amandes
120 g d'amandes en poudre
265 g de farine
200 g de sucre en poudre
175 g de beurre ramolli
30 g de cacao en poudre
1 c. à café de cannelle en poudre
1 c. à café de zeste de citron râpé
1 œuf
Sucre glace

1 Préparer la garniture : mettre les abricots dans une grande casserole, ajouter le jus d'orange, le sucre et *25 cl d'eau* ; porter à ébullition. Faire cuire à découvert à feu moyen pendant 30 min, jusqu'à ce que les abricots deviennent très tendres, et que le liquide soit complètement absorbé, en remuant fréquemment.

2 Passer tout le mélange au moulin à légumes ou à travers une passoire dans une terrine ; couvrir et mettre au réfrigérateur.

3 Graisser généreusement un moule à tarte ou à flan à fond amovible, de 28 cm.

4 Préparer la pâte à la poudre d'amandes : dans une grande terrine, avec un batteur électrique, battre les amandes, la farine, le sucre en poudre, le beurre, le cacao, la cannelle, le zeste de citron et l'œuf jusqu'à consistance homogène, en raclant de temps en temps les bords de la terrine.

5 Diviser la pâte en deux parts ; appliquer une moitié sur le fond et les parois du moule. Verser la pâte aux abricots sur le fond de tarte.

6 Préchauffer le four à 200 °C (th. 6). Sur un plan de travail légèrement fariné, avec un rouleau à pâtisserie fariné, abaisser le restant de pâte en un disque de 25 cm. Avec un couteau, découper la pâte en bandes de 1,5 cm de large.

7 Disposer soigneusement la moitié des bandes de pâte sur la garniture d'abricots, à environ 1 cm d'intervalle les unes des autres.

8 Placer le reste des bandes en diagonale, au-dessus de la première rangée, à 1 cm les unes des autres.

9 Appuyer avec le doigt de chaque côté des croisements pour créer un effet de vannerie.

10 Presser le bout de chaque bande sur le rebord intérieur du moule.

11 Mettre la tarte au four pendant 10 min. Baisser le four à 180 °C (th. 5) ; faire cuire encore au four 20 min. Laisser refroidir sur une grille.

12 Pour servir, démonter les parois du moule, placer la tarte sur le plat de service. Poudrer le dessus de sucre glace, en ne parsemant que les bandes supérieures.

En utilisant un petit tamis et en procédant avec soin, le sucre glace ne couvrira que le dessus des croisillons, et l'aspect final sera superbe.

TARTE AUX CERISES FRAÎCHES

Pour 8 personnes
Préparation et cuisson : 2 h

---
1 fond de tarte de 25 cm (voir encadré, p. 159)
---
450 g de cerises
---
3 œufs
---
30 cl de crème fraîche
---
60 g de sucre en poudre
---
1 c. à café d'extrait d'amande
---

1 Préparer et mettre au four le fond de tarte en suivant bien toutes les indications de la recette. Une fois le fond sorti, réduire le four à 180 °C (th. 5).

2 Pendant ce temps, dénoyauter les cerises.

CRÈMES ET TARTES À LA CRÈME

Leur grande délicatesse les rend difficiles à cuire ; elles doivent être retirées du four dès que les bords sont pris, mais que le centre est encore moelleux.

Vérifier la cuisson
Lorsque la crème paraît prise, vérifier en enfonçant la lame d'un couteau à 2,5 cm du bord ; la cuisson de la crème est idéale si la lame ressort tout à fait propre et sèche. La crème continue à cuire une fois la tarte sortie du four. Au bout de 15 min environ, elle sera entièrement cuite.

3 Dans une grande terrine, avec un batteur électrique, battre les œufs avec la crème fraîche, le sucre et l'extrait d'amande jusqu'à consistance homogène.

4 Répartir les cerises sur la croûte, en formant des cercles concentriques.

La crème aux œufs, prise sur les bords, légèrement molle au centre, prendra une consistance moelleuse si on la laisse reposer 15 min.

5 Placer le moule sur la grille du four et verser lentement la crème aux œufs sur les cerises, en veillant à ne pas déplacer les fruits.

6 Mettre la tarte au four pendant 30 min, jusqu'à ce que la lame d'un couteau enfoncée au bord ressorte propre et sèche.

7 Laisser la tarte tiédir sur une grille.

8 Démonter les parois du moule. Servir la tarte tiède, ou la couvrir et la laisser refroidir pour la servir plus tard.

Les cerises juteuses et sucrées sont dénoyautées et noyées dans une crème aux œufs onctueuse et parfumée à l'amande.

FLAN AUX MYRTILLES OU AUX CERISES

Pour 8 à 10 personnes
Préparation et cuisson : 4 h

Pâte
215 g de farine
1 c. à café de sucre en poudre
3/4 de c. à café de sel (facultatif)
120 g de beurre ramolli
1 œuf

Garniture
6 œufs
200 g de sucre en poudre
45 cl de lait
15 cl de crème aigre
1 c. à café d'extrait de vanille
175 g de myrtilles ou de cerises dénoyautées, plus quelques-unes pour décorer (facultatif)
Sucre glace

1 Préparer la pâte : dans une terrine de taille moyenne, mélanger à la fourchette la farine, le sucre et éventuellement le sel. Avec un malaxeur à pâte ou les doigts, incorporer le beurre jusqu'à consistance granuleuse. Dans un bol, battre l'œuf à la fourchette ; l'ajouter à la pâte et mélanger délicatement jusqu'à ce qu'elle commence à bien se tenir, en ajoutant un peu d'eau si nécessaire. Avec les mains, rouler la pâte en boule. Envelopper et mettre au réfrigérateur pendant 1 h.

2 Sur un plan de travail légèrement fariné, avec un rouleau à pâtisserie fariné, abaisser la pâte en un disque débordant de 2,5 cm un plat à flan de 30 cm. Étaler dans le plat, pour le tapisser uniformément ; couper le bord. Avec une fourchette, piquer la pâte pour éviter qu'elle ne se boursoufle en cours de cuisson. Pour éviter à la pâte de rétracter à la cuisson, mettre la croûte au freezer pendant 15 min.

3 Préchauffer le four à 220 °C (th. 6-7). Recouvrir la pâte d'une feuille de papier d'aluminium, et étaler des haricots secs sur le fond.

4 Mettre la pâte au four pendant 20 min. Retirer les haricots et la feuille de papier d'aluminium, et piquer de nouveau la pâte. Remettre au four pendant 3 à 4 min jusqu'à ce que la pâte soit légèrement dorée et cuite (si elle se boursoufle, l'appuyer doucement contre le moule avec une cuiller).

5 Préparer la garniture : dans une grande terrine, avec un batteur électrique, battre les œufs et le sucre en poudre pendant environ 3 min, jusqu'à ce que le mélange devienne épais et jaune pâle. Incorporer peu à peu le lait, la crème aigre et l'extrait de vanille ; battre jusqu'à consistance homogène.

6 Disposer les fruits sur le fond de tarte. Les recouvrir doucement avec la crème aux œufs.

7 Mettre au four pendant 30 à 35 min, jusqu'à ce que la garniture soit prise et la pâte légèrement dorée ; couvrir avec une feuille de papier d'aluminium au bout de 20 min, pour éviter de laisser brûler.

8 Faire refroidir le flan dans son plat sur une grille.

Verser le mélange à base d'œufs sur les fruits.

Ici, la recette utilise des myrtilles, mais vous pouvez très bien prendre des cerises dénoyautées, de préférence noires, sucrées et juteuses.

Le flan est ici couronné de myrtilles et de sucre glace tamisé.

FLAN AUX ORANGES ET AUX AMANDES

 Pour 10 personnes
Préparation et cuisson : 2 h 15

Pâte au gingembre
150 g de farine
1/4 de c. à café de sel
1/4 de c. à café de gingembre en poudre
1 c. à soupe de sucre en poudre
60 g de beurre

Garniture
2 œufs
225 g de pâte d'amandes
12,5 cl de crème fraîche
2 oranges moyennes
2 c. à soupe de sirop de sucre
60 g de sucre en poudre

1. Préparer la pâte : dans une terrine de taille moyenne, mélanger à la fourchette la farine, le sel, le gingembre et le sucre. Avec un malaxeur à pâte ou les doigts, incorporer le beurre en l'émiettant jusqu'à consistance granuleuse.

2. Ajouter 2 à 3 c. à soupe d'eau froide, une cuillerée à la fois, en mélangeant délicatement avec une fourchette après chaque ajout jusqu'à ce que la pâte soit juste assez humidifiée pour se tenir. La rouler en boule puis l'envelopper. Mettre au réfrigérateur pendant 1 h.

3. Préchauffer le four à 190 °C (th. 5-6). Sur un plan de travail légèrement fariné, à l'aide d'un rouleau à pâtisserie fariné, abaisser la pâte en un disque débordant de 2,5 cm d'un moule à tarte de 24 cm à fond amovible. Étaler la pâte dans le moule ; couper le bord.

4. Préparer la garniture : dans une grande terrine, avec un batteur électrique, battre les œufs, la pâte d'amandes avec la crème fraîche jusqu'à consistance lisse, en raclant la terrine de temps en temps avec une spatule en caoutchouc.

5. Verser cette crème sur la pâte. Mettre au four pendant 35 min, jusqu'à ce que la garniture et la croûte soient dorées. Laisser refroidir quelque temps dans le moule sur une grille.

6. Pendant que le flan refroidit, préparer les zestes d'orange confits : avec un économe, découper le zeste des oranges en fins rubans. Couper en languettes de l'épaisseur d'une allumette.

7. Avec un couteau, retirer la peau blanche des oranges ; découper la membrane qui sépare les quartiers, et les détacher du centre. Les éponger sur de l'essuie-tout ; réserver.

8. Dans une casserole de taille moyenne, à feu moyen, mélanger les zestes d'orange, le sirop de sucre, le sucre et 5 c. à soupe d'eau ; porter à ébullition en remuant fréquemment. Réduire un peu le feu ; faire cuire pendant 15 min, jusqu'à ce que les zestes soient bien tendres.

9. Avec une fourchette, retirer les zestes d'orange et les ranger sur une seule couche sur une grille, pour les égoutter.

10. Badigeonner le flan avec le sirop de sucre qui reste dans la casserole.

11. Démonter soigneusement les parois du moule ; faire glisser le flan sur le plat de service.

> **POUR SERVIR**
> Disposer les zestes d'orange confits sur le pourtour du flan, et les quartiers d'orange au centre.

Les languettes de zeste confites sont disposées en disque autour des quartiers d'orange pour décorer agréablement ce délicieux flan.

TARTE AUX NOIX

  Pour 8 personnes
Préparation et cuisson : 3 h

Pâte sucrée

215 g de farine
40 g de farine de maïs
60 g de sucre en poudre
175 g de beurre
1 œuf
1 c. à soupe de lait

Garniture

150 g de sucre en poudre
25 cl de crème fraîche
90 g de miel liquide
450 g de cerneaux de noix grossièrement hachés

La pâte sucrée donne à cette tarte décorée de croisillons une agréable couleur dorée et souligne le goût des noix de la garniture.

1 Préparer la pâte sucrée : dans une grande terrine, mélanger à la fourchette la farine, la farine de maïs et le sucre. Avec un malaxeur à pâte ou les doigts, incorporer le beurre en l'émiettant jusqu'à consistance granuleuse.

2 Ajouter l'œuf à la pâte et mélanger délicatement avec une fourchette jusqu'à ce que le mélange prenne consistance.

3 Avec les mains, appliquer les deux tiers de la pâte sur le fond et contre les parois d'un moule à charnière de 25 cm jusqu'à une hauteur de 3 cm.

4 Mettre le moule et le restant de pâte au réfrigérateur pendant la préparation de la garniture.

5 Préparer la garniture : dans une grande poêle, faire chauffer le sucre à feu moyen, sans le remuer, jusqu'à ce qu'il commence à fondre. Faire cuire, en remuant constamment, pendant 6 à 8 min, jusqu'à ce qu'il soit doré. Retirer alors la poêle du feu ; incorporer doucement et avec précaution la crème fraîche. Remettre la poêle sur feu moyen ; laisser cuire pendant 5 min, jusqu'à consistance lisse, en remuant fréquemment.

6 Retirer la poêle du feu ; incorporer le miel jusqu'à consistance homogène, puis ajouter les noix hachées et mélanger intimement.

Ajouter les noix à la garniture.

7 Laisser légèrement refroidir le mélange quelque temps dans la poêle.

8 Préchauffer le four à 180 °C (th. 5). Verser en couche régulière le mélange aux noix dans le moule. Sur un plan de travail légèrement fariné, avec un rouleau à pâtisserie fariné, abaisser le restant de pâte en un rectangle de 25 x 12,5 cm ; découper dans le sens de la longueur des bandelettes de 1 cm de large.

9 Tordre les bandelettes de pâte et les disposer en croisillons sur la garniture.

10 Badigeonner légèrement les croisillons avec le lait. Mettre la tarte au four pendant 45 min, jusqu'à ce qu'elle soit dorée. Laisser refroidir dans le moule sur une grille.

11 Pour servir, démonter avec soin les parois du moule. Servir tiède, ou laisser refroidir. Dans ce cas, couvrir et mettre au réfrigérateur pour servir plus tard.

TARTE AUX POMMES

Cette appétissante tarte aux pommes est un grand classique de la pâtisserie. Elle est très facile à préparer mais prenez soin de bien couper les pommes en tranches très fines et veillez à les disposer en cercles superposés.

- Pour 8 à 10 personnes
- Préparation et cuisson : 4 h

Pâte
150 g de farine
75 g de beurre ramolli
30 g de sucre en poudre
1/8 de c. à café de sel (facultatif)

Garniture
6 grosses pommes à couteau
120 g de confiture d'abricots
1 c. à café de jus de citron

1 Préparer la pâte : dans une terrine, mélanger à la fourchette la farine, le beurre, le sucre, le sel, et *2 c. à soupe d'eau froide*. Avec les doigts, malaxer jusqu'à consistance homogène, en ajoutant un peu plus d'eau si nécessaire.

2 Appliquer la pâte sur le fond et les parois d'un moule à tarte de 23 cm à fond amovible ; réfrigérer.

3 Préparer la garniture : peler et évider 3 pommes et les couper en morceaux. Dans une casserole, les faire cuire avec la moitié de la confiture et *4 c. à soupe d'eau* jusqu'à ce que les pommes soient bien tendres.

4 Dans un robot ménager, écraser ces morceaux de pomme en purée lisse. Verser dans une casserole de taille moyenne qui n'attache pas ; faire cuire, sans couvrir, jusqu'à ce que la compote soit très épaisse, en remuant fréquemment pour éviter qu'elle attache.

5 Peler les 3 pommes qui restent. Couper chaque pomme en quartiers ; enlever la partie centrale.

Évider les pommes.

GARNITURE DE LA TARTE

Verser la compote de pommes : étaler la compote sur le fond de tarte, puis la lisser régulièrement avec le dos de la cuiller.

Ranger les tranches de pomme : commencer par le centre en les faisant se chevaucher.

Disposer les tranches restantes : les mettre autour en les faisant se chevaucher en rangs serrés, de façon à couvrir complètement la compote.

Badigeonner : avec un pinceau, recouvrir uniformément les tranches de pomme de confiture d'abricots chaude.

6 Couper chaque quartier dans le sens de la longueur en tranches de 3 mm.

7 Dans une grande terrine, mélanger délicatement les tranches de pomme avec le jus de citron.

8 Préchauffer le four à 200 °C (th. 6).

9 Garnir la croûte avec la compote de pommes et recouvrir celle-ci avec les tranches de pomme (voir encadré, p. 178).

10 Mettre le flan au four pendant 45 min, jusqu'à ce que les tranches de pomme soient bien tendres et dorées. Transférer alors le moule sur une grille.

11 Dans une petite casserole, faire fondre le restant de confiture d'abricots ; la passer au tamis, si on le désire.

12 Badigeonner uniformément les tranches de pomme (voir encadré, p. 178). Laisser la tarte refroidir dans son moule sur une grille.

13 Pour servir, démonter le moule avec soin.

TARTE AU CARAMEL ET AUX NOIX

- Pour 8 personnes
- Préparation et cuisson : 3 h

Garniture
- 225 g de cerneaux de noix (ou noix de pecan)
- 135 g de sucre en poudre
- 30 cl de crème fraîche
- 15 g de beurre

Pâte
- 300 g de farine
- 30 g de sucre en poudre
- 1/2 c. à café de sel (facultatif)
- 175 g de beurre

Glaçage au chocolat
- 175 g de chocolat à cuire cassé en morceaux
- 60 g de beurre

La tarte est retournée après cuisson ; le dessus est alors glacé, puis décoré à la poche à douille.

1 Préparer la garniture : mettre de côté 10 cerneaux de noix pour le décor ; hacher finement le reste, et réserver.

2 Dans une casserole de taille moyenne, à feu vif, mélanger le sucre et *4 c. à soupe d'eau* ; porter à ébullition en remuant fréquemment, jusqu'à ce que le sucre soit dissous. Réduire le feu ; faire cuire ce sirop pendant environ 10 min jusqu'à ce qu'il prenne une teinte ambrée. Retirer la casserole du feu ; y verser la crème fraîche lentement et avec précaution. Remettre la casserole sur le feu ; faire cuire jusqu'à ce que le caramel se dissolve, en remuant de temps en temps. Monter à feu vif et laisser cuire en remuant fréquemment pour faire épaissir en laissant bouillir.

3 Retirer la casserole du feu ; ajouter les noix hachées et le beurre. Mélanger et laisser refroidir.

4 Préparer la pâte : dans une terrine de taille moyenne, mélanger à la fourchette la farine, le sucre et éventuellement le sel. Avec un malaxeur à pâte ou les doigts, incorporer le beurre en l'émiettant jusqu'à consistance granuleuse. Ajouter 4 à 6 c. à soupe d'eau froide, une cuillerée à la fois, en mélangeant délicatement avec une fourchette après chaque ajout jusqu'à ce que la pâte prenne consistance. Avec les mains, la rouler en boule.

5 Préchauffer le four à 200 °C (th. 6). Sur un plan de travail légèrement fariné, avec un rouleau à pâtisserie fariné, abaisser la pâte en un disque débordant d'environ 5 cm d'un moule à tarte de 20 cm à fond amovible. Étaler uniformément la pâte dans le moule, en laissant déborder 2,5 cm de pâte.

6 Avec une cuiller, verser le mélange sur la pâte. Abaisser le restant de pâte en un disque de 19 cm ; le placer sur le mélange aux noix ; replier par-dessus la partie qui déborde ; presser doucement pour sceller le tout.

7 Mettre la tarte au four pendant 40 min, jusqu'à ce qu'elle soit un peu dorée. Laisser refroidir la tarte sur une grille, dans son moule.

8 Quand la tarte a refroidi, préparer le glaçage au chocolat : dans une terrine au bain-marie, faire chauffer les morceaux de chocolat et le beurre, en remuant fréquemment, jusqu'à consistance lisse et homogène. Retirer la terrine de la casserole ; laisser un peu refroidir.

9 Retourner avec précaution la tarte sur le plat de service ; ôter le moule. Avec une cuiller, verser 4 c. à soupe de glaçage au chocolat dans une poche munie d'une petite douille ; étaler le reste sur le dessus et les côtés de la tarte. Disposer les noix de pecan ou les cerneaux de noix sur le dessus. Dessiner à la poche à douille des filets de chocolat pour décorer la tarte. Laisser prendre le chocolat pendant environ 15 min avant de servir.

TARTE À LA CRÈME AU CITRON

Pour 8 personnes
À préparer la veille et à mettre au frais

Pâte
90 g de beurre ramolli
45 g de sucre en poudre
1/2 c. à café de zeste de citron râpé
1 jaune d'œuf
120 g de farine

Garniture
4 œufs
4 jaunes d'œufs
17,5 cl de jus de citron
190 g de sucre en poudre
60 g de beurre
2 c. à soupe de confiture d'abricots
Tranches de citron pour décorer

1 Préparer la pâte : dans une terrine de taille moyenne, avec un batteur électrique, battre le beurre, le sucre et le zeste de citron jusqu'à consistance bien homogène ; incorporer le jaune d'œuf. Ajouter la farine et mélanger intimement. Rouler la pâte en boule ; envelopper et mettre environ 1 h au réfrigérateur.

2 Préchauffer le four à 220 °C (th. 6-7). Sur un plan de travail légèrement fariné, avec un rouleau à pâtisserie fariné, abaisser la pâte en un disque débordant de 2,5 cm d'un moule à tarte de 23 cm à fond amovible. Étaler la pâte dans le moule de manière à le tapisser entièrement ; couper régulièrement le bord. Avec une fourchette, piquer la pâte en de nombreux endroits, pour éviter qu'elle ne se boursoufle ou ne se rétracte à la cuisson. Recouvrir la pâte d'une feuille de papier d'aluminium puis étaler une couche de haricots secs.

3 Mettre la pâte au four pendant 10 min ; retirer les haricots et la feuille d'aluminium, et piquer de nouveau le fond. Remettre au four pendant 5 min, jusqu'à ce que la croûte soit dorée (si la pâte se boursoufle, appuyer doucement dessus contre le moule avec une cuiller). Laisser refroidir la croûte dans son moule sur une grille.

4 Préparer la garniture : dans une casserole qui n'attache pas, avec un fouet métallique ou une fourchette, battre les œufs entiers et les jaunes jusqu'à consistance homogène ; incorporer le jus de citron et 150 g de sucre. Faire cuire à feu moyen, en remuant constamment, jusqu'à ce que le mélange épaississe et nappe la cuiller, pendant environ 15 min (ne pas laisser bouillir). Ajouter le beurre et remuer pour le faire fondre.

5 Verser la crème au citron sur la croûte cuite.

6 Mettre au réfrigérateur toute la nuit pour que la garniture soit tout à fait ferme et bien glacée.

Les tranches de citron sont travaillées avec un couteau à canneler pour former des roues dentelées (voir p. 62).

7 Environ 1 à 2 h avant de servir, préchauffer le gril au maximum. Couvrir les bords de la tarte avec une feuille de papier d'aluminium pour éviter qu'ils ne brûlent. Poudrer uniformément la crème au citron avec le reste de sucre en poudre.

8 Placer la tarte sous le gril pendant 6 à 8 min, jusqu'à ce que le sucre fonde et commence à dorer en formant une croûte brillante. (Attention : ne pas laisser roussir.) Laisser refroidir, puis mettre au réfrigérateur.

9 Démouler la tarte. Faire fondre la confiture, et la passer au tamis. Abricoter le dessus de la tarte et décorer avec des tranches de citron.

FLAN AU RAISIN ET AUX KIWIS

Pour 8 personnes
Préparation et cuisson : 3 h 30

1 fond de tarte de 25 cm (voir encadré, p. 159)
60 g de sucre en poudre
25 g de farine
1 c. à soupe de gélatine en poudre
2 œufs
1 jaune d'œuf
45 cl de lait
1/2 c. à café d'extrait d'amande
225 g de grains de raisin blanc ou noir sans pépins
3 kiwis de taille moyenne
15 cl de crème fraîche
2 c. à soupe de gelée de groseilles

1 Préparer et faire cuire au four le fond de tarte en suivant la recette ; laisser refroidir sur une grille.

2 Pendant ce temps, préparer la garniture : dans une casserole de taille moyenne à fond épais, mélanger le sucre, la farine et la gélatine. Dans une petite terrine, avec un fouet métallique ou une fourchette, battre les œufs entiers et le jaune avec le lait jusqu'à consistance bien homogène ; verser ce mélange dans la casserole. Laisser reposer pendant 5 min pour ramollir la gélatine.

3 Faire cuire à feu moyen, en remuant constamment, jusqu'à ce que le mélange épaississe et nappe bien la cuiller, pendant environ 15 min (ne pas laisser bouillir).

4 Retirer la casserole du feu ; incorporer l'extrait d'amande. Laisser refroidir, puis couvrir et mettre au réfrigérateur pendant 1 h, en remuant de temps en temps, jusqu'à ce que le mélange soit légèrement pris quand on le verse avec une cuiller.

5 Pendant ce temps, couper chaque grain de raisin en deux dans le sens de la longueur. Peler et couper les 3 kiwis en tranches assez fines. Mettre de côté.

6 Dans une petite terrine, battre la crème fraîche jusqu'à consistance ferme. Avec une spatule en caoutchouc ou un fouet métallique, incorporer la crème fouettée à la crème prise.

7 Démonter avec précaution les parois du moule à flan ; faire glisser le fond de tarte sur le plat de service. Disposer les grains de raisin, face coupée dessous, ainsi que les tranches de kiwi sur la crème en réalisant un motif décoratif.

8 Dans une petite casserole, faire fondre la gelée de groseilles à feu moyen en remuant de temps en temps. Avec un pinceau à pâtisserie, badigeonner soigneusement les fruits avec cette gelée. Mettre le flan au réfrigérateur environ 1 h, jusqu'à ce que la garniture soit complètement prise.

La gelée de groseilles fondue donne un joli brillant aux fruits.

PÂTISSERIES

Toutes les pâtisseries présentées ici sont réalisées avec des pâtes différentes, qui, associées à des garnitures variées, forment un choix très vaste et original de desserts aussi attirants à l'œil qu'agréables au palais. La pâte sablée fondante peut être utilisée pour des chaussons ou bien pour des fruits en croûte.

La pâte feuilletée donne de magnifiques tourtes, des tartes et des chaussons. La pâte à choux, légère et moelleuse, reçoit de savoureuses garnitures, crème fouettée ou glace. Quant aux délicieux desserts allant du strudel autrichien aux baklavas orientaux, ils sont faits dans un feuilletage fin comme du papier à cigarettes.

POIRES EN CROÛTE À LA CRÈME

Pour 6 personnes
Préparation et cuisson : 1 h 30

Garniture
- 15 g de sucre en poudre
- 1/4 de c. à café de cannelle en poudre
- 3 poires williams de taille moyenne
- 6 clous de girofle

Pâte
- 215 g de farine
- 120 g de beurre ramolli
- 250 g de fromage blanc très ferme, sucré
- 1 blanc d'œuf

Crème
- 1 jaune d'œuf
- 45 cl de crème fraîche
- 4 c. à café de farine de maïs
- 45 g de sucre en poudre
- 1/4 de c. à café d'extrait d'amande

1 Préparer la garniture : dans un bol, mélanger à la fourchette le sucre et la cannelle ; réserver. Peler les poires. Couper chaque poire en deux dans le sens de la longueur ; enlever la partie centrale.

2 Préparer la pâte : dans une terrine de taille moyenne, bien mélanger la farine, le beurre et le fromage blanc ; malaxer avec les doigts jusqu'à consistance homogène.

3 Sur un plan de travail légèrement fariné, avec un rouleau à pâtisserie fariné, abaisser la moitié de la pâte sur 3 mm d'épaisseur. En utilisant comme patron une assiette de 18 cm, découper 3 disques ; réserver les chutes.

4 Poudrer les disques de pâte avec la moitié du mélange de sucre et de cannelle. Placer une moitié de poire, coupe vers le haut, sur chaque disque de pâte. Enrouler soigneusement un disque de pâte autour d'une moitié de poire. Pincer les bords pour sceller.

5 Disposer les poires enveloppées, côté scellé dessous, sur un grand plat non graissé allant au four. Répéter ainsi la même opération avec les autres poires et tout le restant de pâte.

6 Préchauffer le four à 190 °C (th. 5-6). Abaisser de nouveau les chutes de pâte ; les découper en feuilles. Badigeonner la pâte et les feuilles avec du blanc d'œuf.

7 Mettre les poires au four pendant 35 min, jusqu'à ce que la croûte soit dorée. Les poser sur une grille et laisser tiédir.

8 Pendant ce temps, préparer la crème : dans une casserole de taille moyenne, mélanger le jaune d'œuf, la crème fraîche, la farine de maïs et le sucre.

9 Faire cuire à feu moyen, en remuant continuellement, pendant environ 5 min, jusqu'à ce que le mélange épaississe et nappe la cuiller. Retirer la casserole du feu ; incorporer l'extrait d'amande. Laisser la crème tiédir.

> *POUR SERVIR*
> *Répartir la crème à la cuiller dans 6 assiettes à dessert. Disposer une poire au centre de la crème ; enfoncer un clou de girofle à la pointe de chaque poire pour simuler la queue. On peut aussi mettre les poires et la crème séparément au réfrigérateur pour servir froid.*

La pâte au fromage blanc fond délicieusement dans la bouche. C'est l'écrin idéal pour une poire bien sucrée.

JALOUSIE AUX POIRES

- Pour 8 personnes
- Préparation et cuisson : 1 h 30

Pâte
450 g de pâte feuilletée surgelée
1 œuf
Sucre en poudre

Garniture
6 poires moyennes
45 g de baies de cassis
100 g de sucre en poudre

Pour servir
Crème à la cannelle (voir encadré, ci-dessous)

Les poires en tranches sont dissimulées derrière les croisillons de cette jalousie.

Servir le feuilleté en tranches sur des assiettes individuelles, car il est difficile de trouver un plat correspondant à la taille de ce dessert.

1 Décongeler la pâte feuilletée en suivant le mode d'emploi.

2 Pendant ce temps, préparer la garniture aux poires : laver les poires, enlever leur partie centrale, et les couper en fines tranches (sans les peler). Dans une grande terrine, mélanger les tranches de poire avec le cassis et le sucre en poudre.

3 Préchauffer le four à 220 °C (th. 6-7). Sur un plan de travail légèrement fariné, avec un rouleau à pâtisserie fariné, abaisser 225 g de pâte en un rectangle de 33 x 25 cm ; le poser sur un grand plat non graissé allant au four.

4 Sur un plan de travail légèrement fariné, avec un rouleau à pâtisserie fariné, abaisser le reste de pâte en un rectangle de 35 x 28 cm ; poudrer légèrement de farine. Plier la pâte en deux dans le sens de la longueur.

5 Couper la pâte en travers du côté plié jusqu'à 2,5 cm du côté non plié, à intervalles de 1 cm.

6 Dans un bol, avec une fourchette, battre l'œuf et 1 c. à café d'eau. Verser doucement les poires dans le plat sur la pâte, à environ 2,5 cm des bords. Badigeonner les bords de la pâte avec un peu d'œuf battu.

7 Disposer le morceau de pâte plié sur la garniture, avec la pliure au centre ; déplier la pâte. Presser les bords de la pâte pour sceller.

8 Badigeonner toute la pâte avec le reste de l'œuf battu ; poudrer légèrement de sucre en poudre. Mettre au four pendant 30 min, jusqu'à ce que la pâte soit bien dorée.

9 Pendant la cuisson du feuilleté, préparer la crème à la cannelle.

10 Découper le feuilleté en tranches ; servir chaud ou laisser refroidir sur une grille pour servir plus tard. Proposer séparément la crème à la cannelle.

CRÈME À LA CANNELLE

Dans une grande casserole, à feu vif, mélanger *35 cl de crème fraîche, 2 c. à soupe de sucre en poudre* et *1 c. à café de cannelle en poudre*. Porter à ébullition en remuant de temps en temps. Laisser bouillir jusqu'à ce que la crème ait réduit à environ 30 cl. Passer la crème dans un compotier. Laisser la crème tiédir légèrement pour la servir tout de suite, ou la conserver au réfrigérateur pour la servir bien froide plus tard.

CHAUSSON AUX FRUITS SECS

 Pour 8 personnes
Préparation et cuisson : 4 h

Garniture
225 g de figues sèches grossièrement hachées
150 g de dattes dénoyautées grossièrement hachées
120 g d'abricots secs grossièrement hachés
30 g de raisins de Smyrne
2 c. à soupe de jus de citron
1 c. à café de cannelle en poudre
100 g de sucre en poudre
120 g de cerneaux de noix hachés

Pâte
300 g de farine
30 g de sucre en poudre
1 c. à café de sel (facultatif)
175 g de beurre
1 œuf
1 c. à soupe de lait

1 Préparer la garniture : dans une casserole, à feu vif, mélanger les figues, les dattes, les abricots, les raisins, le jus de citron, la cannelle, le sucre et *60 cl d'eau* ; porter à ébullition. Réduire à feu moyen ; laisser mijoter à découvert en remuant de temps en temps pendant 30 min, jusqu'à ce que le mélange soit épais. Retirer la casserole du feu ; ajouter les noix hachées. Laisser refroidir au moins 1 h.

2 Pendant ce temps, préparer la pâte : dans une terrine de taille moyenne, mélanger à la fourchette la farine, le sucre et le sel. Avec un malaxeur à pâte ou les doigts, incorporer le beurre en l'émiettant jusqu'à consistance granuleuse. Ajouter *5 à 6 c. à soupe d'eau froide*, une cuillerée à la fois, en mélangeant délicatement avec une fourchette après chaque ajout jusqu'à ce que la pâte prenne consistance. Avec les mains, rouler la pâte en boule. Envelopper et mettre au réfrigérateur jusqu'à ce que la garniture de fruits secs soit refroidie.

3 Préchauffer le four à 220 °C (th. 6-7). Mettre de côté un peu de pâte pour confectionner les feuilles et les baies. Sur un plan de travail légèrement fariné, avec un rouleau à pâtisserie fariné, abaisser la pâte qui reste en un rectangle d'environ 40 x 30 cm.

Les tranches, servies en portions généreuses, laissent apparaître la garniture de fruits secs, sucrée et moelleuse.

4 Poser le rectangle de pâte sur un plat allant au four, non graissé. Étaler dans le sens de la longueur la garniture de fruits secs au milieu du rectangle en formant une bande de 10 cm de large à 6 cm de chaque bord. Replier un des grands côtés du rectangle sur la garniture, puis enrouler pour enfermer la garniture, côté scellé en dessous. Plier la pâte par en dessous à chaque extrémité du chausson.

5 Dans un bol, battre à la fourchette l'œuf et le lait. Badigeonner le chausson avec un peu de ce mélange. Pratiquer quelques entailles peu profondes sur le dessus du chausson. Sur un plan de travail fariné, avec un rouleau à pâtisserie fariné, abaisser le restant de pâte. Confectionner les feuilles et les baies en pâte, et les disposer au-dessus du chausson ; badigeonner avec le reste de dorure à l'œuf.

6 Mettre le chausson au four pendant 25 à 30 min, jusqu'à ce que la pâte soit dorée. Transférer le chausson sur une grille pour qu'il refroidisse totalement. Servir à température ambiante.

CHAUSSONS AUX POMMES

 Pour 8 chaussons
Préparation et cuisson : 5 h

Pâte feuilletée
300 g de farine
1 c. à café de sel (facultatif)
225 g de beurre
1 œuf

Garniture
2 grosses pommes à cuire
100 g de sucre en poudre
1 c. à soupe de farine de maïs
1 c. à café de jus de citron
1/4 de c. à café de cannelle en poudre

Décor
Glaçage (voir encadré, ci-dessous)

Ces triangles de pâte feuilletée renferment des pommes parfumées à la cannelle et au citron ; on étale le glaçage juste avant de servir.

1 Préparer la pâte : dans une terrine de taille moyenne, mélanger à la fourchette la farine et le sel si on en utilise. Avec un malaxeur à pâte ou les doigts, incorporer la moitié du beurre en l'émiettant jusqu'à consistance granuleuse. Arroser le mélange avec *12,5 cl d'eau froide*, une cuillerée à la fois, en mélangeant délicatement avec une fourchette après chaque ajout jusqu'à ce que la pâte prenne consistance. Avec les mains, rouler la pâte en boule.

2 Sur un plan de travail légèrement fariné, avec un rouleau à pâtisserie fariné, abaisser la pâte en un rectangle de 45 x 20 cm. Couper 60 g de beurre en très fines lamelles.

3 En partant de l'un des côtés de 20 cm, disposer soigneusement les lamelles de beurre sur les deux tiers du rectangle jusqu'à environ 1 cm du bord de la pâte.

4 Replier le tiers sans beurre sur le tiers du milieu.

5 Replier le côté opposé de la pâte par-dessus, de manière à former un rectangle de 20 x 15 cm.

6 Abaisser de nouveau la pâte en un rectangle de 45 x 20 cm. Couper en lamelles le restant du beurre et procéder tout comme aux trois étapes précédentes. Envelopper la pâte et la mettre au réfrigérateur pendant 1 h.

7 Abaisser de nouveau la pâte en un rectangle de 45 x 20 cm. Plier le rectangle dans le sens de la longueur, puis dans le sens de la largeur ; envelopper et mettre au réfrigérateur pendant 1 h.

8 Pendant ce temps, préparer la garniture : peler et évider les pommes, les couper en tranches. Dans une petite casserole, faire cuire les pommes à feu moyen avec le sucre, la farine de maïs, le jus de citron et la cannelle, jusqu'à ce qu'elles soient bien tendres. Mettre de côté pour faire refroidir.

9 Préchauffer le four à 230 °C (th. 7). Couper la pâte en deux par le travers. Sur un plan de travail légèrement fariné, avec un rouleau à pâtisserie fariné, en abaisser une moitié en un carré de 30 cm (conserver le restant de pâte au réfrigérateur) ; couper en 4 carrés de 15 cm. Dans un bol, avec une fourchette, battre l'œuf et *1 c. à soupe d'eau* ; badigeonner les carrés de pâte avec un peu de ce mélange.

10 Avec une cuiller, verser un huitième du mélange aux pommes au centre de chaque carré ; plier en deux en diagonale et presser les bords pour sceller. Disposer sur un plat non graissé allant au four ; mettre au réfrigérateur. Recommencer la même opération avec le reste des ingrédients.

11 Badigeonner avec soin les chaussons d'œuf battu. Mettre au four pendant 20 min jusqu'à ce que la pâte soit dorée. Laisser refroidir sur une grille.

12 Préparer le glaçage ; l'étaler à l'aide d'une cuiller sur les chaussons ; laisser prendre avant de servir.

GLAÇAGE

Dans une petite terrine, mélanger *60 g de sucre glace tamisé* et environ *1 c. à soupe d'eau*.

CHAUSSONS AUX FRUITS ET À LA CRÈME

Pour 6 chaussons
Préparation et cuisson : 2 h

225 g de pâte feuilletée surgelée
325 g de sucre en poudre
15 cl de crème fleurette
30 cl de crème fraîche
300 g de framboises

1 Décongeler la pâte en suivant le mode d'emploi.

2 Préchauffer le four à 220 °C (th. 6-7). Sur un plan de travail légèrement fariné, avec un rouleau à pâtisserie fariné, abaisser la pâte en un rectangle de 24 x 20 cm. Avec un couteau aiguisé, ôter une fine tranche, large d'environ 5 mm, de chaque côté de la pâte (les bords fraîchement coupés gonflent mieux). Découper soigneusement la pâte en 6 rectangles.

3 Disposer les rectangles sur un grand plat non graissé allant au four. Mettre au four pendant 15 min, jusqu'à ce que la pâte soit gonflée et dorée. Laisser refroidir sur une grille.

4 Environ 30 min avant de servir, préparer une sauce au caramel : dans une grande casserole, à feu moyen, mélanger 300 g de sucre et *5 c. à soupe d'eau* ; porter à ébullition en remuant fréquemment. Faire cuire, sans remuer, jusqu'à ce que le mélange prenne une couleur caramel. Retirer la casserole du feu ; incorporer petit à petit la crème fleurette (le mélange à base de sucre va durcir). Faire cuire à feu moyen, en remuant constamment, jusqu'à ce que la sauce au caramel prenne une consistance homogène ; garder la sauce au chaud.

5 Dans une petite terrine, avec un batteur à vitesse moyenne, battre la crème fraîche avec le reste de sucre jusqu'à obtenir une consistance homogène.

6 À l'aide d'un couteau-scie, couper en deux avec précaution chaque rectangle de pâte feuilletée complètement refroidie dans l'épaisseur.

7 Étaler uniformément la crème fouettée sur la moitié de chaque rectangle de pâte feuilletée.

8 Disposer régulièrement les framboises sur la crème fouettée. Garder quelques fruits pour décorer.

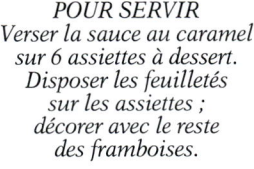

Couper les rectangles de pâte en deux.

9 Placer avec soin les dessus de pâte sur la crème fouettée et les framboises.

> POUR SERVIR
> Verser la sauce au caramel sur 6 assiettes à dessert. Disposer les feuilletés sur les assiettes ; décorer avec le reste des framboises.

FEUILLETÉS AUX FRUITS FRAIS

Ces magnifiques feuilletés sont garnis de crème et de fruits juteux et colorés. Ces préparations savoureuses et originales fondent littéralement dans la bouche. Voici deux idées de mélange de fruits tout à fait délicieux : fraises, pommes, raisin et kiwis frais ; mandarines et pêches au sirop. Vous choisirez en fonction de la saison.

Pour 16 feuilletés
La pâte peut être préparée une semaine à l'avance ; préparation et cuisson des feuilletés : 3 h

Pâte feuilletée
550 g de farine
1 c. à café de sel (facultatif)
450 g de beurre froid
1 œuf battu

Garniture
30 cl de crème fraîche
30 g de sucre en poudre
1/4 de c. à café d'extrait d'amande
Fruits frais ou en boîte
Feuilles de menthe pour décorer

POUR FAIRE LES FEUILLETÉS

1 Replier en diagonale un carré de pâte de manière à former un triangle.

2 En partant du côté replié, découper une bande de 1 cm de chaque côté du triangle, en laissant 1 cm de pâte non coupée à la pointe du triangle afin que les bandes restent attachées.

3 Déplier le triangle. Relever les deux bandes libres et en glisser soigneusement une sous l'autre, en tirant doucement pour faire coïncider les coins. Sceller les pointes de pâte avec une goutte d'eau.

1 Préparer la pâte : dans une terrine moyenne, à l'aide d'une fourchette, mélanger éventuellement la farine et le sel. Avec un malaxeur à pâte ou les doigts, incorporer 120 g de beurre en l'émiettant jusqu'à consistance granuleuse. Ajouter *25 cl d'eau froide*, quelques cuillerées à soupe à la fois, en mélangeant délicatement avec une fourchette après chaque ajout, jusqu'à formation d'une pâte molle (ajouter plus d'eau si nécessaire, une cuillerée à la fois).

2 Avec les mains, rouler la pâte en boule. Envelopper et mettre au réfrigérateur pendant 30 min.

3 Pendant ce temps, entre 2 feuilles de papier sulfurisé, abaisser le restant de beurre en un carré de 15 cm environ ; envelopper et mettre au réfrigérateur.

4 Sur un plan de travail légèrement fariné, avec un rouleau à pâtisserie fariné, abaisser la pâte en un carré de 30 cm environ.

5 Placer le beurre en diagonale au centre de la pâte ; replier les coins de la pâte sur le beurre, afin que les extrémités se rejoignent au centre, en se chevauchant légèrement.

6 Presser la pâte avec un rouleau à pâtisserie afin de bien la sceller.

7 Abaisser en un rectangle de 45 x 30 cm. Replier un tiers vers le centre, puis replier le tiers opposé sur le premier pour former un rectangle sur 3 couches de 30 x 15 cm.

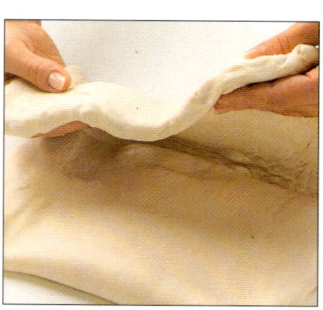

8 Presser le rectangle de pâte avec le rouleau à pâtisserie pour sceller. Faire faire un quart de tour à la pâte. Abaisser la pâte en un rectangle de 37,5 x 20 cm ; replier en trois, afin de former un rectangle de 20 x 12,5 cm. Envelopper et mettre au réfrigérateur, pendant au moins 1 h.

9 Recommencer, en abaissant la pâte en un rectangle de 37,5 x 20 cm et en le repliant en trois, le tout 2 fois. Envelopper et mettre au réfrigérateur pendant 2 h.

10 Recommencer à abaisser, replier et mettre la pâte au réfrigérateur encore 2 fois, soit 6 fois en tout. Après, bien envelopper la pâte et mettre au réfrigérateur au moins 4 h (et jusqu'à 1 semaine) avant de l'utiliser.

11 Couper la pâte en deux en travers. Sur un plan de travail fariné, avec un rouleau à pâtisserie fariné, abaisser la moitié de pâte en un rectangle de 51 x 26 cm, en soulevant doucement la pâte de temps en temps.

12 Avec un couteau bien aiguisé ou une roulette à pâtisserie, découper les bords pour faire un rectangle de 50 x 25 cm.

13 Couper le rectangle en 8 carrés de 12,5 cm ; les disposer sur un grand plat allant au four. Mettre au réfrigérateur pendant environ 30 min.

14 Recommencer avec le restant de pâte, ou envelopper et congeler le restant de pâte (jusqu'à 6 mois) ; décongeler la pâte toute une nuit au réfrigérateur avant de l'utiliser.

15 Confectionner les feuilletés (voir encadré, p. 188). Mettre au réfrigérateur pendant 30 min.

16 Préchauffer le four à 200 °C (th. 6). Mettre les feuilletés au four pendant 20 min. Abaisser le four à 190 °C (th. 5-6) ; badigeonner les bords avec l'œuf battu. Remettre au four encore 20 min, jusqu'à ce que le centre des feuilletés soit légèrement doré. Laisser refroidir sur une grille.

17 Dans une petite terrine, fouetter la crème fraîche avec le sucre et l'extrait d'amande jusqu'à consistance souple. Garnir les feuilletés de crème fouettée ; couronner de fruits et décorer avec des feuilles de menthe fraîche.

On peut réaliser un joli décor avec des fraises, des mandarines et des feuilles de menthe.

Pommes, kiwis, pêches et raisin s'harmonisent avec bonheur.

BAKLAVAS

Pour 24 baklavas
Préparation et cuisson : 3 h 30

450 g de cerneaux de noix finement broyés
100 g de sucre en poudre
1 c. à café de cannelle en poudre
450 g de pâte à phyllo fraîche ou surgelée (en vente dans les épiceries grecques ou turques)
225 g de beurre fondu
350 g de miel liquide

Le beurre fondu et le miel donnent aux couches superposées de pâte à phyllo et de noix hachées tout leur moelleux et leur douceur.

1 Dans une grande terrine, mélanger à la fourchette les noix, le sucre et la cannelle ; mettre de côté.

2 Couper les feuilles de pâte à phyllo en rectangles de 33 x 23 cm. Placer une feuille dans un plat allant au four graissé ; badigeonner avec un peu de beurre fondu. Recommencer avec d'autres feuilles et du beurre jusqu'à ce qu'il y ait 6 feuilles superposées dans le plat.

3 Étaler soigneusement par-dessus un quart du mélange aux noix.

4 Répéter les étapes 2 et 3 pour former 3 autres couches (4 couches en tout). Placer le reste de pâte à phyllo sur la dernière couche de noix ; badigeonner avec du beurre.

5 Préchauffer le four à 150 °C (th. 4). Couper légèrement les premières couches pour marquer 24 parts triangulaires (couper 3 bandes dans le sens de la longueur, puis 4 dans le sens de la largeur ; découper en diagonale chaque rectangle).

6 Mettre au four pendant environ 1 h 25, jusqu'à ce que le dessus soit doré.

7 Dans une casserole, faire chauffer le miel à feu moyen jusqu'à ce qu'il soit brûlant, mais sans laisser bouillir. Verser le miel sur les baklavas chauds.

AUTRES FORMES

Pour varier, on peut découper les baklavas en losanges, ce qui, d'ailleurs, correspond à la recette d'origine.

Baklavas en losanges
À l'étape 5, avec un couteau aiguisé, découper les premières couches pour former des losanges (couper 4 bandes dans le sens de la longueur, puis couper régulièrement des bandes parallèles en diagonale).

8 Laisser refroidir les baklavas dans le plat sur une grille pendant au moins 1 h ; couvrir avec une feuille de papier d'aluminium et laisser à température ambiante jusqu'au moment de servir.

9 Pour servir, finir de découper les triangles avec un couteau aiguisé.

Arroser les baklavas de miel à l'aide d'une cuiller.

STRUDEL AUX POMMES

  Pour 10 personnes
Préparation et cuisson : 2 h

3 grosses pommes à cuire
100 g de sucre en poudre
75 g de raisins de Smyrne
60 g de cerneaux de noix broyés
1/2 c. à café de cannelle en poudre
1/4 de c. à café de muscade râpée
Environ 75 g de chapelure
225 g de pâte à phyllo fraîche ou surgelée (en vente dans les épiceries grecques ou turques)
120 g de beurre fondu
Sucre glace pour poudrer

Le sucre glace est tamisé sur le dessus du strudel, ce qui permet de masquer les craquelures de la pâte.

1 Graisser un grand plat allant au four. Peler et évider les pommes ; les couper en tranches fines. Dans une terrine, mélanger les pommes avec le sucre en poudre, les raisins de Smyrne, les noix, la cannelle, la muscade et 25 g de chapelure.

2 Découper 2 fois 60 cm de papier sulfurisé. Placer côte à côte les 2 grands côtés, en les faisant se chevaucher d'environ 5 cm ; les fixer avec un ruban adhésif.

3 Sur une feuille de papier sulfurisé, disposer une feuille de pâte à phyllo. (Elle doit former un rectangle de 43 x 30 cm ; si nécessaire, découper ou faire se chevaucher de petits morceaux de pâte pour arriver à ce format.) Badigeonner avec un peu de beurre fondu.

4 Poudrer cette pâte avec 1 c. à soupe rase de chapelure. Continuer à superposer les couches, en badigeonnant chaque couche de beurre fondu et en saupoudrant une feuille sur deux de chapelure.

5 Préchauffer le four à 190 °C (th. 5-6). Verser le mélange aux pommes en suivant le côté long du rectangle de pâte à 1 cm des bords, de manière à recouvrir environ la moitié du rectangle.

Verser le mélange aux pommes sur la pâte à phyllo.

6 En partant du côté où se trouve le mélange aux pommes, replier la pâte comme un gâteau roulé, en s'aidant du papier sulfurisé.

7 Placer le rouleau sur un plat allant au four, côté rabattu en dessous. Badigeonner avec le restant de beurre fondu. Mettre au four pendant 40 min, jusqu'à ce que ce soit doré. Laisser refroidir sur le plat pendant environ 30 min.

192 • PÂTISSERIES

CYGNES EN CHOUX À LA CRÈME

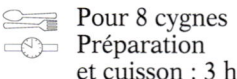
Pour 8 cygnes
Préparation et cuisson : 3 h

Pâte à choux (voir encadré, ci-dessous à droite)
30 cl de crème fraîche
15 cl de crème anglaise

Tout droit sortis d'un conte de fées, les cygnes en choux à la crème sont fourrés d'un savoureux mélange de crème fouettée et de crème anglaise.

1 Préchauffer le four à 190 °C (th. 5-6). Préparer la pâte à choux. Verser un peu de pâte à choux dans une poche à grande douille (environ 1 cm de diamètre). Sur une grande plaque de four graissée, déposer 8 « points d'interrogation » longs de 7,5 cm, pour les cous des cygnes, en faisant une petite protubérance au début de chacun pour simuler la tête.

Dessiner des points d'interrogation pour le cou des cygnes.

2 Verser le restant de pâte par grandes cuillerées, avec une spatule en caoutchouc, de manière à former 8 monticules distants de 7,5 cm les uns des autres sur la plaque du four.

3 Avec un doigt légèrement humide, arrondir délicatement la pâte.

4 Faire cuire les cous des cygnes et les choux pendant 20 min, jusqu'à ce que la pâte soit dorée ; transférer les cous sur une grille et laisser refroidir.

5 Continuer à faire cuire les choux pendant 45 à 50 min, jusqu'à ce qu'ils soient dorés ; les transférer alors sur une grille, puis les laisser refroidir.

6 Lorsque les choux sont refroidis, préparer la garniture : dans une petite terrine, fouetter la crème fraîche jusqu'à consistance ferme. Avec un fouet métallique ou une spatule en caoutchouc, la mélanger délicatement avec la crème anglaise.

7 Couper soigneusement le tiers supérieur de chaque chou ; réserver.

LA PÂTE À CHOUX

Dans une casserole de taille moyenne, à feu moyen, mélanger *120 g de beurre* et *25 cl d'eau*, et porter à ébullition. Retirer la casserole du feu. Ajouter immédiatement *150 g de farine* ; avec une cuiller en bois, mélanger vigoureusement jusqu'à ce que le mélange n'adhère plus aux parois et forme une boule. Ajouter *4 œufs*, un œuf à la fois, en battant bien avec une cuiller en bois après chaque ajout jusqu'à ce que la pâte à choux prenne une consistance douce et satinée.

8 Verser un peu de garniture dans chaque fond de chou (les corps des cygnes). Découper chaque partie supérieure en deux ; les placer sur la garniture pour faire les ailes. Mettre en place les cous. Réserver au réfrigérateur si on ne les sert pas immédiatement.

PARIS-BREST AU CHOCOLAT

- Pour 10 personnes
- Préparation et cuisson : 3 h

Pâte à choux (voir encadré, p. 192)

45 cl de crème fraîche

2 c. à soupe de cognac

Glaçage au chocolat (voir encadré, ci-contre)

GLAÇAGE AU CHOCOLAT

Dans une casserole épaisse qui n'attache pas, faire chauffer doucement *90 g de chocolat à cuire cassé en morceaux, 15 g de beurre, 1 1/2 c. à café de sirop de sucre* et *1 1/2 c. à café de lait*, en remuant souvent, jusqu'à consistance lisse.

1 Préchauffer le four à 200 °C (th. 6). Graisser et fariner un grand plat allant au four.

2 Préparer la pâte à choux. En utilisant une assiette de 17,5 cm comme guide, tracer un cercle sur la farine dans le plat. Verser la pâte par cuillerées bombées, en formant, à l'aide d'une spatule en caoutchouc, 10 monticules à l'intérieur du rond, de manière à constituer un anneau.

3 Faire cuire au four pendant 40 min jusqu'à ce que la pâte soit dorée. Éteindre le four ; laisser l'anneau dans le four pendant 15 min. Laisser refroidir sur une grille.

4 Avec un grand couteau-scie, fendre l'anneau en deux dans l'épaisseur.

5 Dans une petite terrine, battre la crème fraîche jusqu'à consistance ferme ; incorporer le cognac. La verser dans la partie inférieure de l'anneau.

6 Remettre en place la partie supérieure.

7 Préparer le glaçage au chocolat ; avec une cuiller, napper délicatement le dessus des choux pour qu'ils aient un aspect lisse et luisant.

8 Mettre le Paris-Brest au réfrigérateur si vous ne le servez pas immédiatement.

Créé en 1891 par un pâtissier parisien, ce gâteau en forme de roue a été conçu en l'honneur d'une célèbre course cycliste entre Paris et Brest. Le plus souvent, cette couronne de pâte à choux est fourrée de crème pralinée.

POMMES EN CROÛTE AU CHEDDAR

  Pour 6 pièces
Préparation et cuisson : 2 h

Pâte

365 g de farine

1 c. à café de sel (facultatif)

175 g de beurre

120 g de cheddar râpé

1 œuf

6 clous de girofle entiers

Garniture

75 g de sucre roux

30 g de raisins de Smyrne

30 g de cerneaux de noix

60 g de beurre ramolli

1 c. à café de cannelle en poudre

6 petites pommes golden

Sauce

30 cl de jus de pomme

12,5 cl de sirop d'érable

POUR SERVIR
Servir les pommes en croûte sur des assiettes individuelles, avec la sauce chaude nappée sur le pourtour à l'aide d'une cuiller.

1 Préparer la pâte : dans une grande terrine, mélanger éventuellement à la fourchette la farine et le sel. Avec un malaxeur à pâte ou avec les doigts, incorporer le beurre en l'émiettant jusqu'à consistance granuleuse ; incorporer le fromage. Arroser le mélange avec *8 à 9 c. à soupe d'eau froide*, une cuillerée à la fois, en mélangeant délicatement avec une fourchette après chaque ajout jusqu'à ce que le mélange prenne consistance. Avec les mains, rouler soigneusement la pâte en boule.

2 Dans une petite terrine, mélanger délicatement à la fourchette le sucre roux, les raisins de Smyrne, les noix, le beurre et la cannelle.

3 Peler les pommes ; les évider avec précaution sans les couper entièrement.

4 Préchauffer le four à 200 °C (th. 6). Mettre de côté 45 g de pâte. Sur un plan de travail bien fariné, avec un rouleau à pâtisserie fariné, abaisser le restant de pâte en un rectangle de 52,5 x 35 cm. Couper la pâte en carrés de 17,5 cm de côté.

5 Dans un bol, battre vigoureusement à la fourchette l'œuf et *1 c. à café d'eau*. Placer une pomme au centre d'un carré de pâte.

6 Verser avec une cuiller un sixième du mélange aux fruits secs dans la cavité de la pomme. Badigeonner les coins du carré de pâte avec un peu d'œuf battu.

7 Ramener les coins du carré de pâte au-dessus de la pomme, en pinçant les bords pour bien les sceller.

8 Recommencer avec les pommes, la garniture et les carrés de pâte restants. Avec une pelle à tarte, placer délicatement les pâtisseries sur un plat allant au four graissé de 33 x 23 cm.

9 Sur un plan de travail fariné, avec un rouleau à pâtisserie fariné, abaisser la pâte mise de côté à une épaisseur de 5 mm. Découper 12 feuilles dans la pâte ; dessiner des nervures avec un couteau. Badigeonner la pâte avec un peu d'œuf battu ; appliquer 2 feuilles au sommet de chaque pomme et les badigeonner avec la dorure. Enfoncer les clous de girofle, côté rond en bas, dans les croûtes, pour simuler les queues. Mettre au four pendant 35 min.

10 Dans une terrine, mélanger le jus de pomme et le sirop d'érable à la cuiller ; verser sur les pommes en croûte. Les laisser au four pendant 15 min (couvrir de papier d'aluminium au bout de 5 min si elles dorent trop vite) en les arrosant de temps en temps avec la sauce du plat, jusqu'à ce que la pâte soit dorée et les pommes tendres quand on les perce avec une brochette.

PROFITEROLES GLACÉES, SAUCE FRAMBOISE

 Pour 18 profiteroles
Peuvent être préparées jusqu'à 1 mois à l'avance et conservées au freezer

Sauce
225 g de framboises surgelées
60 g de sucre en poudre
1 boule de glace à la vanille

Pâte à choux
60 g de beurre
75 g de farine
2 œufs

Garniture
60 g de chocolat à cuire cassé en morceaux
2 c. à soupe de lait
15 g de beurre
0,6 l de glace à la vanille
30 g de pistaches décortiquées et hachées

1 Poudrer les framboises de sucre ; les mettre de côté pour les décongeler. Préchauffer le four à 200 °C (th. 6). Graisser et fariner un grand plat allant au four.

2 Préparer la pâte à choux : dans une casserole de taille moyenne à feu moyen, mélanger le beurre et *12,5 cl d'eau* ; porter à ébullition. Retirer du feu. Ajouter immédiatement la farine ; avec une cuiller en bois, mélanger vigoureusement jusqu'à ce que le mélange n'adhère plus aux bords de la casserole et forme une boule. Ajouter les œufs peu à peu, un à la fois, en battant bien après chaque ajout jusqu'à ce que la pâte ait une consistance douce et satinée.

POUR SERVIR
Verser avec une cuiller la sauce aux framboises sur 6 assiettes à dessert ; disposer 3 profiteroles sur chaque assiette.

3 Déposer 18 c. à café de pâte sur le plat, à 5 cm d'intervalle.

4 Mettre au four pendant 30 min, jusqu'à ce que le tout soit doré. Éteindre le four et laisser gonfler à l'intérieur pendant 10 min. Laisser refroidir sur une grille.

5 Pendant que les choux refroidissent, préparer la sauce : au-dessus d'une terrine, avec le dos d'une cuiller, presser les framboises décongelées avec leur jus dans un tamis moyen ; enlever les pépins restés dans le tamis. Ajouter la glace à la purée de framboises ; mélanger. Couvrir cette sauce et mettre au réfrigérateur.

UNE AUTRE IDÉE POUR SERVIR

À la place de la sauce aux framboises, on peut servir les profiteroles glacées avec d'autres sauces aux fruits — fraises, abricots ou mangues. Cette sauce aux pêches est particulièrement bien venue, pour sa couleur et sa saveur.

Sauce aux pêches
Dans un robot ménager à basse vitesse, mélanger jusqu'à consistance homogène 450 g de pêches mûres, épluchées et dénoyautées, 1/4 de c. à café d'extrait d'amande et 1/8 de c. à café de muscade râpée.

6 Quand les choux sont refroidis, préparer le nappage : dans une casserole qui n'attache pas, faire chauffer, à feu moyen, les morceaux de chocolat avec le lait et le beurre, en remuant fréquemment, jusqu'à consistance lisse et homogène.

7 Couper chaque chou en deux horizontalement ; remplir soigneusement les moitiés du bas avec la glace ; replacer les moitiés supérieures. Napper les profiteroles avec le mélange de chocolat, et parsemer de noix. Mettre au freezer.

Les profiteroles, sur un lit de sauce aux framboises, sont arrosées de nappage au chocolat et parsemées de pistaches.

Puddings Chauds aux Fruits

Il s'agit ici de puddings simples et familiaux, très faciles à réaliser : des fruits sucrés et croustillants, recouverts d'une croûte de pâte sablée ou d'une couche de chapelure, de sucre et d'épices, comme le célèbre Brown Betty. On peut, au moment de servir, réchauffer les puddings à la même température que celle de la cuisson, ce qui restitue le goût de fraîcheur savoureuse qui les caractérise.

BROWN BETTY À LA BANANE

   Pour 4 personnes
        Préparation et cuisson : 40 min

2 grosses oranges
6 bananes moyennes
45 g de sucre en poudre
90 g de beurre
25 g de chapelure fraîche
20 g de flocons d'avoine
45 g de sucre roux
1/2 c. à café de cannelle
Crème fouettée (facultatif)

1 Râper 1 c. à café de zeste d'orange et presser 17,5 cl de jus d'orange. Couper les bananes en morceaux.

2 Dans une grande poêle, faire cuire à feu moyen le sucre en poudre, 3 c. à soupe de jus d'orange et 30 g de beurre en remuant fréquemment, jusqu'à ce que le mélange prenne une légère couleur caramel, pendant environ 3 à 4 min. Mélanger les morceaux de banane et le jus d'orange, de manière à bien enrober les bananes.

3 Retirer alors rapidement la poêle du feu ; mettre de côté. Préchauffer le four à 200 °C (th. 6).

4 Répartir soigneusement à l'aide d'une cuiller la moitié des bananes caramélisées dans 4 ramequins.

5 Les poudrer avec 1 c. à café de chapelure. Recouvrir avec le reste des bananes. Verser le jus d'orange sur les bananes dans chaque ramequin.

6 Dans le reste de la chapelure, ajouter les flocons d'avoine, le sucre roux, la cannelle et le reste du beurre ; mélanger avec les doigts jusqu'à consistance granuleuse ; recouvrir les bananes de ce mélange.

7 Mettre les ramequins dans un plat allant au four pour les manipuler plus facilement. Mettre au four pendant 15 min, jusqu'à ce que le dessus soit croquant et doré. Servir chaud, avec de la crème fouettée.

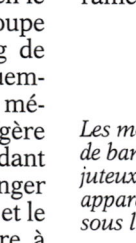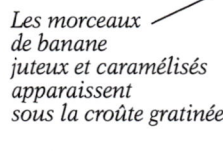

Verser les flocons d'avoine et la chapelure parfumés à la cannelle sur les bananes.

Les morceaux de banane juteux et caramélisés apparaissent sous la croûte gratinée.

PUDDINGS CHAUDS AUX FRUITS • 197

ENTREMETS AUX POMMES

CRUMBLE À LA RHUBARBE

 Pour 6 personnes
Préparation et cuisson : 50 min

| 700 g de rhubarbe |
| 1 c. à café de jus de citron |
| 100 g de sucre en poudre |
| Crème d'entremets ou crème à napper pour servir |
| **Pour le crumble** |
| 185 g de farine |
| 45 g de sucre en poudre |
| 120 g de beurre |

1 Laver la rhubarbe ; couper et enlever les feuilles et les parties décolorées. La couper en morceaux de 2,5 cm. Dans une casserole, à feu moyen, mélanger la rhubarbe, le jus de citron, le sucre et *4 c. à soupe d'eau* ; porter à ébullition. Réduire le feu ; couvrir et laisser mijoter pendant 10 min, jusqu'à ce que la rhubarbe soit bien tendre.

2 Préchauffer le four à 220 °C (th. 6-7). Pendant que la rhubarbe cuit, préparer le mélange sablé : dans une terrine de taille moyenne, mélanger la farine et le sucre avec une fourchette. Avec un malaxeur à pâte ou les doigts, incorporer le beurre en l'émiettant jusqu'à consistance granuleuse.

3 Verser la rhubarbe dans un plat de 20 cm allant au four. Saupoudrer légèrement de mélange sablé.

4 Mettre au four pendant 25 min, jusqu'à ce que la garniture soit dorée.

POUR SERVIR
Servir le crumble chaud avec de la crème anglaise ou fouettée.

 Pour 6 personnes
Préparation et cuisson : 1 h

| 225 g de sucre roux |
| 45 g de farine |
| 30 g de beurre |
| 1 c. à café de jus de citron |
| 1/4 de c. à café de cannelle en poudre |
| Une pincée de muscade râpée |
| 5 grosses pommes à cuire |
| Crème fouettée ou glace à la vanille (facultatif) |
| **Pâte** |
| 150 g de farine |
| 2 c. à café de levure |
| 45 g de beurre |
| 17,5 cl de lait |

1 Dans une petite casserole, mélanger le sucre roux et la farine, mouiller avec *25 cl d'eau*. Porter à ébullition à feu moyen en remuant constamment et faire cuire jusqu'à épaississement.

2 Retirer la casserole du feu. Incorporer le beurre, le jus de citron, la cannelle et la muscade.

3 Peler les pommes, retirer le cœur et les pépins ; les couper en fines tranches. Les disposer dans un plat allant au four de 30 x 20 cm ; verser la sauce sur les pommes.

4 Préchauffer le four à 190 °C (th. 5-6). Préparer la pâte : dans une terrine de taille moyenne, mélanger la farine et la levure. Avec un malaxeur à pâte ou avec les doigts, émietter le beurre en le mélangeant avec la farine jusqu'à consistance granuleuse. Ajouter le lait ; mélanger jusqu'à consistance lisse mais encore ferme.

5 Poser de grosses cuillerées égales de pâte sur le dessus des pommes, sans les couvrir complètement. Mettre au four pendant 40 min, jusqu'à ce que le dessus soit doré.

POUR SERVIR
Servir ces pommes avec de la crème ou de la glace, selon votre goût.

RAMEQUINS AUX PÊCHES

  Pour 4 ramequins
Préparation et cuisson : 1 h

4 grosses pêches
25 g de farine
60 g de sucre en poudre

Pâte à biscuits
120 g de farine
1 c. à café de levure
2 c. à café de sucre en poudre
45 g de beurre
6 c. à soupe environ de crème fraîche

1 Peler les pêches (voir encadré, p. 53) ; les couper en fines tranches. Dans une grande terrine, mélanger les pêches, la farine et le sucre. Les répartir dans 4 ramequins de 25 cl. Réserver.

2 Préparer la pâte à biscuits : dans une grande terrine, avec une fourchette, mélanger la farine, la levure et le sucre. Avec un malaxeur à pâte ou les doigts, émietter le beurre en l'incorporant jusqu'à une consistance granuleuse. Incorporer 5 c. à soupe de crème fraîche ; mélanger rapidement jusqu'à ce que la pâte soit ferme et ne colle pas à la terrine.

3 Préchauffer le four à 200 °C (th. 6). Sur un plan de travail saupoudré de farine, avec un rouleau à pâtisserie fariné, abaisser la pâte sur une épaisseur de 2 cm.

4 Avec un emporte-pièce fariné d'un diamètre inférieur de 5 mm à celui des ramequins, ou avec un couteau, découper 4 ronds.

Découper des ronds de pâte à biscuits pour garnir les ramequins.

5 Placer les ronds de pâte sur les pêches ; badigeonner les disques de pâte avec le reste de crème fraîche.

6 Rassembler les chutes de pâte, les abaisser et les découper pour décorer le dessus des ramequins.

7 Disposer les ramequins dans un plat allant au four pour les manipuler plus aisément. Mettre le plat au four pendant 15 à 20 min, jusqu'à ce que la compote commence à bouillonner et que la pâte à biscuits soit dorée.

Pour décorer les ramequins, de petits emporte-pièce permettent de découper diverses formes dans la pâte.

Biscuits et Viennoiserie
199-216

Biscuits et Viennoiserie

Les biscuits et la viennoiserie se consomment à l'heure du goûter, pour combler un petit creux au milieu de la journée, en accompagnement d'un dessert... bref, à chaque moment de la journée ! À l'époque des fêtes, les pains d'épice de Noël et les biscuits aux épices font la joie des petits et des grands. Les élégants sablés au chocolat et aux noix ou les sablés aux amandes sont parfaits pour servir avec le thé, ou le café à la fin d'un dîner. Les cigares au cognac et les gaufrettes en cœur sont aussi raffinés que succulents. N'hésitez pas à en offrir en cadeau gourmand à vos invités, qui se feront une joie d'en rapporter un petit paquet chez eux. Quant aux croissants aux abricots ou aux biscuits croquants, ils feront sans nul doute l'unanimité. Pour combler de délices votre famille et tous vos amis, mettez-vous à l'ouvrage...

SOMMAIRE

Cigares au cognac 202
Petits cœurs bicolores 203
Cookies de Noël 204
Amaretti au chocolat 206
Carrés cappuccino 206
Croissants aux abricots 207
Sablés au chocolat
  et aux noix 207
Beignets colimaçons 208
Beignets papillons 208
Beignets en étoiles 209
Gaufrettes en cœur 210
Biscuits croquants 210
Sablés aux amandes 211
Cookies au sésame 211
Biscuits aux épices 212
Feuilles d'érable 212
Biscuits aux graines
  de pavot 213
Moulins à vent 213
Petits pains d'épice
  de Noël 214
Pignoli 216
Croissants aux
  noisettes 216

Biscuits et viennoiserie

Vous trouverez entre autres, dans ce chapitre, de délicieuses recettes de biscuits pour le thé, de succulentes friandises pour le goûter et de superbes cookies pour les fêtes de Noël. Il s'agit de biscuits de toutes les formes, pour tous les goûts et toutes les occasions. Croustillants, croquants, fondants, aux noisettes, au chocolat, aux épices… Toutes les saveurs et toutes les consistances sont mises en valeur.

CIGARES AU COGNAC

- Pour 36 pièces environ
- Préparation et cuisson : 2 h

120 g de beurre
3 c. à soupe de mélasse
75 g de farine
100 g de sucre en poudre
1 c. à café de gingembre en poudre
2 c. à soupe de cognac

De délicieux biscuits au cognac, à servir avec le café et les liqueurs.

1 Préchauffer le four à 180 °C (th. 5). Tapisser une grande plaque à pâtisserie de papier sulfurisé. Dans une petite casserole, faire fondre à feu moyen le beurre avec la mélasse, en remuant de temps en temps. Retirer la casserole du feu. Incorporer à la cuiller la farine, le sucre, le gingembre et le cognac. Mettre la casserole à feu très doux et tenir le mélange au chaud.

2 Déposer 1 c. à café de pâte sur la plaque. L'étaler d'un mouvement circulaire en formant un disque de 10 cm de diamètre (pendant la cuisson, la pâte s'étale et égalise les parties les plus minces). Procéder de même afin de réaliser 3 autres disques sur la tôle.

3 Faire cuire 5 min, jusqu'à ce que les biscuits soient dorés. Retirer la plaque du four. Laisser tiédir un peu, le temps que les bords durcissent. Retourner vite les biscuits avec une spatule, pour que la texture alvéolée soit à l'extérieur lorsque les cigares seront roulés.

4 En travaillant le plus rapidement possible, rouler chaque disque encore un peu mou autour du manche d'une cuiller en bois (diamètre de 1 cm). Si les biscuits sont trop durs, les remettre quelques instants au four. Retirer le manche et laisser refroidir complètement sur une grille.

5 Recommencer la même opération jusqu'à épuisement de la pâte.

PETITS CŒURS BICOLORES

- Pour 30 pièces environ
- Préparation et cuisson : 4 h

60 g de chocolat à cuire cassé en morceaux
325 g de farine
175 g de beurre ramolli
1 c. à soupe de lait
1 1/2 c. à café de levure chimique
1 œuf
170 g de sucre en poudre

1 Dans un récipient au bain-marie, faire fondre le chocolat en remuant constamment, jusqu'à consistance lisse. Retirer du feu.

2 Dans un grand saladier, mélanger la farine, le beurre, le lait, la levure, l'œuf et 150 g de sucre. Travailler la pâte au mixeur, en raclant de temps en temps les bords du saladier. Modeler une boule entre les mains avec la moitié de la pâte. L'emballer et la mettre 2 h au réfrigérateur, ou 40 min au freezer. Elle sera plus facile à travailler.

3 Au mixeur, incorporer le chocolat fondu à la pâte restée dans le saladier. Rouler ce mélange en boule entre les mains. Emballer et mettre 2 h au réfrigérateur.

4 Graisser puis fariner 2 grandes plaques à pâtisserie. Abaisser la moitié de la boule blanche sur 3 mm d'épaisseur avec un rouleau légèrement fariné. Conserver le reste au réfrigérateur. Avec un emporte-pièce fariné de 8 cm environ, en forme de cœur, découper dans la pâte autant de biscuits que possible. Les disposer sur l'une des plaques, à 5 mm les uns des autres. Recommencer avec le reste de pâte blanche et les chutes. Faire la même opération avec la pâte au chocolat, disposer les cœurs sur la seconde plaque. Faire durcir au réfrigérateur pendant 20 min.

5 Préchauffer le four à 180 °C (th. 5). Au centre de chaque cœur, évider un tout petit cœur à l'aide d'un emporte-pièce de 2,5 cm. Réserver les petits cœurs. Découper dans ce qui reste de chaque grand cœur un cœur de taille moyenne, avec un emporte-pièce de 5 cm. À l'intérieur de chaque grand cœur, encastrer un cœur moyen, de couleur différente. Enfin, insérer au milieu de chaque cœur de taille moyenne l'un des petits cœurs réservés, en changeant de nouveau de couleur.

6 Poudrer les biscuits avec un peu de sucre. Faire cuire pendant 10 min, jusqu'à ce que la pâte blanche soit dorée. Transférer les biscuits sur une grille avec une spatule. Conserver les biscuits une fois refroidis dans un récipient hermétique.

Ces biscuits originaux ne sont-ils pas un cadeau idéal pour la Saint-Valentin ?

COOKIES DE NOËL

- Pour 48 pièces environ
- Peuvent être préparés plusieurs jours à l'avance et conservés au frais

525 g de farine
225 g de beurre ramolli
150 g de sucre en poudre
125 ml de mélasse
1 c. à soupe de jus de citron
2 œufs
Glaçage décoratif (voir encadré, à droite)

GLAÇAGE DÉCORATIF

Dans un grand saladier, mélanger au batteur électrique 450 g de sucre glace tamisé, 5 c. à soupe d'eau chaude et 1 ou 2 c. à soupe de blanc d'œuf. Arrêter le batteur électrique lorsque le mélange est bien épais (un couteau doit laisser une trace bien nette qui ne se referme pas). Répartir le glaçage dans plusieurs bols, et mélanger dans chacun un peu de *colorant alimentaire*. Couvrir les bols d'un linge humide ou de film plastique, pour éviter que le glaçage ne sèche.

1 Dans un grand saladier, mélanger la farine, le beurre, le sucre, la mélasse, le jus de citron et les œufs. Travailler la pâte au batteur électrique en raclant de temps en temps le saladier avec une spatule souple. Emballer cette pâte et la mettre 2 h au réfrigérateur, ou 40 min au freezer. La boule sera plus facile à travailler.

2 Préchauffer le four à 180 °C (th. 5). Sur un plan de travail fariné, abaisser au rouleau fariné le quart de la pâte sur 3 mm d'épaisseur. Remettre le reste de la pâte au réfrigérateur. Avec des emporte-pièce farinés, découper l'abaisse en différentes formes (ou bien utiliser un seul emporte-pièce rond, d'un diamètre de 7,5 cm). Ranger les biscuits sur une plaque à pâtisserie non graissée à 1 cm les uns des autres, en utilisant une spatule.

3 Faire cuire pendant 5 à 7 min, jusqu'à ce que les biscuits soient dorés. Les transférer sur une grille avec une spatule. Recommencer l'opération jusqu'à épuisement de la pâte.

4 Préparer le glaçage utilisé pour la décoration.

5 Ranger les cookies sur des plaques à pâtisserie tapissées de papier sulfurisé. Avec une petite spatule métallique, des pinceaux de plusieurs tailles et une poche à douille équipée de petites douilles lissées ou cannelées, créer sur les cookies des décors originaux avec le glaçage que l'on vient de préparer (s'il est trop épais pour être badigeonné, le diluer avec un peu d'eau). Mettre les biscuits de côté pendant 2 h environ, pour laisser durcir le glaçage. Conserver dans un récipient hermétique.

Clochettes
Avant la cuisson, percer un petit trou au sommet de chaque clochette. Lorsque les biscuits sont refroidis, les badigeonner de glaçage jaune, puis laisser sécher. Avec une poche à douille munie d'un petit embout, rehausser le jaune de motifs de couleurs différentes. Bien laisser sécher, puis passer un ruban ou un cordon dans chaque trou.

Guirlandes de houx
Badigeonner les biscuits de glaçage vert, puis laisser sécher. Avec une poche à douille munie d'un petit embout, rehausser le vert de zigzags blancs. Laisser sécher. Déposer quelques gouttes de glaçage rouge entre les lignes blanches, afin de simuler de petites baies.

Cadeaux de Noël
Avec une poche à douille munie d'un petit embout, inventer différents motifs ornementaux, en utilisant des glaçages de couleurs différentes, sur des biscuits de forme rectangulaire. On peut nouer des rubans autour des gâteaux.

Bonshommes de neige
Décorer les biscuits de glaçage blanc. Laisser bien sécher. Avec une poche à douille munie d'un petit embout, dessiner des chapeaux, des visages, des écharpes, des boutons, etc.

AMARETTI AU CHOCOLAT

- Pour 30 pièces environ
- Préparation et cuisson : 1 h 30

140 g d'amandes mondées, entières
100 g de sucre en poudre
2 blancs d'œufs
1 noisette de crème de tartre (en vente dans les drogueries)
1/2 c. à café d'extrait de vanille
1/2 c. à café d'extrait d'amande
15 g de cacao en poudre
50 g de sucre glace

1 Dans une grande poêle, faire dorer légèrement les amandes à feu moyen, en remuant souvent la poêle.

2 Avec un mixeur mélanger les amandes et la moitié du sucre en poudre, en procédant par saccades jusqu'à ce que les amandes soient finement broyées.

3 Préchauffer le four à 170 °C (th. 5). Tapisser une grande plaque à pâtisserie de papier sulfurisé ou de papier d'aluminium.

4 Dans un petit saladier, avec un batteur électrique à pleine vitesse, monter les blancs d'œufs et la crème de tartre en neige ferme. Incorporer progressivement le reste du sucre en poudre. Lorsque celui-ci est dissous, les blancs prennent un aspect brillant. Ajouter les extraits de vanille et d'amande, puis incorporer doucement le mélange aux amandes, le cacao en poudre et 30 g de sucre glace tamisé, avec une spatule souple ou un fouet.

5 Remplir à la cuiller une poche à douille (munie d'un embout de taille moyenne — 1 cm environ) avec la pâte. Déposer sur une plaque à pâtisserie de petits tas de 4 cm, espacés de 2,5 cm.

6 Faire cuire pendant 15 min, jusqu'à ce que les biscuits deviennent croustillants. Laisser refroidir pendant 10 min sur la plaque posée sur une grille. Avec une pelle à tarte, transférer les amaretti sur la grille pour qu'ils refroidissent complètement. Poudrer de sucre glace. Conserver dans un récipient hermétique.

CARRÉS CAPPUCCINO

- Pour 24 pièces
- Préparation et cuisson : 2 h

225 g de chocolat à cuire cassé en morceaux
225 g de beurre
700 g de sucre en poudre
6 œufs
225 g de cerneaux de noix
250 g de farine
30 g de café soluble
1/2 c. à café de cannelle en poudre
Sucre glace pour décorer

1 Préchauffer le four à 180 °C (th. 5). Graisser et fariner un moule à manqué de 33 x 23 cm.

2 Dans une casserole à fond épais qui n'attache pas, à feu doux faire fondre le chocolat et le beurre en remuant fréquemment, jusqu'à consistance lisse et homogène. Retirer la casserole du feu. Avec une cuiller ou un fouet, incorporer le sucre et les œufs. Quand le mélange est homogène, incorporer les noix hachées, la farine, le café soluble et la cannelle.

3 Verser la pâte dans le moule. Lisser le dessus. Faire cuire pendant 45 à 50 min, jusqu'à ce qu'une aiguille enfoncée au milieu du gâteau ressorte propre. Laisser refroidir complètement dans le moule sur une grille.

4 Quand le gâteau est froid, le découper en 6 tranches transversales, puis couper chaque tranche en 4 carrés. Retirer les carrés du moule avec une pelle à gâteau. Poudrer de sucre glace la moitié de chaque carré. Conserver dans un récipient hermétique, sans superposer.

CROISSANTS AUX ABRICOTS

- Pour 36 pièces
- Préparation et cuisson : 2 h 30

---

225 g de farine

275 g de beurre

175 g de crème aigre

120 g de confiture d'abricots

60 g de chocolat à cuire en petits copeaux (voir encadrés, p. 142)

30 g d'amandes effilées

30 g de sucre en poudre

---

1 Tamiser la farine dans un grand saladier. Avec un malaxeur à pâte ou les doigts, incorporer 225 g de beurre coupé en morceaux en l'émiettant, jusqu'à consistance granuleuse. Ajouter la crème aigre et travailler la pâte jusqu'à consistance homogène. La diviser en 3 parts. Les emballer et les mettre au réfrigérateur pendant 1 h, jusqu'à ce que la pâte soit bonne à travailler.

2 Sur une surface légèrement farinée, abaisser l'un des morceaux de pâte au rouleau à pâtisserie légèrement fariné pour former un disque de 27 cm de diamètre. Garder le reste de la pâte au réfrigérateur.

3 Étaler sur l'abaisse de pâte un tiers de la confiture d'abricots, puis un tiers des copeaux de chocolat. Découper ce disque en 12 parts égales. Rouler chaque part en croissant, en partant du bord externe. Poser les croissants, pointe dessus, sur une grande plaque à pâtisserie non graissée, à 4 cm les uns des autres. Recommencer la même opération avec le restant des ingrédients.

4 Préchauffer le four à 190 °C (th. 5-6). Dans une petite casserole, faire fondre à feu doux le reste du beurre. Retirer la casserole du feu. Mélanger dans un petit saladier les amandes et le sucre.

5 Badigeonner les croissants de beurre fondu, puis les parsemer d'amandes au sucre. Faire cuire pendant 25 min, jusqu'à ce qu'ils soient dorés. Avec une pelle à gâteau, les transférer immédiatement sur une grille pour les faire refroidir.

Ces mini-croissants à la pâte fondante, fourrés de chocolat et de confiture d'abricots, sont absolument exquis ! Les servir tièdes de préférence.

SABLÉS AU CHOCOLAT ET AUX NOIX

- Pour 18 pièces environ
- Préparation et cuisson : 2 h

---

180 g de farine

90 g de sucre glace tamisé

30 g de Maïzena

45 g de cerneaux de noix concassés

175 g de beurre

175 g de chocolat à cuire cassé en morceaux

---

1 Préchauffer le four à 170 °C (th. 5). Dans un grand saladier, mélanger à la fourchette la farine, le sucre glace, la Maïzena et les noix. Couper le beurre en petits dés, les ajouter dans le saladier. Malaxer avec les doigts pour obtenir un mélange homogène, et continuer à pétrir quelques instants.

2 Étaler la pâte sur une plaque à biscuit roulé de 28 x 18 cm. Faire cuire pendant 35 à 40 min, jusqu'à ce que la pâte prenne une couleur dorée. La couper aussitôt en 3 bandes longitudinales, puis recouper transversalement chaque bande en 6 rectangles égaux. Laisser refroidir complètement sur la plaque posée sur une grille. Décoller ensuite les biscuits avec une spatule.

3 Dans un récipient au bain-marie, faire fondre le chocolat en remuant constamment, jusqu'à consistance lisse. Retirer du feu. Tremper la moitié de chaque biscuit dans le chocolat fondu, jusqu'à la diagonale. Déposer sur une plaque à pâtisserie tapissée de papier sulfurisé ou de papier d'aluminium. Laisser durcir le chocolat en mettant les biscuits 15 min au réfrigérateur.

BEIGNETS COLIMAÇONS

- Pour 7 pièces
- Préparation et cuisson : 30 min

Huile pour friture
165 g de farine
17,5 cl de lait
1 c. à café de levure chimique
1 c. à café d'extrait d'amande
1 œuf
Sucre glace pour décorer

1 Faire chauffer l'huile dans une friteuse ou une poêle.

2 Pendant ce temps, mélanger soigneusement dans un saladier, au fouet à main ou à la fourchette, la farine, le lait, la levure chimique, l'extrait d'amande et l'œuf.

Ces beignets de pâte sont une spécialité américaine. Ils portent en anglais le nom de Funnel cakes *(funnel signifie entonnoir, ustensile nécessaire à leur confection).*

3 Prendre un entonnoir avec un embout large de 1 cm. Y verser 4 c. à soupe de pâte, en bouchant l'embout avec le doigt. Au-dessus de l'huile bouillante, ôter le doigt et dessiner une spirale de 15 cm de diamètre.

4 Retourner la spirale une fois avec une pince, et la retirer au bout de 3 à 5 min, lorsqu'elle est dorée. Égoutter sur de l'essuie-tout. Garder au chaud. Continuer jusqu'à épuisement de la pâte. Remuer la pâte à chaque fois avant de la faire cuire.

5 Poudrer de sucre glace avant de servir.

Le sucre glace rend ces beignets originaux encore plus savoureux.

BEIGNETS PAPILLONS

- Pour 40 pièces environ
- Préparation et cuisson : 4 h

2 œufs (calibre 6)
2 c. à soupe de sucre en poudre
2 c. à soupe de lait
185 g de farine
Huile pour friture
Sucre glace pour décorer

1 Casser les œufs dans un saladier de taille moyenne puis ajouter le sucre en poudre, le lait et 135 g de farine. Travailler à la cuiller en bois jusqu'à consistance homogène. Verser un peu de la farine restante pour donner de la consistance à la pâte. Modeler la pâte en boule entre les mains, l'emballer et la mettre au réfrigérateur pendant 2 h (ou 40 min au freezer), afin d'obtenir la bonne consistance.

2 Sur un plan de travail fariné, abaisser très finement la moitié de la pâte avec un rouleau à pâtisserie fariné. Garder le reste de pâte au réfrigérateur. Découper l'abaisse en rectangles de 10 x 4 cm. Tordre les rectangles en nœuds papillons en les pinçant fortement au milieu. Recommencer avec le reste de la pâte.

3 Faire chauffer l'huile dans une friteuse, ou une poêle profonde.

4 Déposer délicatement plusieurs nœuds papillons dans l'huile bouillante. Faire frire pendant environ 1 min 30, jusqu'à ce que les beignets soient dorés. Les égoutter et les éponger sur du papier absorbant. Faire frire les autres papillons. Laisser refroidir et conserver dans un récipient hermétique.

5 On peut poudrer les beignets de sucre glace pour décorer avant de servir.

BEIGNETS EN ÉTOILES

- Pour 32 pièces environ
- Préparation et cuisson : 4 h

3 œufs
400 g de farine
50 g de sucre en poudre
4 c. à soupe de lait
Huile pour friture
Sucre glace pour décorer

1 Casser les œufs dans un saladier. Ajouter la farine, le sucre en poudre, et le lait. Travailler à la cuiller en bois jusqu'à consistance homogène. Modeler la pâte en boule entre les mains, l'emballer et la mettre au réfrigérateur pendant 2 h (ou 40 min au freezer), afin d'obtenir la bonne consistance.

2 Couper la pâte en 32 morceaux. Sur un plan de travail légèrement fariné, abaisser avec un rouleau à pâtisserie fariné 16 morceaux de pâte en disques de 13 cm de diamètre. Couvrir les morceaux de pâte restants, et les mettre au réfrigérateur. Laisser les disques de pâte à l'air libre, le temps que le dessus soit sec.

3 Plier chaque disque en deux, du côté sec. Le replier en quatre, puis en huit. Avec un couteau ou des ciseaux, découper des petites encoches le long de chaque bord. Déplier ces « étoiles » et les mettre de côté à température ambiante. Pendant ce temps, continuer avec le reste de la pâte.

4 Faire chauffer l'huile dans une friteuse ou une poêle profonde.

5 Déposer délicatement plusieurs étoiles dans l'huile bouillante. Laisser frire pendant environ 1 min 30, jusqu'à ce que les beignets soient dorés. Les égoutter et les éponger sur de l'essuie-tout. Faire frire et égoutter les autres étoiles. Laisser refroidir et conserver dans un récipient hermétique.

6 On peut poudrer les beignets de sucre glace pour décorer avant de servir.

On obtient cette forme d'étoile en pliant et en découpant la pâte comme une feuille de papier. Pour bien réussir le pliage, il est essentiel de bien laisser sécher la surface de la pâte.

GAUFRETTES EN CŒUR

- Pour 48 pièces environ
- Préparation et cuisson : 2 h

250 g de farine
150 g de sucre en poudre
120 g de beurre fondu
2 c. à café de levure chimique
3 œufs

LES MOULES À GAUFRETTES

Les moules à gaufrettes sont électriques ou non, et ils existent en différentes formes et tailles. Il faut suivre précisément les instructions du mode d'emploi pour la quantité exacte de pâte à utiliser, et bien respecter le temps de cuisson.

1 Préchauffer un moule à gaufrettes de 17,5 cm de diamètre (circulaire ou permettant de découper 4 formes de cœur) en suivant le mode d'emploi du fabricant (voir encadré, en haut à droite).

2 Dans un grand saladier, mélanger tous les ingrédients au batteur électrique. Racler de temps en temps les bords du saladier à la spatule souple pour obtenir une pâte homogène.

3 Verser 2 c. à soupe de pâte dans le moule à gaufrettes. Couvrir et faire cuire en suivant le mode d'emploi (ne pas découvrir pendant la cuisson).

4 Découvrir et dégager la gaufrette avec une fourchette. Transférer sur une grille pour laisser refroidir. Continuer de même avec le reste de la pâte.

5 Lorsque les gaufrettes sont froides, les découper en 4 cœurs ou 4 portions.

Ces gaufrettes sont cuites dans un moule spécial. On peut également faire cuire la pâte dans une poêle et retourner à mi-cuisson.

BISCUITS CROQUANTS

- Pour 30 pièces environ
- Préparation et cuisson : 2 h

175 g de beurre ramolli
165 g de cassonade
1 c. à soupe de zeste de citron râpé
2 c. à café de levure chimique
1 œuf
260 g de flocons d'avoine à cuisson rapide
45 g d'amandes en poudre
2 jaunes d'œufs légèrement battus, ou un peu de lait

1 Verser les 5 premiers ingrédients dans un saladier. Les travailler pendant 10 min au batteur électrique, en raclant de temps en temps les bords du saladier à la spatule souple. Ajouter ensuite les flocons d'avoine puis les amandes. Pétrir le tout à la main jusqu'à consistance homogène et malléable.

2 Préchauffer le four à 180 °C (th. 5). Graisser 2 grandes plaques à pâtisserie. Entre 2 feuilles de papier sulfurisé, abaisser la moitié de la pâte sur 5 mm d'épaisseur. Avec un emporte-pièce de 6 cm de diamètre, découper autant de disques de pâte que possible. Les ranger sur les plaques à 2,5 cm les uns des autres. Badigeonner le dessus de jaune d'œuf ou de lait.

3 Faire cuire les biscuits pendant 12 min, jusqu'à ce qu'ils soient dorés. Avec une spatule, les transférer aussitôt sur une grille et laisser refroidir. Recommencer jusqu'à épuisement de la pâte. Conserver dans un récipient hermétique.

SABLÉS AUX AMANDES

- Pour 30 pièces environ
- Préparation et cuisson : 1 h 30

300 g de farine
300 g de beurre ramolli
150 g de Maïzena
150 g de sucre en poudre
1/2 c. à café d'extrait d'amande
60 g d'amandes effilées
Sucre glace ou sucre en poudre

1 Préchauffer le four à 170 °C (th. 5). Dans un robot ménager, mélanger la farine, le beurre, la Maïzena, le sucre en poudre et l'extrait d'amande jusqu'à consistance homogène.

2 Modeler la pâte en boule et la poser sur une plaque à biscuit roulé de 33 x 23 cm. Étaler la pâte avec les doigts sur le fond et contre les bords de la plaque (si la pâte est trop collante, la couvrir de film plastique avant de la travailler). La piquer à la fourchette sur toute la surface, parsemer d'amandes, et poudrer de sucre.

3 Faire cuire pendant 40 à 45 min, jusqu'à ce que la pâte soit légèrement dorée. La laisser tiédir dans le moule, puis la découper en une trentaine de portions. Laisser refroidir quelque temps sur la plaque, puis sur une grille. Quand les biscuits sont refroidis, les ranger dans un récipient hermétique.

Ces sablés aux amandes se conservent très longtemps. On peut en préparer une grande quantité à l'avance.

Les graines de sésame grillées donnent une saveur orientale à ces croustillants cookies.

COOKIES AU SÉSAME

- Pour 36 pièces environ
- Préparation et cuisson : 2 h

130 g de graines de sésame
300 g de farine
150 g de sucre en poudre
120 g de beurre ramolli
1 c. à café de levure chimique
1/2 c. à café d'extrait de vanille
1 œuf

1 Dans une grande poêle, faire dorer les graines de sésame à feu moyen, en les remuant souvent et en agitant la poêle. Retirer du feu et réserver.

2 Dans un grand saladier, mélanger la farine, le sucre, le beurre, la levure chimique, l'extrait de vanille, l'œuf et 2 c. à soupe d'eau. Mélanger les ingrédients au batteur électrique, en raclant de temps en temps le saladier avec une spatule souple. Incorporer la moitié des graines de sésame avec une cuiller en bois.

3 Préchauffer le four à 180 °C (th. 5). Façonner des ovales de 5 cm avec environ 2 c. à soupe de pâte. Les rouler dans le restant de graines de sésame. Les ranger sur des plaques à pâtisserie non graissées, à 2,5 cm les uns des autres.

4 Faire cuire pendant 20 min (ils doivent dorer légèrement). Avec une pelle à gâteau, transférer délicatement les cookies sur une grille pour qu'ils refroidissent. Les conserver dans un récipient hermétique.

BISCUITS AUX ÉPICES

  Pour 8 coupelles environ
 Préparation et cuisson : 2 h 30

250 g de farine
200 g de cassonade
60 g de beurre ramolli
1/4 de c. à café de bicarbonate de soude
1/4 de c. à café de cannelle en poudre
1/4 de c. à café de clous de girofle en poudre
1/4 de c. à café de gingembre en poudre
1 bonne pincée de poivre
1 œuf battu

1 Préchauffer le four à 190 °C (th. 5-6). Dans un grand saladier, mélanger tous les ingrédients au batteur électrique. Racler de temps en temps les flancs du saladier à la spatule souple. La pâte doit être homogène. Si elle est un peu trop friable, rajouter un peu d'œuf et pétrir légèrement jusqu'à bonne consistance. Modeler la pâte en boule.

2 Pour chaque biscuit, prendre une noix de pâte. Les façonner en boulettes en les roulant entre les mains. Ranger les biscuits sur des plaques à pâtisserie tapissées de papier sulfurisé, à 1 cm les uns des autres.

3 Faire cuire pendant 7 min jusqu'à ce que les biscuits soient dorés. Quand ils sont complètement refroidis, les ranger dans un récipient hermétique.

Ces biscuits canadiens au sirop d'érable sont parfaits avec le café ou le thé du matin.

Ces douces sucreries allemandes sont de délicieux petits fours à offrir avec le café et les liqueurs.

FEUILLES D'ÉRABLE

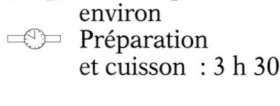 Pour 24 pièces environ
  Préparation et cuisson : 3 h 30

300 g de farine
120 g de beurre ramolli
75 g de cassonade
4 c. à soupe de sirop d'érable
1 c. à café de crème de tartre (en vente dans les drogueries)
1/2 c. à café de bicarbonate de soude
1 œuf

1 Dans un grand saladier, mélanger tous les ingrédients au batteur électrique, en raclant de temps en temps les flancs du saladier avec une spatule souple, jusqu'à consistance homogène.

2 Façonner la pâte en boule entre les mains. L'emballer et la mettre 1 h au réfrigérateur (ou 30 min au freezer). La boule sera plus facile à travailler.

3 Préchauffer le four à 180 °C (th. 5). Graisser et fariner une grande plaque à pâtisserie. Abaisser la moitié de la boule de pâte au rouleau à pâtisserie légèrement fariné sur 3 mm d'épaisseur. Garder le reste au réfrigérateur. Avec un emporte-pièce fariné en forme de feuille, découper dans la pâte des formes de 8 cm environ. Dessiner les nervures des feuilles avec la pointe d'un couteau. Ranger les feuilles sur la plaque à 2,5 cm les unes des autres.

4 Faire cuire 10 min, jusqu'à ce que la pâte soit dorée. Transférer les biscuits sur une grille avec une spatule. Recommencer avec le restant de pâte. Conserver dans un récipient hermétique.

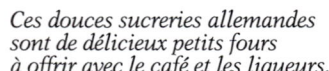

BISCUITS AUX GRAINES DE PAVOT

- Pour 30 pièces environ
- Préparation et cuisson : 4 h

50 g de sucre en poudre
90 g de beurre ramolli
135 g de farine
1/2 œuf battu
1/4 de c. à café d'extrait de vanille
30 g de cerneaux de noix
40 g de graines de pavot
45 g de miel
1/2 c. à café de zeste d'orange râpé
1 pincée de cannelle en poudre

1 Dans un grand saladier, mélanger pendant 10 min au batteur électrique le sucre et 60 g de beurre, jusqu'à consistance mousseuse, en raclant souvent le saladier avec une spatule souple. Ajouter la farine, l'œuf et l'extrait de vanille. Mélanger en raclant de temps en temps le saladier. Rouler la pâte en boule entre les mains, l'emballer puis la mettre au réfrigérateur pendant 1 h (ou 30 min au freezer), pour obtenir la bonne consistance.

2 Pendant ce temps, moudre finement les noix. Mélanger dans un petit saladier les noix, les graines de pavot, le miel, le zeste d'orange, la cannelle et le restant du beurre. Réserver.

3 Sur une feuille de papier sulfurisé, abaisser la pâte au rouleau légèrement fariné, en formant un rectangle de 25 x 20 cm. Étaler le mélange aux graines de pavot sur la pâte. La rouler comme un biscuit roulé en partant du petit bord du rectangle. L'emballer et la mettre au réfrigérateur pendant 1 h (ou 30 min au freezer), pour obtenir une consistance ferme qui permette de couper le rouleau en tranches.

4 Préchauffer le four à 190 °C (th. 5-6). Couper le rouleau en rondelles de 5 mm d'épaisseur. Poser ces rondelles à 1 cm les unes des autres, sur des plaques à pâtisserie non graissées.

5 Faire cuire pendant 10 à 12 min, jusqu'à ce que la pâte soit dorée. Transférer les biscuits sur une grille, avec une spatule. Lorsqu'ils sont complètement froids, les ranger dans un récipient hermétique.

Les graines de pavot dessinent une spirale parfumée au cœur de ces savoureux biscuits.

MOULINS À VENT

- Pour 36 pièces environ
- Préparation et cuisson : 3 h 30

300 g de farine
225 g de cassonade
120 g de beurre ramolli
1/2 c. à café de bicarbonate de soude
1 œuf
45 g de cerneaux de noix concassés

1 Dans un grand saladier, mélanger tous les ingrédients à l'exception des noix. Travailler au batteur électrique en raclant de temps en temps les flancs du saladier avec une spatule souple.

2 Façonner la pâte en boule entre les mains, l'emballer et la mettre au réfrigérateur pendant 1 h (ou 30 min au freezer), pour obtenir la bonne consistance.

3 Préchauffer le four à 180 °C (th. 5). Graisser et fariner une grande plaque à pâtisserie. Abaisser le tiers de la boule de pâte au rouleau à pâtisserie légèrement fariné, sur 3 mm d'épaisseur. Conserver le reste de la pâte au réfrigérateur. Avec un emporte-pièce de forme circulaire, fariné, découper dans la pâte des rondelles de 8 cm. Disposer ces rondelles sur la plaque, à 2,5 cm les unes des autres. Entailler chaque rondelle comme pour la couper en 4 parts égales, mais sans aller jusqu'au centre. Corner le côté gauche de chaque « aile ». Aplatir et poudrer de noix.

4 Faire cuire les biscuits pendant 10 min, jusqu'à ce que la pâte soit dorée. Transférer sur une grille pour faire refroidir. Recommencer avec le reste de la pâte. Conserver dans un récipient hermétique.

PETITS PAINS D'ÉPICE DE NOËL

 Pour 24 pièces environ

Peuvent être préparés une semaine à l'avance et conservés dans un récipient hermétique

75 ml de mélasse
60 g de cassonade
60 g de beurre ramolli
3/4 de c. à café de bicarbonate de soude
1/4 de c. à café de mélange d'épices en poudre
1/4 de c. à café de cannelle en poudre
1/4 de c. à café de clous de girofle en poudre
1/4 de c. à café de gingembre en poudre
1 œuf
325 g environ de farine
Glaçage (voir encadré, à droite)

LE GLAÇAGE

Dans un grand saladier, mélanger au batteur électrique *450 g de sucre glace tamisé, 5 c. à soupe d'eau chaude et 2 ou 3 blancs d'œufs*. Battre jusqu'à ce que le mélange soit bien épais (la pointe d'un couteau doit laisser une trace qui ne se referme pas). Si l'on n'utilise pas le glaçage tout de suite, couvrir le saladier d'un linge humide ou de film plastique.

Arbre de Noël

Étoile

1 Dans un grand saladier, verser la mélasse, la cassonade, le beurre, le bicarbonate de soude, le mélange d'épices, la cannelle, les clous de girofle, le gingembre, l'œuf et 100 g de farine, en raclant de temps en temps les flancs du saladier avec une spatule souple. Lorsque la pâte est homogène, la travailler au batteur électrique pendant 2 min, en raclant souvent le saladier à la spatule souple. Incorporer à la cuiller en bois la quantité de farine nécessaire pour rendre la pâte compacte. Façonner une boule. L'emballer. L'utiliser aussitôt ou la mettre au réfrigérateur et l'utiliser dans les 48 h.

2 Préchauffer le four à 180 °C (th. 5). Sur un plan de travail fariné, abaisser au rouleau fariné la moitié de la pâte sur 3 mm d'épaisseur.

3 Découper les formes souhaitées avec des emporte-pièce de 8 cm. Avec une pelle à gâteau, ranger les biscuits sur une grande plaque à pâtisserie non graissée, à 1 cm les uns des autres.

4 Faire cuire pendant 12 min, jusqu'à ce que les bords soient durs. Les décoller aussitôt de la plaque avec une spatule et les transférer sur une grille, pour les faire refroidir. Recommencer jusqu'à épuisement de la pâte.

5 Si l'on ne décore pas les pains d'épice tout de suite, les emballer, sceller les paquets et les congeler. Avant de décorer, déballer et laisser dégeler pendant 1 h.

6 Préparer le glaçage. Le verser à la cuiller dans une poche à douille munie d'un embout fin, ou utiliser une poche à douille en papier sulfurisé percée d'une ouverture de 3 mm. Dessiner les motifs. Réserver. Prévoir au minimum 1 h de séchage pour le glaçage.

Cheval à bascule

Père Noël

Renne

216 • BISCUITS ET VIENNOISERIE

PIGNOLI

Pour 16 pièces
Préparation et cuisson : 2 h 30

120 g de farine
75 g de beurre ramolli
50 g de sucre en poudre
4 c. à soupe de mélasse
1 œuf
90 g de pignons de pin

1 Préchauffer le four à 180 °C (th. 5). Mélanger dans un bol la farine, 60 g de beurre et 40 g de sucre. Pétrir à la main jusqu'à consistance homogène.

2 Partager la pâte en 16 portions. En tapisser le fond et les bords des godets d'une plaque à darioles (les godets doivent mesurer 4,5 cm de diamètre).

3 Dans une petite casserole, faire fondre le beurre à feu très doux. Retirer la casserole du feu. Incorporer la mélasse, l'œuf et le reste du sucre.

4 Déposer délicatement environ 1 c. à soupe de pignons de pin dans chaque petit godet du moule.

5 Verser par-dessus le mélange à la mélasse. Faire cuire pendant 25 min, jusqu'à ce qu'une aiguille enfoncée au centre de la garniture ressorte propre. Les bords doivent être légèrement dorés.

6 Laisser refroidir pendant 5 min dans les moules sur une grille. Dégager les gâteaux des godets, avec la pointe d'un couteau ou une petite spatule métallique. Faire refroidir sur une grille.

CROISSANTS AUX NOISETTES

Pour 18 pièces environ
Préparation et cuisson : 2 h

30 g de noisettes décortiquées
90 g de farine
60 g de beurre ramolli
30 g de sucre glace tamisé

1 Préchauffer le four à 200 °C (th. 6). Ranger les noisettes sur une plaque. Les faire légèrement griller (8 à 10 min au four). Retirer du four. Laisser refroidir quelque temps. Baisser la température du four à 180 °C (th. 5). Broyer les noisettes.

2 Dans un grand saladier, verser la farine, le beurre et le sucre glace. Ajouter les noisettes. Pétrir à la main jusqu'à consistance homogène et malléable (si la masse est trop friable, ajouter environ 1 c. à soupe d'eau).

3 Confectionner avec la pâte de petits croissants de 4,5 cm de longueur et de 1 cm de largeur (environ 2 c. à café de pâte pour chacun). Les ranger sur des plaques à pâtisserie non graissées, à 2,5 cm les uns des autres.

4 Laisser cuire pendant 10 min, jusqu'à ce qu'ils soient dorés. Avec une spatule, les transférer aussitôt sur une grille pour les faire refroidir. Conserver dans un récipient hermétique.

Desserts Glacés

217–240

Desserts Glacés

En été comme en hiver, les desserts glacés font les délices de tous, qu'ils soient légers ou crémeux. Certains gâteaux glacés sont confectionnés avec des glaces industrielles, ce qui permet de les préparer plus facilement, mais n'ôte rien à leur aspect de fête. Avec des éléments décoratifs — feuilles de menthe, rondelles de fruits, « grains de café » en chocolat —, le plus simple des sorbets aura fière allure. La coupe de fruits Florida et les citrons givrés conviennent parfaitement pour des dîners entre amis ou des repas de tous les jours. Côté desserts légers, le sorbet aux mûres et le granité aux deux parfums — avec ses bandes alternées de café glacé et de sorbet au citron — sont très rafraîchissants par temps chaud, et très légers après un repas un peu copieux. Si vous vous sentez en veine de créativité, pourquoi ne pas essayer le bavarois aux noisettes, onctueux entremets glacé au chocolat et au café, couronné de praliné croustillant ? Et, pour les grandes occasions, confectionnez une tarte glacée au caramel, prestigieuse préparation dans laquelle une couche de sauce au caramel est prise en sandwich entre la glace à la vanille et la glace au chocolat ou au café, le tout enrobé d'une croûte délicieuse, à base de noix et de biscuits pilés, et de crème fouettée.
Succulent, non ?

SOMMAIRE

DESSERTS GLACÉS
Crème glacée
   aux noisettes 220
Parfait aux cerises 221
Crème glacée
   à la vanille 222
Bavarois aux noisettes....224
Dacquoise glacée 226
Boissons glacées 228
   Velouté à l'orange 228
   Ice-cream soda
     à la fraise 228
   Ice-cream Coca...........229
   Chocolat liégeois..........229
Coupe de fruits
   Florida.......................230
Roulé glacé
   à la framboise.............231
Citrons givrés.................232

Tartufo glacé 233
Bombe glacée 234
Sorbet au melon 236
Granité aux
   deux melons...............237
Sorbet à la pastèque.......237
Sorbet aux framboises....238
Tarte glacée
   au caramel..................239
Granité aux
   deux parfums 240

Desserts Glacés

Pour un dessert minute, rien ne vaut les crèmes glacées, les yaourts glacés et les sorbets. Il n'y a qu'à les disposer sur un plat, les servir et les déguster. Dans ce chapitre, vous trouverez vos parfums de glace favoris, et des recettes de base qui vous permettront de confectionner, entre autres, des meringues glacées, des bombes glacées… Avant de congeler vos desserts glacés, protégez-les en les emballant. Vous ne serez jamais pris au dépourvu, et vous aurez toujours une magnifique surprise à servir à vos invités.

CRÈME GLACÉE AUX NOISETTES

Pour 6 personnes
Préparation et congélation : 3 h 15

30 cl de crème fraîche
1 boîte de 450 g de purée de noisettes non sucrée (en vente dans les rayons des magasins diététiques)
120 g de sucre en poudre
2 c. à soupe de cognac
Chocolat noir en copeaux (voir p. 142), et feuilles de citronnier (facultatif) pour décorer

1 Dans un petit bol, battre la crème fraîche jusqu'à ce qu'elle ait épaissi. Dans un grand bol, écraser à la fourchette la purée de noisettes. Incorporer le sucre et le cognac pour obtenir une pâte onctueuse.

Dans leurs petits moules en aluminium, ces desserts très simples ont beaucoup d'allure.

2 Incorporer à la spatule en caoutchouc ou au fouet la crème fouettée dans le mélange aux noisettes.

3 Remplir à la cuiller des moules à tartelette en aluminium, ou des petits ramequins qui supporteront le froid du congélateur. Couvrir, et laisser prendre pendant 3 h au moins.

4 Sortir une bonne dizaine de minutes à température ambiante avant de servir, pour détendre légèrement la glace.

> POUR SERVIR
> *Décorer de copeaux de chocolat et de feuilles de citronnier, si vous le souhaitez.*

PARFAIT AUX CERISES

Pour 16 personnes
Préparation :
2 h environ,
plus congélation

15 biscuits secs au gingembre
60 g de beurre ramolli
0,6 l de glace au chocolat
0,6 l de glace à la menthe avec des pépites de chocolat
1 boîte de 425 g de cerises noires dénoyautées, égouttées
0,6 l de glace à la fraise
0,6 l de glace à la vanille
60 g de cerneaux de noix concassés

1 Mettre les glaces au réfrigérateur afin de les détendre légèrement.

2 Pendant ce temps, mettre les biscuits dans un sac en plastique, et les piler en les écrasant avec un rouleau à pâtisserie. On peut aussi broyer les biscuits dans un hachoir électrique pour les réduire en miettes.

3 Dans un moule à charnière de 23 cm de diamètre, mélanger à la main les biscuits écrasés et le beurre. Tasser le mélange au fond du moule. Faire durcir 10 min au congélateur.

4 Sur cette croûte dans le fond du moule, étaler la glace au chocolat. Faire légèrement durcir la glace en la mettant environ 15 min au congélateur.

Un peu de tricherie dans ce superbe gâteau de réception, puisque les glaces sont achetées toutes faites. Mais vos invités le trouveront tout de même spectaculaire !

5 Étaler ensuite la glace à la menthe et aux pépites de chocolat. Disposer les cerises par-dessus.

6 Remettre le tout au congélateur pour faire légèrement durcir les glaces et les cerises.

7 Étaler la glace à la fraise sur les cerises en lissant le dessus à la spatule.

Étaler la glace à la fraise sur les cerises.

8 Mettre à nouveau le moule une quinzaine de minutes au congélateur pour faire durcir légèrement. Étaler régulièrement la glace à la vanille sur la glace à la fraise. Saupoudrer le tout de noix concassées et laisser durcir au congélateur.

9 Avant de servir, décoller le parfait du moule en passant une spatule métallique préalablement trempée dans de l'eau brûlante. Démouler le gâteau puis le laisser 10 min à température ambiante afin de le couper plus facilement.

CRÈME GLACÉE À LA VANILLE

  Pour 8 à 10 personnes
Préparation : 30 min, plus congélation

4 œufs, blancs et jaunes séparés
120 g de sucre vanillé, ou de sucre en poudre et 1 c. à café d'extrait de vanille
30 cl de crème fraîche

1 Dans un petit bol, battre les jaunes d'œufs au fouet jusqu'à obtenir un mélange bien homogène.

2 Dans un grand bol, battre les blancs d'œufs au batteur électrique à pleine vitesse.

3 Lorsque les blancs sont fermes, les poudrer de sucre vanillé, une cuillerée à soupe à la fois, en fouettant bien après chaque ajout (l'opération prend environ dix minutes).

4 Dans un autre grand bol, fouetter la crème fraîche jusqu'à consistance épaisse (si vous utilisez l'extrait de vanille, l'ajouter à la crème avant de battre).

5 Avec une spatule en caoutchouc ou un fouet à main, incorporer les blancs en neige et les jaunes à la crème fouettée.

6 Pour réaliser l'une des variantes proposées (voir ci-contre, et encadré), ajouter à la préparation les ingrédients supplémentaires.

7 Verser le mélange dans un récipient en plastique de 1,5 l, couvrir et laisser toute la nuit au congélateur.

8 Répartir dans des récipients individuels et servir immédiatement.

VARIANTES SIMPLES
Pour les variantes suivantes, remplacer le sucre vanillé par du sucre en poudre (ou bien supprimer simplement l'extrait de vanille). Ajouter les ingrédients supplémentaires après avoir incorporé les blancs en neige et les jaunes d'œufs à la crème fouettée.

Crème glacée au gingembre
Ajouter *1 c. à café de gingembre en poudre* et *120 g de racine de gingembre au sirop* (en vente dans les épiceries exotiques), *égouttée et hachée*, au mélange de base.

Crème glacée au moka
Ajouter *2 c. à soupe d'extrait de café* et *2 c. à soupe de liqueur de café* au mélange de base.

Crème glacée au citron frais
Ajouter *1 zeste râpé* et *le jus de 2 citrons* au mélange de base.

Crème glacée à la mangue
Peler *1 mangue* bien mûre et ôter le noyau. Écraser légèrement la chair du fruit ; l'ajouter au mélange de base.

Crème glacée aux fruits de la Passion
Ouvrir en deux *3 fruits de la Passion*. Retirer la chair à la petite cuiller et l'ajouter au mélange de base.

Crème glacée tutti frutti
Hacher *120 g d'un mélange ananas confit, raisins secs, abricots secs, cerises confites et morceaux d'angélique*. Laisser ensuite macérer toute la nuit dans *4 c. à soupe de cognac*. Ajouter cette préparation au mélange de base.

Crème glacée au cassis
Ajouter *3 c. à soupe de liqueur de cassis* et *3 c. à soupe de baies de cassis écrasées* au mélange de base.

VARIANTES ORIGINALES

Lorsque vous aurez bien maîtrisé l'art de faire les glaces, vous pourrez alors essayer d'autres variantes en ajoutant des fruits frais, du chocolat, des noix ou des noisettes à la crème glacée de base. Voici trois exemples.

Crème glacée au chocolat

Faire une préparation pour crème glacée, avec du sucre en poudre à la place du sucre vanillé (ou en supprimant l'extrait de vanille). Dans un petit bol, mélanger à la cuiller *15 g de cacao en poudre*, *30 g de sucre en poudre* et *environ 3 c. à soupe d'eau bouillante*. Laisser refroidir la pâte chocolatée et l'incorporer délicatement à la préparation.

Crème glacée marbrée au caramel

Faire une préparation pour crème glacée, avec du sucre en poudre à la place du sucre vanillé (ou en supprimant l'extrait de vanille). Faire légèrement durcir au congélateur.

En attendant, préparer la sauce caramel : dans une casserole à fond épais, à feu moyen, porter à ébullition en remuant constamment *200 g de sucre en poudre*, *30 cl de crème fraîche*, *30 g de beurre*, *1 c. à soupe de mélasse* et *120 g de chocolat à cuire ou cassé en morceaux*. Régler sur feu moyen et laisser cuire 5 min en remuant de temps en temps. Ôter la casserole du feu. Incorporer *1 c. à café d'extrait de vanille*.

Laisser refroidir en remuant de temps en temps, puis incorporer rapidement la sauce caramel à la préparation pour obtenir un aspect marbré. Couvrir à nouveau le récipient, et remettre au congélateur jusqu'au lendemain.

Crème glacée à la fraise

Faire une préparation pour crème glacée, avec du sucre en poudre à la place du sucre vanillé (ou en supprimant l'extrait de vanille). Ajouter *150 g de fraises écrasées*, et battre pour bien mélanger.

Pour une glace à la framboise, remplacer les fraises par *des framboises écrasées*. Pour la glace aux groseilles à maquereaux, à la prune, à la rhubarbe, ajouter *150 g de compote sucrée du fruit choisi*.

Crème glacée au chocolat
Quelques motifs dessinés à la douille mettront en valeur
cette glace délicieuse.
Imitez ces dessins en vous inspirant
des conseils de la page 101 (dessins en chocolat).
Mettre au congélateur
et servir à la dernière minute.

Crème glacée à la vanille
Rien ne vaut une glace à la vanille maison :
c'est tellement bon qu'on peut la servir nature,
mais rien ne vous empêche de lui ajouter
des sauces sucrées, des fruits, des noisettes,
des noix, du miel, de la liqueur
ou même des biscuits écrasés.

Crème glacée à la fraise
Pour obtenir une glace délicieuse, utiliser les fruits les plus rouges,
les plus mûrs (mais pas trop) et les plus juteux.
Dans cette assiette, les boules de taille inégale
sont du meilleur effet.

Crème glacée marbrée au caramel
Les marbrures de la sauce caramel prise dans la glace
forment le décor naturel de cette excellente glace.
Les cigarettes russes donnent au dessert
une touche d'élégance.

BAVAROIS AUX NOISETTES

Pour 10 personnes
Préparation : 2 h 30, plus congélation

Praliné (voir encadré, en bas à droite)
12 jaunes d'œufs
175 ml de mélasse
2 c. à café de café soluble
2 c. à soupe de liqueur de café
175 g de chocolat à cuire cassé en morceaux
75 cl de crème fraîche
Noisettes grillées pour décorer

1 Préparer le praliné (voir encadré, à droite).

2 Dans un grand bol, battre au batteur électrique les jaunes d'œufs et la mélasse, pendant 4 min, jusqu'à ce que le mélange soit jaune pâle et assez épais.

3 Verser ce mélange dans une grande casserole à fond épais. Mettre sur feu doux environ 30 min en remuant constamment, jusqu'à ce que le mélange soit épais et nappe la cuiller. Ôter la casserole du feu.

4 Verser les deux tiers de cette crème dans un grand bol.

5 Dans une tasse, mélanger le café soluble et la liqueur de café. Incorporer le tout à la crème aux jaunes d'œufs.

6 Faire fondre le chocolat au bain-marie en remuant constamment, jusqu'à obtenir une consistance lisse.

7 Dans une casserole, mélanger le chocolat fondu et le reste de crème aux jaunes d'œufs.

8 Dans un grand bol, fouetter 60 cl de crème fraîche jusqu'à consistance épaisse.

9 Incorporer à la spatule en caoutchouc ou au fouet les deux tiers de la crème fouettée à la liqueur de café, jusqu'à mélange complet. Incorporer le reste de crème fouettée dans le mélange chocolaté.

10 Déposer à la cuiller la moitié du mélange au café dans un moule à charnière de 23 cm de diamètre, en égalisant le dessus. Mettre 15 min au congélateur pour faire durcir.

11 Étaler ensuite sur le dessus la couche de mélange au chocolat. Mettre 15 min au congélateur pour faire durcir.

12 Poudrer la couche de chocolat de praliné, puis étaler soigneusement dessus le reste du mélange au café et égaliser. Couvrir, et mettre au congélateur au moins 4 h, jusqu'à durcissement complet.

13 Dans un bol au bain-marie, faire fondre le chocolat restant en remuant constamment, jusqu'à consistance lisse. Ôter la casserole du feu. Couper du papier sulfurisé en carrés de 10 cm de côté. Mouiller une grande plaque à pâtisserie, puis étaler les carrés de papier sulfurisé (l'eau va les empêcher de glisser). Fabriquer les triangles en chocolat (voir encadré, p. 225). Mettre au réfrigérateur.

14 Dans un bol, battre le reste de crème fraîche jusqu'à ce qu'elle ait épaissi. Remplir une poche à douille cannelée avec une cuiller.

PRALINÉ

Concasser (ou passer au hachoir électrique) *135 g de noisettes décortiquées.*

Dans une grande poêle à frire, faire fondre à feu moyen *60 g de sucre en poudre,* jusqu'à ce qu'il soit brun doré. Incorporer les noisettes et remuer pour bien les enrober.

Verser dans un plat et laisser refroidir. Écraser en petits morceaux.

15 Décoller le gâteau des bords du moule en passant tout autour une spatule métallique préalablement trempée dans de l'eau brûlante. Retirer ensuite le bord amovible.

16 Avec la poche à douille, confectionner 8 rosaces en crème fouettée sur le pourtour du gâteau. Disposer les triangles en chocolat entre les rosaces, et décorer de noisettes grillées.

17 Pour découper plus facilement le bavarois, le laisser environ 10 min à température ambiante avant de servir.

TRIANGLES EN CHOCOLAT

Étaler le chocolat fondu : *avec une petite spatule métallique, étaler le chocolat sur les carrés de papier sulfurisé. Réfrigérer 10 min, jusqu'à ce que le chocolat soit ferme, mais non cassant. Retirer du réfrigérateur, et laisser ramollir légèrement (5 min).*

Retirer le papier sulfurisé : *le décoller avec précaution de la feuille de chocolat.*

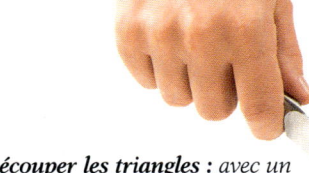

Découper les triangles : *avec un couteau aiguisé, diviser la feuille de chocolat avec délicatesse et rapidité en 8 triangles.*

Découper la plaque en 8 triangles.

Le sommet du bavarois est élégamment décoré de rosaces en crème fouettée, de noisettes grillées et de triangles en chocolat.

DACQUOISE GLACÉE

Pour 10 personnes
Préparation :
4 h environ,
plus congélation

5 blancs d'œufs
300 g de sucre en poudre
25 g de cacao en poudre tamisé
60 g d'amandes effilées
1 l de glace au café
45 cl de crème fraîche
30 g de sucre glace
2 c. à soupe de liqueur de café

1 Chemiser une grande plaque à pâtisserie, et une autre plus petite, de papier sulfurisé ou d'aluminium.

2 En s'aidant d'une assiette ronde de 20 cm de diamètre, dessiner des cercles sur le papier des plaques : deux sur la grande, et un sur la petite.

3 Dans un grand bol, monter les blancs en neige à l'aide d'un batteur électrique à pleine vitesse.

4 Incorporer progressivement le sucre en poudre dans les blancs en neige, cuillerée par cuillerée, en battant après chaque ajout jusqu'à complète absorption du sucre, lorsque les blancs ont pris un aspect brillant.

5 À la spatule en caoutchouc ou au fouet, incorporer doucement le cacao à la pâte à meringue jusqu'à consistance homogène.

6 Préchauffer le four à 140 °C (th. 4). Ensuite, à l'aide d'une cuiller, étaler régulièrement et avec précaution la pâte à meringue sur chacun des trois cercles.

7 Faire cuire pendant environ 1 h 15, jusqu'à consistance croustillante.

8 Faire refroidir les meringues pendant 10 min sur la tôle. Les décoller doucement du papier.

9 Faire refroidir complètement les meringues sur des grilles.

MONTAGE DE LA DACQUOISE GLACÉE

Étaler la glace : sur le premier disque de meringue, à l'aide d'une petite spatule métallique, étaler la glace rapidement et régulièrement.

Poser le deuxième disque de meringue : le poser délicatement par-dessus en l'ajustant doucement sur la glace.

Glacer la dacquoise : appliquer la crème fouettée à la spatule, sur le sommet puis sur les côtés.

10 Pendant ce temps, régler la température du four à 180 °C (th. 5). Étaler les amandes sur la plaque à pâtisserie et laisser cuire de 10 à 15 min, jusqu'à ce qu'elles soient brunes, en remuant de temps en temps. Laisser refroidir, et réserver.

11 Mettre les meringues pendant environ 30 min au congélateur. Pendant ce temps, faire ramollir légèrement la moitié de la glace au café au réfrigérateur.

12 Poser un disque de meringue sur une assiette de service qui résiste au froid, et étaler la glace ramollie par-dessus (voir encadré, p. 226).

13 Faire durcir le tout pendant environ 30 min au congélateur. Pendant ce temps, faire ramollir un peu le reste de glace au café dans le réfrigérateur.

14 Retirer du congélateur la meringue tapissée de glace, et poser par-dessus le deuxième disque de meringue (voir encadré, p. 226).

15 Étaler rapidement et régulièrement le reste de glace dessus. Couvrir du dernier disque de meringue, puis mettre le tout au congélateur pendant au moins 4 h.

16 Dans un bol, battre au fouet la crème fraîche, le sucre glace et la liqueur de café jusqu'à épaississement.

17 Napper le gâteau de crème fouettée (voir encadré, p. 226). Parsemer ensuite d'amandes effilées.

Parsemer la crème fouettée d'amandes effilées grillées.

18 Remettre le dessert dans le congélateur. Après durcissement de la crème fouettée, recouvrir. Sortir environ 10 min avant de servir.

L'effet ondulé est obtenu en passant un couteau dentelé sur les flancs du gâteau.

POUR SERVIR
Laisser le gâteau 10 min
à température ambiante,
pour le découper
plus facilement.

BOISSONS GLACÉES

VELOUTÉ À L'ORANGE

 Pour 4 personnes
Préparer juste avant de servir

0,6 l de glace à la vanille légèrement ramollie

3 c. à soupe de liqueur d'orange

2 c. à soupe de cognac

Morceaux et zeste d'orange (voir Copeaux d'agrumes, p. 62) pour décorer.

1 Passer les trois premiers ingrédients au mixeur à vitesse moyenne, jusqu'à consistance onctueuse. Stopper aussitôt, car le mélange deviendrait trop épais.

2 Verser dans des verres à pied glacés. Puis décorer chaque verre avec des bouclettes de zeste ou des morceaux de fruit.

ICE-CREAM SODA À LA FRAISE

 Pour 5 personnes
Préparer juste avant de servir

30 cl de lait

300 g de fraises surgelées tranchées, partiellement décongelées

0,6 l de glace à la fraise

45 cl d'eau de Seltz glacée

1 Mélanger au mixeur à vitesse maximale le lait et les fraises, pendant 15 s, jusqu'à consistance onctueuse. Verser dans 5 grands verres.

2 Ajouter délicatement dans chaque verre une boule de glace à la fraise. Remplir jusqu'en haut d'eau de Seltz. Servir aussitôt.

Une boule de glace à la fraise flotte sur cet ice-cream soda.

Un mélange liquide et onctueux de lait et de fraises.

Avec un zeste enroulé sur le bord du verre, le velouté à l'orange est très élégant.

DÉCORS DE BOISSONS GLACÉES

Un joli décor couronnant une boisson glacée, ou posé sur le bord du verre, lui donne un attrait particulier. Les feuilles fraîches ou les rondelles de fruit conviennent bien aux boissons fruitées, tandis que les « grains de café » en chocolat s'accordent parfaitement aux boissons au chocolat ou au café.

Feuilles de menthe

Tranche de carambole

« Grains de café » en chocolat

ICE-CREAM COCA

 Pour 1 personne
Préparer juste avant de servir

15 cl de Coca-Cola glacé
1 boule de glace à la vanille

L'ice-cream coca est un rafraîchissement populaire aux États-Unis. Cette boisson à base de Coca-Cola peut être aromatisée au chocolat.

1 Verser le Coca-Cola dans un grand verre glacé.

2 Couronner d'une belle boule de glace à la vanille légèrement ramollie. Servir immédiatement avec une paille et une cuiller à long manche.

La boule de glace légèrement ramollie produit au contact du soda une mousse délicieuse.

CHOCOLAT LIÉGEOIS

 Pour 1 personne
Préparer juste avant de servir

1 c. à café de chocolat instantané
3/4 de c. à café de café soluble
1/2 c. à café de sucre en poudre
Eau de Seltz glacée
2 petites boules de glace au chocolat

1 Dans un verre d'une contenance de 30 cl, verser les trois premiers ingrédients. Ajouter progressivement la quantité de soda nécessaire pour remplir aux trois quarts. Remuer vigoureusement afin de bien dissoudre le sucre.

2 Ajouter la glace au chocolat. Remuer. Servir avec une paille et une cuiller.

Une appétissante boule de glace au chocolat flotte au-dessus de cette boisson glacée.

COUPE DE FRUITS FLORIDA

Pour 12 personnes
Préparation et congélation : 3 h 20 environ

600 g de yaourt nature
3 c. à soupe de miel
Le zeste râpé d'un petit citron
300 g de fruits assortis (fraises coupées en deux, morceaux de pêches et de nectarines, myrtilles et mûres)
Feuilles de citronnier, demi-fraises, myrtilles, mûres et morceaux de nectarines pour décorer

1 Glisser des caissettes en papier plissé dans chacun des douze trous d'une plaque à petits fours.

2 Verser le yaourt dans un grand bol. Ajouter le miel et le zeste de citron râpé (le miel empêche le yaourt de se cristalliser dans le congélateur). Battre au fouet jusqu'à obtenir un mélange homogène. Incorporer doucement 175 g de fruits.

3 Remplir à l'aide d'une cuiller toutes les caissettes en papier avec le mélange de yaourt et de fruits. Décorer soigneusement le dessus en utilisant les fruits restants.

4 Couvrir le moule. Mettre environ 3 h au congélateur, jusqu'à durcissement complet.

5 Démouler, puis ôter délicatement les caissettes en papier.

Les plis des caissettes en papier ont laissé leur empreinte sur le dessert.

6 Laisser entre 10 et 15 min à température ambiante avant de consommer, le dessert sera meilleur.

> **POUR SERVIR**
> *Décorer les parts individuelles de feuilles de citronnier, de demi-fraises, de myrtilles, de mûres et de morceaux de nectarines.*

ROULÉ GLACÉ À LA FRAMBOISE

Pour 8 personnes
Préparation :
2 h 30 environ,
plus congélation

---

100 g de farine à gâteaux
120 g de sucre en poudre
15 g de cacao en poudre, plus la quantité nécessaire au décor
4 œufs
0,3 l de glace à la crème
0,3 l de glace à la framboise ou à la fraise

1 Préchauffer le four à 220 °C (th. 6-7). Chemiser de papier sulfurisé une plaque à pâtisserie de 33 x 23 cm.

2 Dans un petit bol, bien mélanger la farine, 60 g de sucre et 15 g de cacao. Mettre de côté.

3 Dans un grand bol, battre les œufs et le reste du sucre jusqu'à obtenir un mélange épais, couleur jaune pâle. Racler de temps à autre les flancs du bol à la spatule en caoutchouc.

4 À l'aide d'un fouet ou de la spatule en caoutchouc, incorporer doucement la farine cacaotée aux œufs.

5 Remplir la tôle à la cuiller, en étalant régulièrement la pâte. Faire cuire 12 min environ, jusqu'à ce que la pâte soit élastique sous le doigt.

6 Poudrer un torchon propre de cacao. Dès que le gâteau est cuit, le retourner sur le torchon. Ôter délicatement le papier sulfurisé. Si on le désire, égaliser les bords. En commençant par le petit côté, rouler le gâteau à l'aide du torchon. Laisser refroidir complètement sur une grille avec la jointure en dessous.

7 Faire ramollir les glaces en les laissant 30 min environ au réfrigérateur. Dérouler délicatement le gâteau refroidi ; étaler alors doucement à la spatule l'une des deux glaces sur la moitié de la surface, dans le sens transversal. Étaler ensuite l'autre parfum sur la partie restée libre.

8 Rouler le gâteau sans le torchon, en commençant par le même côté.

9 Poser le roulé, jointure au-dessous, sur un plat long qui résiste au froid. Mettre environ 4 h au congélateur, jusqu'à durcissement complet.

PARFUMER LA GLACE

La glace à la crème est riche et très onctueuse. Si vous voulez conserver cette texture à la garniture de votre gâteau, utilisez-la pour confectionner vous-même la glace à la framboise ou à la fraise : à l'étape 7, après le ramollissement de la glace, incorporer *150 g de fraises ou de framboises écrasées et sucrées au sucre glace.*

POUR SERVIR
Pour le découper
plus facilement,
sortir le gâteau
15 min avant de servir.

CITRONS GIVRÉS

Pour 6 personnes
Préparation : 45 min, plus congélation

6 gros citrons
1 c. à soupe de gélatine en poudre
200 g de sucre en poudre

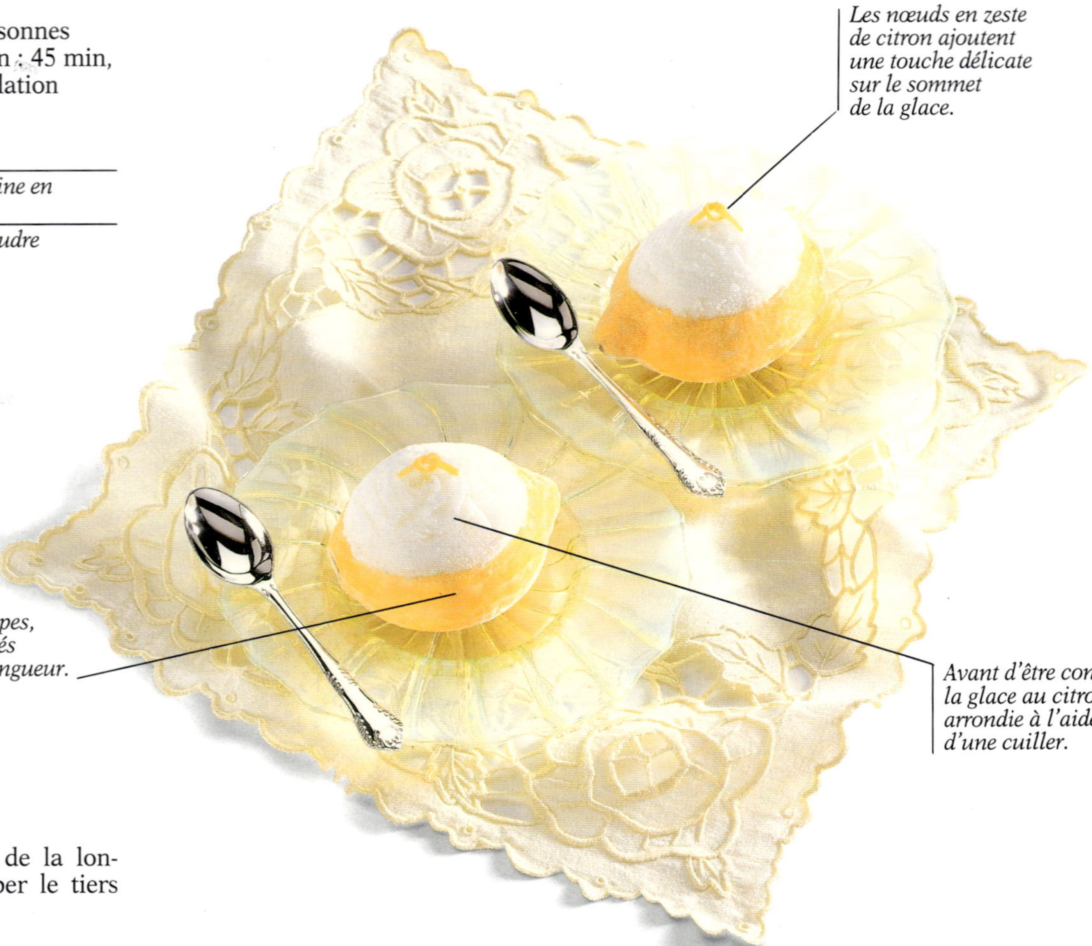

Les nœuds en zeste de citron ajoutent une touche délicate sur le sommet de la glace.

Pour former des coupes, les citrons sont taillés dans le sens de la longueur.

Avant d'être congelée, la glace au citron est arrondie à l'aide d'une cuiller.

1 Dans le sens de la longueur, découper le tiers de chaque citron.

2 Avec un couteau à canneler, lever soigneusement 6 rubans de zeste sur les parties coupées. Envelopper et réserver au réfrigérateur pour le décor. Râper le reste du zeste de chacune de ces parties retirées.

3 Sans abîmer l'écorce, presser les deux tiers restants des citrons pour obtenir 17,5 cl de jus. Retirer les débris de membrane et de pulpe restés à l'intérieur.

4 Tailler la base des citrons évidés pour les empêcher de rouler. Les mettre dans un sac en plastique au réfrigérateur jusqu'au moment de les remplir.

5 Dans une casserole de taille moyenne, battre au fouet à main la gélatine et le sucre. Incorporer 55 cl d'eau. Laisser ramollir la gélatine pendant 1 min. Faire cuire ce mélange à feu moyen, en remuant constamment, jusqu'à dissolution complète de la gélatine. Retirer la casserole du feu et incorporer les zestes râpés et le jus des citrons.

6 Verser ce mélange dans un moule de 23 cm de diamètre. Couvrir de papier d'aluminium ou de film plastique. Laisser environ 2 h au congélateur en remuant de temps à autre pour obtenir un durcissement moyen.

7 À la cuiller, remplir un grand bol glacé de ce mélange. Le fouetter au batteur électrique pour lui donner une consistance plus lisse.

8 Reverser ce mélange dans le moule à gâteaux. Couvrir et laisser environ 2 h au congélateur pour obtenir un durcissement moyen. Remplir à la cuiller le grand bol glacé. Fouetter comme précédemment. Couvrir et achever le durcissement au congélateur.

9 Remplir les citrons évidés avec la glace au citron.

10 Nouer les rubans de zeste et les poser en décor au sommet de chaque citron. Servir aussitôt. Si l'on ne sert pas le jour même, emballer les citrons après durcissement final, et les remettre au congélateur.

TARTUFO GLACÉ

Pour 6 personnes
Préparation : 2 h 45, plus congélation

0,9 l de glace à la vanille

6 petits macarons secs

3 c. à soupe de liqueur d'amande ou de jus d'orange

175 g de chocolat à cuire cassé en morceaux

45 g de beurre

1 c. à soupe de mélasse

90 g de cerneaux de noix grillés concassés
---

1 Faire ramollir les glaces en les laissant 30 min environ au réfrigérateur. Mettre à refroidir une plaque à pâtisserie au congélateur.

2 Pendant ce temps, disposer les macarons sur une assiette. Les arroser de liqueur d'amande ou de jus d'orange. Attendre que le liquide soit absorbé, en retournant les biscuits de temps en temps.

3 Étaler du papier sulfurisé sur la plaque bien froide. Avec une cuiller à glace, mouler 6 boules de glace et enfoncer doucement un macaron imbibé au centre de chaque boule.

4 Refaçonner la glace en boule autour des macarons, et ranger ces boules fourrées sur la plaque chemisée de papier. Faire durcir au congélateur pendant 1 h 30 environ.

5 Faire fondre doucement au bain-marie les morceaux de chocolat, le beurre et la mélasse en mélangeant constamment, jusqu'à une consistance lisse. Retirer du feu.

6 Sortir du congélateur les boules de glace disposées sur la plaque.

7 Poser une boule de glace sur une spatule métallique, au-dessus du récipient de chocolat fondu. Prendre une cuillerée de chocolat fondu, puis la verser sur la boule de manière à l'enrober complètement.

8 Une fois la boule recouverte, la reposer sur le papier sulfurisé. Incruster de noix concassées le dessus de la couche de chocolat, en les enfonçant légèrement.

9 Procéder exactement de la même façon avec les autres boules. Mettre au congélateur pendant 1 h environ, jusqu'à consistance assez ferme.

10 Si l'on ne sert pas le jour même, emballer les boules dans du papier aluminium et les remettre au congélateur. Les consommer dans la semaine.

POUR SERVIR
Les boules glacées auront plus de goût si vous les sortez du congélateur au moins 10 min avant de servir, le temps qu'elles ramollissent légèrement.

On incruste les noix concassées sur le dessus du chocolat. Elles sont collées par le froid.

BOMBE GLACÉE

Pour 8 à 10 personnes
Préparation : 3 h environ, plus congélation

| 3 œufs |
| 90 g de sucre en poudre |
| 75 g de farine à gâteaux |
| 15 g de cacao en poudre |
| 0,3 l de glace à la fraise |
| 0,6 l de glace à la vanille |
| 3 c. à soupe de liqueur de café (facultatif) |
| 1 boîte de 425 g de cerises noires dénoyautées, égouttées |
| 0,3 l de glace au chocolat |
| Nœud et rubans en chocolat (voir encadré, ci-contre) |
| 60 g de pétales de noix de coco |
| 120 g de sucre glace tamisé |
| 120 g de beurre ramolli |
| 1/4 de c. à café d'extrait de vanille |

1 Préchauffer le four à 220 °C (th. 6-7). Beurrer légèrement une plaque à pâtisserie de 33 x 23 cm et la tapisser de papier sulfurisé.

2 Dans un grand bol, travailler au batteur électrique les œufs et le sucre en poudre jusqu'à obtenir une pâte épaisse, couleur jaune pâle. Poudrer avec la farine et le cacao. Avec une grande cuiller métallique, les incorporer aux œufs. Verser cette pâte sur la plaque, en l'étalant régulièrement. Faire cuire 10 min environ, jusqu'à ce que le dessus de la pâte soit élastique sous le doigt. Démouler et retourner immédiatement la pâte sur une grille à pâtisserie, ôter le papier sulfurisé et laisser refroidir.

3 Faire légèrement ramollir les glaces à la vanille et à la fraise au réfrigérateur.

4 Chemiser de film plastique un saladier de taille moyenne. Foncer ce moule avec le biscuit au chocolat coupé en briques, en mettant de côté un gros morceau pour le couvercle. Si nécessaire, boucher les interstices entre les briques. Badigeonner le tout de liqueur de café.

5 Garnir le fond du moule tapissé de biscuit avec la moitié de la glace à la fraise. Déposer dessus de grosses cuillerées de glace à la vanille (le quart de la quantité prévue). Éparpiller le quart des cerises entre les cuillerées.

6 Renouveler l'opération avec le reste de glace à la fraise, et un autre quart de glace à la vanille et de cerises. Tasser pour éliminer les bulles d'air. Mettre au congélateur pendant 20 min environ, pour durcir légèrement la glace.

7 Pendant ce temps, faire ramollir la glace au chocolat au réfrigérateur, et remettre le reste de glace à la vanille au congélateur.

8 Retirer le saladier du congélateur, et procéder comme avec la glace à la fraise, en utilisant maintenant la glace au chocolat avec le reste de la glace à la vanille et des cerises.

ORNEMENTS POUR LA BOMBE GLACÉE

Le nœud et les rubans en chocolat que l'on voit sur cette bombe glacée (voir p. 235) donnent à ce dessert simple à réaliser un aspect « professionnel ». La couleur chocolat sera plus belle si vous utilisez de la pâte d'amande ou du massepain blancs, et non jaunes.

Bandes en chocolat pour le nœud et les rubans.

Travailler *2 c. à café de cacao en poudre tamisé* et *120 g de pâte d'amande*, jusqu'à obtenir une consistance homogène. Si la masse est trop sèche, humidifier légèrement ses mains, mais ne pas ajouter trop d'eau, sinon la pâte collerait au rouleau. Poudrer le plan de travail d'*une petite quantité de cacao en poudre*. Abaisser la pâte en formant un rectangle de 20 x 11 cm. Égaliser les bords, et couper la pâte en 8 bandes de largeur égale. Utiliser 5 bandes pour les rubans plats. Tailler les extrémités en biseau, puis les disposer sur la bombe. Avec les autres bandes, confectionner des boucles et les disposer au sommet du gâteau pour imiter un nœud.

9 Poser le couvercle en gâteau mis de côté à l'étape 4, en le tassant fermement sur la glace. Couvrir de film plastique. Mettre 4 h au congélateur jusqu'à ce que la glace ait durci.

10 Confectionner le nœud et les rubans en chocolat (voir encadré, ci-dessus).

Déposer de grosses cuillerées de glace à la vanille sur la couche de glace au chocolat.

11 Faire chauffer le gril. Répartir régulièrement les pétales de noix de coco au fond de la lèchefrite. Faire griller légèrement pendant 3 min, en remuant fréquemment. Mettre de côté.

12 Préparation de la crème au beurre : dans un saladier moyen, travailler au batteur le sucre glace, le beurre et *2 c. à café d'eau chaude*, jusqu'à consistance légère et mousseuse. Racler souvent les flancs du saladier à la spatule en caoutchouc. Incorporer l'extrait de vanille.

13 Retirer du congélateur le gâteau glacé. Ôter le film plastique du dessus. Démouler dans une coupe ou un plat préalablement refroidis. Retirer le reste du film plastique. Étaler la crème au beurre à la spatule sur le gâteau. Ne couvrir qu'une petite portion à la fois, et y appliquer aussitôt une couche de noix de coco avant de passer à la portion suivante.

14 Lorsque le gâteau est intégralement recouvert, le décorer avec le nœud et les rubans en chocolat. Laisser le gâteau au congélateur jusqu'au moment de servir.

POUR SERVIR
Laisser la bombe 20 min à température ambiante avant de servir, pour la découper plus facilement.

Lorsque les parts de bombe glacée sont servies, on découvre sur la tranche une très belle composition colorée.

SORBET AU MELON

Pour 6 à 8 personnes
Préparation : 15 min, plus congélation

Un melon mûr d'environ 800 g (charentais ou cantaloup)
Le jus d'un demi-citron
4 blancs d'œufs
100 g de sucre en poudre

1 Peler le melon et ôter les graines. Le couper en petits morceaux. Les passer au mixeur avec le jus de citron jusqu'à consistance fluide.

2 Verser ce mélange dans un récipient rigide spécial pour congélateur d'une contenance de 2 l, et lisser le dessus. Mettre au congélateur jusqu'à ce que les bords commencent à prendre.

3 Dans un saladier, battre les blancs en neige au batteur électrique.

4 Incorporer le sucre en poudre aux blancs en neige, en poudrant progressivement, cuillerée par cuillerée, et en battant après chaque ajout jusqu'à dissolution complète du sucre. Le mélange prend alors un aspect brillant.

5 Passer le mélange à base de melon au mixeur, pour le fluidifier après son passage au congélateur. Incorporer délicatement les blancs en neige jusqu'à consistance homogène. Remettre le tout dans le récipient rigide. Couvrir et laisser environ 3 h au congélateur.

6 Pour servir plus facilement les boules, laisser le sorbet une dizaine de minutes à température ambiante avant de le consommer.

De fines tranches de melon sont disposées en rosace autour du plat de service, pour la décoration.

Pour réaliser cette belle présentation, mouler des boules de taille inégale, placées sur une plaque à pâtisserie tapissée de papier sulfurisé. Mettre le tout au congélateur pour faire durcir, puis disposer les boules une à une sur le plat de service.

GRANITÉ AUX DEUX MELONS

- Pour 8 personnes
- Préparation : 30 min, plus congélation

200 g de sucre en poudre
4 c. à soupe de jus de citron
1 melon charentais bien mûr d'environ 900 g
1 melon d'Espagne d'environ 900 g

1 Dans une petite casserole, porter à ébullition à feu vif le sucre et *50 cl d'eau*. Régler sur feu moyen et laisser bouillir pendant 5 min. Ôter la casserole du feu, et incorporer le jus de citron.

2 Peler et épépiner soigneusement le melon charentais. Le couper en petits morceaux. Les passer au mixeur jusqu'à consistance fluide. Verser dans un récipient rigide spécial pour congélateur.

3 Renouveler ainsi l'opération avec le melon d'Espagne. Verser dans un autre récipient rigide.

4 Verser la moitié du liquide sucré dans chacun des récipients et bien mélanger. Couvrir et faire durcir au congélateur pendant 5 h environ. Remuer de temps à autre pour assurer une prise homogène.

5 Laisser les granités à température ambiante pendant 10 min, pour les faire légèrement ramollir.

6 Racler la surface à la cuiller pour renforcer la texture granuleuse.

7 Remplir chaque coupe individuelle de cuillerées des deux granités.

SORBET À LA PASTÈQUE

- Pour 8 personnes
- Préparation : 20 min, plus congélation

1 pastèque de 900 g
15 g de sucre glace tamisé
1 1/2 c. à café de jus de citron

1 Peler la pastèque et retirer les graines. Couper la pulpe en petits morceaux. En mélanger la moitié au mixeur avec le jus de citron et le sucre glace jusqu'à consistance fluide.

2 Verser dans un récipient rigide spécial pour congélateur. Mixer le reste de pastèque jusqu'à consistance fluide. L'incorporer au mélange dans le récipient. Mettre le couvercle. Faire partiellement durcir, pendant 2 h environ, en remuant fréquemment.

3 Reverser le mélange partiellement durci dans le bol du mixeur, et mixer jusqu'à ce que le mélange soit à nouveau fluide. Remettre dans le récipient rigide, couvrir et refaire durcir pendant 3 h au congélateur.

4 Laisser la glace pendant 10 min environ à température ambiante pour la faire légèrement ramollir. Racler la surface à la cuiller pour créer une texture neigeuse. Remplir les coupes individuelles.

On obtient cette surface granuleuse, ou neigeuse, en raclant la surface à la cuiller au moment de servir la glace.

SORBET AUX FRAMBOISES

- Pour 8 personnes
- Préparation : 20 min, plus congélation

500 g de framboises surgelées
120 g de sucre en poudre
1 c. à soupe de gélatine en poudre
4 c. à soupe de mélasse dissoutes dans 4 c. à soupe d'eau chaude
5 c. à soupe de liqueur de framboises
3 c. à soupe de jus de citron
Fruits frais (kiwis, papayes et framboises)

1 Saupoudrer légèrement les framboises de sucre, et les faire décongeler.

2 Dans une petite casserole, faire tomber la gélatine en pluie sur *25 cl d'eau*. Attendre 1 min. Faire cuire à feu moyen jusqu'à dissolution complète de la gélatine, en remuant souvent. Ôter la casserole du feu.

3 Au-dessus d'un saladier, écraser les framboises avec les doigts à travers un tamis moyen, de manière à obtenir une purée sans pépins.

4 Mélanger la mélasse, la liqueur, le jus de citron et la purée de framboises, puis incorporer peu à peu la gélatine dissoute, jusqu'à consistance homogène.

5 Verser le mélange dans un récipient rigide spécial pour congélateur. Faire partiellement durcir, pendant 2 h environ, en remuant de temps à autre.

6 Reverser le mélange partiellement durci dans le bol du mixeur, et mixer jusqu'à ce que le mélange soit de nouveau fluide. Remettre dans le récipient rigide, couvrir et refaire durcir pendant 3 h au congélateur.

7 Disposer des morceaux de kiwi et de papaye ainsi que des framboises dans les coupes individuelles. Garnir de petites boules de sorbet.

Ajouter la gélatine dissoute au mélange à la framboise.

Des tranches de papaye et de kiwi ajoutent une touche de couleur au sorbet.

COMMENT SERVIR LA GLACE ET LE SORBET

La présentation la plus attrayante est celle sous forme de boules. Pour obtenir de meilleurs résultats, mouler les boules à l'avance, les disposer sur une plaque à pâtisserie tapissée de papier sulfurisé, et mettre à durcir au congélateur.

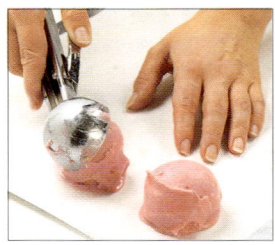

À l'heure du dessert, sortir les boules au dernier moment et les disposer dans des coupes ou sur un plat.

TARTE GLACÉE AU CARAMEL

- Pour 8 à 10 personnes
- Préparation : 3 h, plus congélation

120 g de sablés finement broyés

60 g de cerneaux de noix finement broyés

60 g de cassonade

90 g de beurre ramolli

0,6 l de glace à la vanille

175 g de sucre en poudre

45 g de cacao en poudre

45 cl de crème fraîche

0,6 l de glace au café ou au chocolat

Copeaux de chocolat (voir p. 104) pour la décoration

1 Préchauffer le four à 200 °C (th. 6). Dans un moule à tarte de 23 cm de diamètre, malaxer à la main les sablés, les noix broyées, la cassonade et 75 g de beurre. Foncer la pâte obtenue sur le fond et les bords du moule, et faire cuire pendant 8 min. Laisser refroidir ce fond de tarte sur une grille à gâteaux.

2 Pendant ce temps, faire ramollir légèrement la glace à la vanille en la mettant au réfrigérateur.

3 À l'aide d'une spatule souple ou métallique, étaler régulièrement la glace ramollie sur le fond de tarte. Faire durcir au congélateur pendant environ 1 h 30.

4 Dans une casserole à fond épais, mélanger à feu moyen 150 g de sucre en poudre, le cacao, 25 cl de crème fraîche et le reste du beurre. Porter à ébullition et remuer constamment jusqu'à consistance lisse. Ôter la casserole du feu. Laisser refroidir cette sauce caramel à température ambiante.

5 Verser la sauce sur la couche de vanille qui recouvre le fond de la tarte.

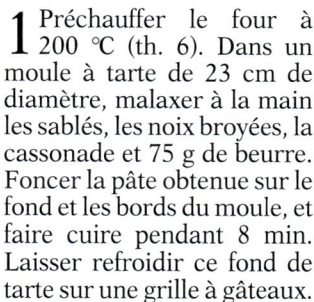

6 Remettre aussitôt au congélateur pendant environ 30 min, jusqu'à ce que la sauce ait durci.

7 Transvaser la glace au chocolat ou au café dans un saladier. Laisser refroidir à température ambiante, en remuant de temps à autre, jusqu'à obtenir la consistance d'une pâte à étaler (mais sans laisser fondre). Étaler cette pâte glacée sur la couche de caramel. Remettre la tarte au congélateur.

8 Dans un bol, fouetter le reste de crème fraîche et de sucre en poudre.

9 Étaler cette crème fouettée à la spatule métallique sur la tarte, en lissant le dessus.

10 Décorer avec les copeaux de chocolat.

POUR SERVIR
Pour le couper plus facilement, sortir le dessert et le laisser à température ambiante pendant 15 min.

11 Remettre au congélateur, sans couvrir, pendant environ 3 h. Si le dessert n'est pas servi le jour même, l'emballer dans du papier d'aluminium et le remettre au congélateur.

Étaler la crème fouettée sur la couche de glace.

GRANITÉ AUX DEUX PARFUMS

AU CAFÉ

 Pour 6 personnes
Préparation : 10 min, plus congélation

60 g de sucre en poudre
4 c. à soupe de café soluble

1 Dans une casserole moyenne, à feu vif, porter à ébullition *75 cl d'eau* avec le sucre et le café, en remuant de temps en temps. Régler sur feu moyen, et laisser cuire pendant 5 min.

2 Verser le mélange dans un récipient spécial pour congélateur.

3 Laisser refroidir le mélange, couvrir le récipient, et laisser durcir 5 h au congélateur, en remuant de temps à autre.

POUR SERVIR
Faire légèrement ramollir le granité pendant 10 min à température ambiante. Après cela, gratter le dessus de la glace à la cuiller, pour créer la texture granuleuse. Présenter dans de grands verres, en couches alternées.

AU CITRON

 Pour 6 personnes
Préparation : 15 min, plus congélation

200 g de sucre en poudre
4 gros citrons

1 Dans une casserole moyenne, à feu vif, porter à ébullition *50 cl d'eau* avec le sucre, en remuant de temps à autre. Régler sur feu moyen, et laisser cuire pendant 5 min. Laisser refroidir.

2 Râper 2 c. à soupe de zeste de citron, et presser 17,5 cl de jus. Mélanger le zeste râpé et le jus dans le sirop sucré refroidi.

3 Verser dans un récipient spécial pour congélateur.

4 Couvrir, et laisser durcir 5 h au congélateur, en remuant de temps en temps.

Conseils et Recettes de Base

241–259

LES DESSERTS

Les recettes de ce livre appartiennent aux catégories suivantes : mousses et soufflés, crèmes et entremets, meringues, crêpes, desserts aux fruits, puddings, gâteaux et pâtisseries, gâteaux au fromage blanc, gâteaux aux fruits secs, tourtes, tartes et flans, gâteaux individuels, biscuits et gâteaux secs, desserts glacés. Dans chaque catégorie, des desserts simples ou classiques côtoient des recettes beaucoup plus élaborées. Sur cette double-page, vous trouverez quelques conseils indispensables à la confection de tous les desserts.

LA GÉLATINE : PRÉCAUTIONS

Pour de nombreux desserts, comme les mousses et les bavarois, la gélatine est un élément indispensable. Les deux formes courantes, en poudre ou en feuilles, sont absolument interchangeables (2 feuilles de gélatine valent 7 g de gélatine en poudre, soit 1 c. à soupe).

FAIRE FONDRE LA GÉLATINE
Pour obtenir de belles gelées, il faut faire fondre la gélatine dans une casserole, jusqu'à dissolution complète, dans de l'eau, du jus de fruits ou du lait chauffés. S'il reste des parcelles de gélatine solide, on risque de perdre la limpidité ou l'élasticité du produit.

Pour s'assurer d'une parfaite dissolution, il est indispensable de mélanger constamment la préparation.

Remuer vigoureusement, mais calmement. Il est en effet très difficile de faire fondre les granulés de gélatine qui se collent sur les parois du bol.

Ne pas verser la gélatine en poudre trop brutalement dans le liquide chaud : la verser en pluie pour éviter la formation de grumeaux.

La gélatine en feuilles doit toujours être mise à ramollir dans de l'eau, puis égouttée avant d'être incorporée délicatement au liquide chaud.

Vérifier que la gélatine est complètement dissoute : passer une spatule souple contre le flanc du récipient, et regarder s'il reste des grumeaux.

DÉMOULER LES GELÉES

On peut démouler les portions individuelles directement sur l'assiette, et les desserts de plus grande taille directement sur le plat de service (penser à mouiller légèrement le fond du plat : le dessert sera plus facile à recentrer s'il s'est décalé lors du démoulage).

• Remplir l'évier ou une grande cuvette d'eau tiède.

• Avec une pelle à tarte, décoller très délicatement les flancs du dessert des bords du moule.

• Tremper le moule dans l'eau tiède jusqu'au rebord, pendant 10 s. Surtout ne pas faire fondre l'entremets !

• Retirer le moule de l'eau, et l'agiter doucement pour que la gelée se détache du fond.

• Poser le plat à l'envers sur le moule.

• Retourner l'ensemble d'un seul coup, puis soulever doucement le moule.

INCORPORER DES INGRÉDIENTS À LA GÉLATINE
L'incorporation des ingrédients ne peut se faire que si la gélatine a déjà un peu pris, sinon les morceaux de fruits, par exemple, tomberont au fond de la préparation, et la crème fouettée perdra son volume. Pour incorporer des solides, il faut donner à la gélatine la consistance du blanc d'œuf non battu, qui permettra une distribution régulière de ces ingrédients. Pour mélanger la crème fouettée, refroidir la préparation suffisamment pour qu'elle reste compacte lors du mélange.

Si le mélange gélatineux prend trop vite, il faut le faire ramollir en le mettant au bain-marie pendant 1 min, et en remuant de temps à autre. Vous pourrez alors le remettre à refroidir, en remuant de temps en temps.

FAIRE REFROIDIR LES DESSERTS À BASE DE GELÉE
Pour faire prendre une gélatine, il faut la laisser refroidir. Pour qu'elle refroidisse et épaississe de façon régulière, remuer de temps à autre. Pour accélérer le refroidissement, placer le bol ou la casserole contenant la mixture dans un grand récipient d'eau glacée. Remuer assez souvent, jusqu'à la consistance souhaitée. On peut également mettre le bol ou la casserole dans le compartiment à glace du réfrigérateur, à condition de remuer souvent. Sinon, des cristaux de glace se forment, mouillent le mélange et gâchent le dessert.

Tester la consistance de la gélatine : prendre une cuillerée du mélange, et la laisser tomber dans le récipient. La cuillerée doit former un monticule, sans fusionner avec le reste.

ŒUFS : PRÉCAUTIONS

Les œufs crus ou mal cuits exposent le consommateur à la salmonellose, empoisonnement alimentaire occasionné par une bactérie, la salmonelle, qui se développe parfois dans les œufs. Quoique très faible, le risque existe, et il est important de prendre des précautions élémentaires. Pour la crème anglaise, s'assurer que les œufs sont bien cuits, et la crème correctement prise, mais ne pas laisser bouillir, sous peine de faire tourner la crème. Pour éviter le développement de la bactérie, respecter impérativement les règles de conservation et de cuisson des œufs ou produits à base d'œufs.

- N'acheter que des œufs propres et non fendillés, chez un fournisseur réellement fiable.
- Ne jamais acheter beaucoup d'œufs à l'avance. N'acheter que le nombre nécessaire dans l'immédiat.
- Chez soi, conserver dès que possible les œufs au frais, ou au réfrigérateur.
- Laisser les œufs dans leur boîte, le bout pointu en bas.
- Consommer les œufs dans les 15 jours qui suivent leur achat.
- Pour tester la fraîcheur d'un œuf, le plonger dans un bol d'eau froide. S'il flotte, il n'est pas frais.
- Le blanc d'un œuf frais n'est jamais très fluide.
- Lorsqu'au moment de la séparation un peu de jaune se mêle au blanc, ne jamais le retirer avec un éclat de la coquille, qui est peut-être sale. Utiliser une cuiller.
- Servir les œufs et les préparations à base d'œufs dès qu'ils sont cuits. Si vous les avez préparés à l'avance, réfrigérer tout de suite et consommer dans les 3 jours.
- La consommation des œufs crus ou insuffisamment cuits est particulièrement déconseillée :
  a) aux personnes âgées, dont le système immunitaire est plus fragile ;
  b) aux enfants, dont le système immunitaire n'est pas parfaitement développé ;
  c) aux femmes enceintes ;
  d) à toute personne dont le système immunitaire serait affecté par la maladie ou un traitement anticancéreux.

DES ŒUFS POUR ÉPAISSIR

Sous forme de crème anglaise, l'œuf sert d'agent épaississant à de nombreux desserts. Pour réussir une crème anglaise, il faut contrôler strictement la chaleur. Trop chauffés, les œufs se coagulent ; insuffisamment cuits, ils peuvent être toxiques (voir encadré, ci-contre).

Utilisez toujours une casserole à fond épais et qui n'attache pas, ou une casserole à double fond, et remuez constamment avec le fouet, jusqu'à épaississement. Le mélange doit napper de façon homogène le dos d'une cuiller métallique. Ne jamais laisser bouillir : le mélange coagulerait. Pour tester le bon degré d'épaisseur, il suffit de tremper une cuiller dans la sauce et de la tenir en l'air pendant 15 à 20 s. Si le dos de la cuiller reste nappé, la consistance est bonne.

Tester la consistance de la crème anglaise : prélever une cuillerée, et attendre de 15 à 20 s. Le dos de la cuiller doit rester nappé par la préparation.

SOUFFLÉ CHAUD

Le soufflé sucré servi chaud, auquel les blancs d'œufs battus en neige donnent beaucoup de volume, a une consistance légère et mousseuse. Le minutage est important, car il doit être servi à la sortie du four. Au bout de quelques minutes, un soufflé a tendance à retomber. La préparation de base et le moule à soufflé peuvent être préparés à l'avance. Ne pas ouvrir la porte du four avant la fin du temps de cuisson : un simple courant d'air frais dans le four peut faire retomber le soufflé.

 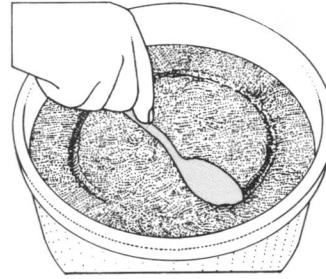

Avec le fouet, incorporer progressivement l'appareil à soufflé dans les blancs en neige.

Pour obtenir un beau soufflé bien monté, creuser avec la cuiller un cercle à 2,5 cm du bord du moule.

MOUSSES

Qu'il s'agisse des mousses au chocolat, aux fruits ou aux fruits secs, la texture légère et crémeuse de ces mousses est toujours donnée par les œufs, la crème anglaise ou la crème fouettée.

Pour obtenir une belle texture lisse et crémeuse, il est primordial d'incorporer et de mélanger les ingrédients le plus harmonieusement possible. Pour cela, on utilise un fouet à main ou une spatule souple, que l'on manipule en décrivant des 8 au fond du récipient.

LES SAUCES

Pour apporter une touche finale à la plupart des desserts, il est indispensable de posséder un bon répertoire de sauces. En voici quelques-unes pour relever ou agrémenter les fruits frais ou en boîte, les pâtisseries maison ou achetées toutes faites, les flans et les gâteaux, les desserts glacés, les puddings et le riz au lait.

On peut ne pas verser la sauce sur le dessert, mais en napper le fond de l'assiette, ou la verser à la cuiller autour du dessert, comme pour encadrer un tableau. Mieux encore, on peut décorer les sauces avec des motifs ajoutés à la douille ou incorporés (voir Décorer une sauce, p. 24-25).

SAUCES AU CHOCOLAT

SAUCE CRÈME AU CHOCOLAT

175 g de chocolat à cuire cassé en morceaux
125 ml de mélasse
4 c. à soupe de crème fleurette
15 g de beurre

1 Dans un grand bol posé dans une casserole d'eau frémissante, faire fondre les morceaux de chocolat avec la mélasse en remuant. Retirer le bol de la casserole, et incorporer les autres ingrédients.

2 Servir chaud sur des profiteroles ou de la glace.

SAUCE CHOCOLAT AU RHUM

120 g de chocolat à cuire cassé en morceaux
3 c. à soupe de sucre en poudre
30 g de beurre
1 c. à soupe de rhum

1 Dans une casserole qui n'attache pas, sur feu moyen, porter à ébullition *5 c. à soupe d'eau* avec tous les autres ingrédients, sans cesser de remuer. Baisser le feu et laisser frémir en remuant, jusqu'à consistance lisse et épaisse, pendant environ 3 min. Retirer du feu. Incorporer le rhum.

2 Servir chaud avec des bananes, de la glace ou des poires cuites.

SAUCE GUIMAUVE ET CHOCOLAT

60 g de chocolat à cuire cassé en morceaux
100 g de guimauve, coupée en petits morceaux
5 c. à soupe de crème fraîche épaisse
5 c. à soupe de miel

1 Dans une casserole qui n'attache pas, faire fondre à feu doux le chocolat et la guimauve, avec la crème et le miel. Remuer jusqu'à ce que le chocolat et la guimauve soient bien fondus.

2 Servir chaud avec des bananes ou de la glace.

CRÈMES ET ENTREMETS

CRÈME CHANTILLY

300 ml de crème fraîche épaisse
1/2 c. à soupe de sucre en poudre
1/2 c. à café d'extrait de vanille

1 Battre la crème dans un bol (au fouet ou au batteur), avec le sucre et l'extrait de vanille, jusqu'à la formation de pics entre les branches du fouet. Par temps chaud, refroidir le bol et le fouet. Attention : si vous battez trop longtemps, la crème risque de se transformer en beurre.

2 Servir avec une tarte aux fruits ou bien une glace.

Crème Chantilly au cognac
Battre la crème avec le sucre jusqu'à l'apparition de pics, comme ci-dessus. Incorporer *2 c. à soupe de cognac*.

Crème Chantilly au chocolat
Mettre dans un bol *2 c. à soupe de chocolat instantané en poudre* (ou *2 c. à soupe de cacao en poudre* et *2 c. à soupe de sucre en poudre*). Ajouter *300 ml de crème fraîche épaisse*. Fouetter comme ci-dessus.

Crème Chantilly au café
Mettre dans un bol *2 c. à café de café soluble* et *2 c. à café de sucre en poudre*. Ajouter *300 ml de crème fraîche épaisse*. Fouetter comme ci-dessus.

CRÈME ANGLAISE

3 c. à soupe de sucre en poudre
450 ml de lait
1 jaune d'œuf
1 c. à soupe de Maïzena
1/2 c. à café d'extrait de vanille

1 Dans une casserole à fond épais qui n'attache pas, mélanger tous les ingrédients sauf la vanille. Chauffer à feu moyen pendant 15 min environ, en remuant jusqu'à ce que le mélange nappe le dos de la cuiller (ne pas porter à ébullition : la crème tournerait).

2 Ôter du feu. Incorporer l'extrait de vanille. Laisser refroidir. Servir pour accompagner une tarte aux fruits, des fruits cuits, un pudding, des œufs à la neige.

CRÈME ANGLAISE AUX ŒUFS

4 jaunes d'œufs
5 c. à soupe de sucre en poudre
450 ml de lait
1 c. à café d'extrait de vanille

1 Dans une casserole à fond épais qui n'attache pas, à feu doux (ou au bain-marie avec de l'eau brûlante mais non bouillante), fouetter ensemble les jaunes d'œufs et le sucre.

2 Ajouter peu à peu le lait, et laisser chauffer 25 min en remuant, jusqu'à ce que le mélange épaississe et nappe la cuiller (ne pas porter à ébullition : la crème tournerait). Incorporer l'extrait de vanille. Servir chaud ou froid avec une tarte aux fruits ou des fruits cuits.

SAUCES AU SUCRE

CARAMEL AU BEURRE

225 g de cassonade
125 ml de crème fraîche liquide
30 g de beurre
2 c. à soupe de mélasse raffinée

1 Dans une casserole à fond épais qui n'attache pas, à feu moyen, porter à ébullition le mélange de tous les ingrédients, en remuant de temps en temps.

2 Servir chaud avec une glace à la vanille, une glace au rhum et aux raisins secs, ou un flan.

CARAMEL AU CHOCOLAT

300 g de sucre en poudre
125 ml de lait
5 c. à soupe de mélasse
60 g de chocolat à cuire cassé en morceaux
15 g de beurre
1 c. à café d'extrait de vanille

1 Dans une casserole à fond épais qui n'attache pas, porter à ébullition à feu moyen les 4 premiers ingrédients, en remuant constamment. Mettre en place le thermomètre à sucre et laisser bouillir en remuant de temps en temps jusqu'à ce que la température atteigne 109 °C (une petite quantité de mélange prélevée avec le bout de la cuiller retombe dans la casserole en formant un filet d'environ 5 mm d'épaisseur).

2 Retirer du feu. Incorporer le beurre et l'extrait de vanille. Servir chaud avec de la glace à la vanille ou des poires cuites.

SAUCE AU CARAMEL

30 g de beurre
2 c. à soupe de farine
450 ml de crème fraîche liquide
165 g de cassonade
150 g de sucre en poudre

1 Dans une casserole moyenne, à feu doux, faire fondre le beurre. Incorporer la farine.

2 Verser progressivement la crème. Remuer sans arrêt, jusqu'à ce que le mélange ait épaissi.

3 Incorporer la cassonade et le sucre en poudre. Servir chaud ou froid (réfrigéré), avec des bananes ou des pommes cuites, de la glace à la vanille ou au chocolat.

SAUCE PRALINÉE

225 g de cassonade
125 ml de mélasse
15 g de beurre
60 g de noisettes ou de noix finement broyées

1 Dans une petite casserole, à feu moyen, mélanger les 3 premiers ingrédients dans *2 c. à soupe d'eau*, jusqu'à dissolution complète du sucre. Incorporer les fruits secs en poudre.

2 Servir sur un gâteau de riz chaud, une glace ou des gaufres.

BEURRE DE COGNAC

120 g de sucre glace tamisé
90 g de beurre ramolli
2 c. à soupe de cognac

1 Dans un bol de taille moyenne, mélanger au mixeur le sucre glace avec le beurre, jusqu'à consistance crémeuse. Incorporer le cognac.

2 Transvaser à la cuiller dans un petit bol. Si vous ne servez pas tout de suite, mettre au réfrigérateur. Servir avec des tartelettes aux fruits secs ou un pudding.

Beurre de cognac « de luxe »
Même préparation que ci-dessus. Après avoir incorporé le cognac, ajouter *4 c. à soupe de crème fraîche épaisse*, préalablement fouettée.

Beurre de rhum
Même préparation que le beurre de cognac, mais en remplaçant le cognac par *du rhum*.

SAUCES AUX FRUITS

COULIS DE MÛRES

600 g de mûres fraîches ou surgelées
120 g de sucre en poudre
2 c. à soupe de jus de citron

1 Dans une casserole moyenne, à feu moyen, faire chauffer les fruits, le sucre et le jus de citron en remuant de temps à autre, jusqu'à consistance mousseuse. Filtrer à travers une passoire. Couvrir. Laisser refroidir.

2 Servir avec une glace ou des fruits.

COULIS DE CERISES

450 g de cerises dénoyautées
4 c. à soupe de sucre en poudre

1 Dans une casserole de taille moyenne, mettre les cerises avec *150 ml d'eau*. Porter à ébullition à feu moyen.

2 Réduire à feu doux, couvrir la casserole et laisser frémir pendant 5 min, jusqu'à ce que les fruits aient ramolli.

3 Pendant la dernière minute de cuisson, ajouter le sucre. Servir chaud avec des crêpes, ou froid avec de la glace ou un pudding.

COULIS DE PÊCHES

400 g de pêches au naturel en conserve
1/4 de c. à café d'extrait d'amande

1 Passer les ingrédients au mixeur, jusqu'à consistance fluide.

2 Servir avec de la glace.

COULIS DE FRAMBOISES

300 g de framboises
1 c. à soupe de sucre en poudre

1 Passer les framboises et le sucre au mixeur, jusqu'à consistance fluide. Au besoin, ajouter un peu d'eau pour diluer.

2 Passer à travers un tamis fin, en pressant avec une cuiller en bois, pour éliminer les grains. Servir avec des pêches, des fraises ou de la glace.

SAUCE-COULIS AUX FRUITS

3 grosses nectarines
3 grosses prunes
125 ml de jus d'orange
100 g de sucre en poudre
2 c. à soupe de cognac

1 Couper en petits morceaux les fruits pelés et dénoyautés.

2 Dans une casserole moyenne, faire cuire à feu doux les fruits et le jus d'orange pendant 10 min. Remuer de temps à autre. Ôter du feu.

3 Ajouter le sucre et le cognac. Remuer jusqu'à dissolution complète du sucre. Servir pour accompagner de la glace à la vanille.

SAUCE AU SIROP D'ÉRABLE ET À LA MANDARINE

325 g de mandarines en quartiers en boîte, égouttées et hachées (épiceries asiatiques)
175 ml de sirop d'érable
30 g de beurre

1 Dans une casserole moyenne, faire chauffer les ingrédients à feu doux, jusqu'à ce que le beurre ait totalement fondu.

2 Servir chaud avec des crêpes, du pain perdu, ou des coupes glacées à la chantilly.

SAUCE MELBA

75 g de gelée de groseilles
300 g de mûres
30 g de sucre glace tamisé
Le jus d'un citron

1 Dans une petite casserole, faire fondre la gelée de groseilles sur feu doux.

2 Mélanger au mixeur la gelée fondue, les mûres, le sucre glace et le jus de citron. Lorsque le liquide est fluide, passer au tamis.

3 Servir avec de la glace, des pêches ou des poires cuites.

SAUCE À L'ORANGE

60 g de beurre
175 g de sucre glace tamisé
5 c. à soupe de jus d'orange
2 c. à café de zeste d'orange râpé

1 Dans une petite casserole, faire fondre le beurre à feu doux. Incorporer le sucre glace, le jus d'orange et le zeste d'orange.

2 Faire chauffer le mélange à feu doux, en remuant souvent. Servir avec des crêpes.

LES GÂTEAUX

Les recettes de gâteaux de ce livre reposent en général sur une ou deux méthodes élémentaires. La plupart sont à base de beurre ou de margarine, et les ingrédients sont mélangés dans une terrine. Pour d'autres, comme les génoises, les roulés et les gâteaux de Savoie, il faut incorporer des blancs en neige au dernier moment pour donner à la pâte une texture mousseuse et légère.

Avant de commencer, lire attentivement la recette, réunir les ingrédients et le matériel nécessaires. Préparer les moules, préchauffer le four le cas échéant, et placer la grille dans la bonne position.

AVANT DE COMMENCER

INGRÉDIENTS
Dans ce livre, les œufs utilisés sont de calibre n° 3 ou n° 4 (de 55 à 60 g ou de 60 à 65 g). N'essayez jamais de remplacer les ingrédients proposés par d'autres, qui donneraient des résultats différents.

MESURES
Peser et mesurer soigneusement tous les ingrédients. Une cuillerée à soupe équivaut à 15 ml, et une cuillerée à café à 5 ml. Pour les ingrédients non liquides, la cuiller est remplie à ras bord.

MOULES
Utiliser des moules en aluminium ou des moules sans revêtement antiadhésif. Éviter les moules à l'ancienne avec base calorifugée. Si on utilise des moules en verre ou en porcelaine, réduire la température de 10 °C. Il existe des moules à gâteaux de forme ronde, carrée ou rectangulaire. S'assurer que le moule choisi est bien du modèle recommandé dans la recette. Mesurer le diamètre, la longueur ou la largeur dans la partie supérieure du moule, entre les bords intérieurs. Pour la profondeur, mesurer perpendiculairement au fond. Préparer les moules conformément aux instructions données (voir Comment graisser et foncer les moules, p. 248).

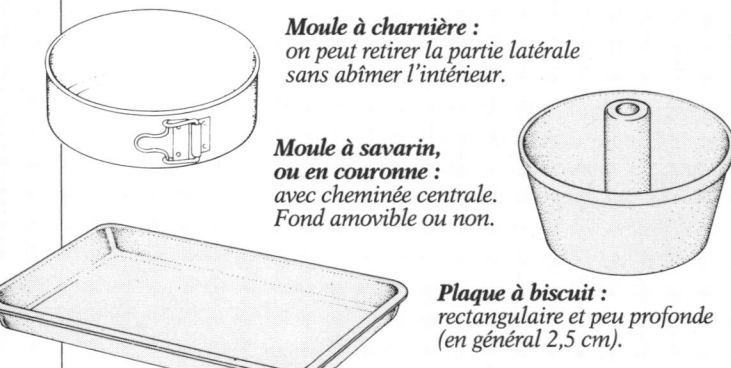

Moule à charnière : on peut retirer la partie latérale sans abîmer l'intérieur.

Moule à savarin, ou en couronne : avec cheminée centrale. Fond amovible ou non.

Plaque à biscuit : rectangulaire et peu profonde (en général 2,5 cm).

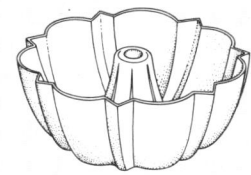

Moule à kouglof : moule cannelé avec cheminée centrale. Pour les gâteaux et desserts raffinés.

CONSERVER ET CONGELER LES GÂTEAUX

Conservation
Les génoises et les gâteaux en couronne fourrés et/ou glacés avec de la crème au beurre ou une glace au sucre doivent être placés sous un saladier retourné, afin de protéger le glaçage, et conservés dans la partie la plus froide du réfrigérateur, pour que le beurre ne rancisse pas.

Les gâteaux recouverts de crème fouettée, d'un glaçage au fromage blanc, ou d'une garniture à base de crème se gardent au réfrigérateur, au maximum 48 h.

Emballer soigneusement les gâteaux riches en beurre et en œufs, et les garder au frais, dans un récipient hermétique. Ils se bonifient avec le temps. Pour les cakes et puddings, les asperger de vin ou d'alcool avant de les entreposer, ou les emballer dans un torchon imbibé de vin ou d'alcool. Dans un récipient hermétique, vous pourrez les conserver jusqu'à 2 mois. Toutes les semaines, on peut réhumidifier le torchon avec du vin ou de l'alcool. Glacer ou décorer juste avant de servir.

Congélation
Les gâteaux conservés au congélateur font des desserts de dépannage idéals. Pour congeler vos gâteaux, n'utiliser que des emballages et des récipients spécialement conçus à cet effet. Les emballages alimentaires doivent protéger de l'humidité. Le plastique ou l'aluminium, le papier et l'emballage employés doivent être « spécial congélateur » et résistants. Fermer les paquets avec de l'adhésif « congélateur » ou un adhésif large en rouleau. Pour étiqueter les produits, utiliser du papier ou de l'adhésif « congélateur » et des feutres indélébiles.

La plupart des gâteaux se conservent de 4 à 6 mois au congélateur, les cakes jusqu'à 12 mois.

Les gâteaux non glacés doivent être bien emballés dans du papier, du plastique ou de l'aluminium « congélateur », et hermétiquement fermés avec de l'adhésif.

Les gâteaux soit glacés, soit décorés à la crème fouettée ou à la crème au beurre doivent d'abord être placés tels quels au congélateur, sur un plateau ou une plaque de carton tapissée d'une feuille d'aluminium. Quand le glaçage ou la garniture ont durci, ranger le gâteau dans un récipient rigide « congélateur », fermer hermétiquement et remettre au congélateur. Les gâteaux glacés peuvent se conserver jusqu'à 3 mois.

Ne jamais congeler les gâteaux garnis de confiture ou de fruits. Une fois décongelés, ils seraient gorgés d'eau.

Ne jamais congeler une préparation pour gâteau non cuite, ou des gâteaux dont la garniture est à base de Maïzena ou de farine.

Faire décongeler les gâteaux sans glaçage et les cakes à température ambiante, en les laissant dans leur emballage. Compter 1 h pour décongeler un gâteau sans glaçage, 2 à 3 h pour les cakes.

Déballer soigneusement les gâteaux à la crème au beurre ou crème fouettée avant de les faire décongeler et de les disposer sur le plat de service, afin de ne pas abîmer la décoration. Faire décongeler de 3 à 4 h dans le réfrigérateur, et ne sortir le gâteau qu'au moment de servir. Conserver les restes au réfrigérateur, à l'abri de l'air.

MESURER LES MOULES

Vérifier que votre moule est bien du type conseillé. Mesurer le diamètre, la longueur ou la largeur dans la partie supérieure du moule, entre les bords intérieurs. Pour la profondeur, mesurer perpendiculairement au fond.

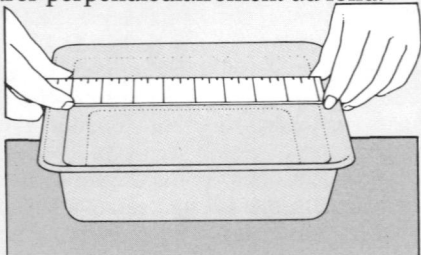

COMMENT GRAISSER ET FONCER LES MOULES

Si le moule doit être graissé et fariné, graisser aussi bien le fond que les bords avec du beurre ou de la margarine ramollis (avec un morceau de papier sulfurisé ou d'essuie-tout roulé en boule) ou fondus (en utilisant un pinceau à pâtisserie pour une répartition plus régulière). Saupoudrer ensuite de farine, ou, pour les gâteaux de couleur sombre, de cacao en poudre fine, qui ne blanchira pas la pâtisserie. Agiter le moule jusqu'à obtenir un revêtement uniforme, puis le retourner et le tapoter pour faire tomber l'excès de farine ou de cacao. Pour les cakes, bien graisser les moules, chemiser d'une feuille d'aluminium, puis graisser l'aluminium. Dans certaines recettes, il faut chemiser le fond du moule de papier sulfurisé (résistant à la cuisson). Commencer par graisser le moule, pour que le papier adhère bien au fond.

Graisser : utiliser du beurre ou de la margarine fondus. Appliquer au pinceau, ou avec un morceau de papier sulfurisé ou d'essuie-tout roulé en boule, pour une répartition régulière.

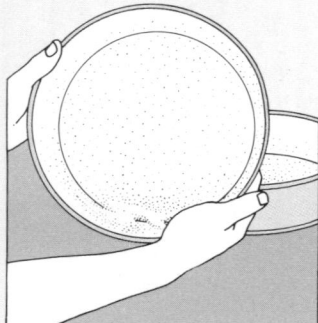

Chemiser : il faut parfois tapisser le fond d'un moule graissé avec du papier sulfurisé.

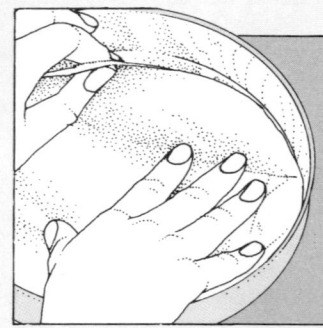

Fariner : dans certaines recettes, on farine le moule après l'avoir graissé. Saupoudrer de farine et agiter pour une répartition régulière. Retourner le moule et tapoter pour ôter l'excédent de farine.

MÉLANGER UNE PÂTE

Mélanger généralement les ingrédients au batteur électrique, en respectant le temps indiqué. Pendant le mélange, racler fréquemment les parois du bol mélangeur avec une spatule souple, pour que tous les ingrédients soient bien incorporés. Si vous mélangez avec une cuiller en bois à la place du batteur, veillez à tourner la cuiller assez longtemps pour obtenir un mélange bien lisse, signe que tous les ingrédients sont bien mélangés. Avant d'ajouter des fruits ou des noix à la préparation, les mélanger avec 1 c. à soupe de la farine mesurée. Ainsi enrobés, ils ne tomberont pas au fond du mélange.

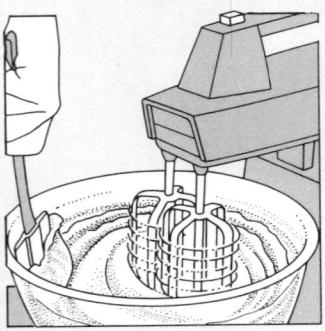

Mélanger : faire fonctionner le batteur pendant le temps indiqué, et racler constamment les bords du bol pour obtenir un mélange homogène.

INCORPORER DES BLANCS

Battre les blancs d'œufs en neige ferme. Mélanger dans un bol les autres ingrédients. Pour incorporer les blancs aux autres ingrédients, enfoncer doucement la spatule souple au centre du bol, racler le fond et remonter en raclant la paroi du bol jusqu'en haut. Tourner le récipient d'un quart de tour et renouveler l'opération, toujours très doucement, autant de fois que nécessaire pour obtenir un mélange uniforme (attention, si vous mélangez trop longtemps, les blancs retomberont).

Incorporer des blancs en neige : avec une spatule souple, soulever les blancs et les incorporer délicatement dans la masse des ingrédients.

REMPLIR LE MOULE

Verser la pâte dans le moule préparé. Tapoter sèchement le moule sur le plan de travail, ou passer vivement la spatule souple pour éliminer les bulles d'air. Lisser à la spatule.

Pour un mélange contenant des blancs en neige, le faire tomber doucement dans le moule avec la spatule souple. Lisser et égaliser avec légèreté. Passez ensuite le couteau pour éliminer les grosses bulles d'air.

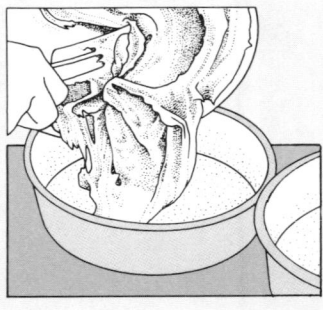

Remplir le moule : faire tomber doucement le mélange en poussant avec une spatule souple, puis lisser et égaliser délicatement.

GÉNOISES : RECETTES DE BASE

À partir des recettes de cette page, il est possible de confectionner facilement un grand nombre de desserts. Il suffit d'étaler de la confiture, de la crème de citron ou des fruits frais et de la crème fouettée en sandwich entre deux abaisses. Le dosage des ingrédients est très précis. Suivez les instructions à la lettre.

GÉNOISE CLASSIQUE

Confectionné selon la méthode tout-en-un, ce gâteau est une excellente formule de dépannage, pour un dessert express ou un gâteau de fête.

175 g de margarine ramollie
175 g de sucre en poudre
3 œufs battus
175 g de farine à gâteaux
1 c. à café bombée de levure alsacienne

1 Préchauffer le four à 180 °C (th. 5).

2 Graisser les fonds de deux moules à génoise de 18 cm à bords droits. Chemiser de papier sulfurisé.

3 Dans une grande terrine, mélanger la margarine, le sucre, les œufs battus, la farine et la levure pendant 2 min environ, jusqu'à consistance lisse et homogène.

4 Verser une moitié du mélange dans chacun des moules préparés, et lisser. Faire cuire de 25 à 30 min : le gâteau doit être doré et clair, et le centre présenter une consistance élastique quand on appuie dessus avec le doigt.

5 Démouler les gâteaux en les retournant sur une grille. Ôter délicatement le papier. Laisser refroidir.

Génoise à l'orange ou au citron
Ajouter au mélange *le zeste finement râpé d'une orange ou d'un citron*.

Génoise chocolatée
Dans une terrine, mélanger *1 c. à café bombée de poudre de cacao* avec *2 c. à soupe d'eau chaude*. Laisser refroidir. Ajouter tous les autres ingrédients, puis procéder exactement comme pour la génoise classique.

Génoise au café
Dissoudre *1 grosse c. à café de café soluble* dans les œufs battus, puis procéder au mélange.

GÉNOISE LÉGÈRE

4 œufs
120 g de sucre en poudre
120 g de farine à gâteaux

1 Préchauffer le four à 190 °C (th. 5-6). Graisser les fonds de deux moules à génoise de 20 cm à bords droits. Chemiser de papier sulfurisé.

2 Battre les œufs et le sucre dans une grande terrine, jusqu'à consistance épaisse, blanche et crémeuse, qui coule en rubans larges et épais. Incorporer doucement la farine avec une grosse cuiller métallique.

3 Partager le mélange entre les deux moules. Mettre 20 min au four, jusqu'à ce que le centre ait une consistance élastique. Démouler les gâteaux en les retournant sur une grille. Ôter le papier. Laisser refroidir.

GÉNOISE AU CHOCOLAT

2 œufs
150 ml d'huile de tournesol
150 ml de lait
2 c. à soupe de mélasse
150 g de sucre en poudre
190 g de farine à gâteaux
30 g de cacao en poudre
1 c. à café de levure chimique
1 c. à café de bicarbonate de soude

1 Préchauffer le four à 170 °C (th. 5). Graisser les fonds de deux moules à génoise de 20 cm à bords droits. Chemiser de papier sulfurisé.

2 Casser les œufs dans une grande terrine. Ajouter les autres ingrédients. Battre énergiquement pendant 2 min, jusqu'à l'obtention d'une masse lisse, où les ingrédients sont parfaitement mélangés.

3 Partager le mélange entre les deux moules. Mettre entre 30 et 35 min au four ; il doit y avoir un léger interstice entre le gâteau et le bord du moule, et une aiguille enfoncée au centre du gâteau doit ressortir parfaitement sèche et propre.

4 Démouler les deux gâteaux en les retournant sur une grille. Ôter le papier. Laisser refroidir.

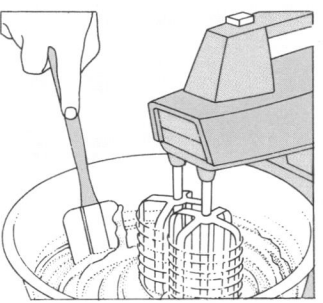

Pendant que le batteur est en action, racler à la spatule souple la matière projetée sur les bords.

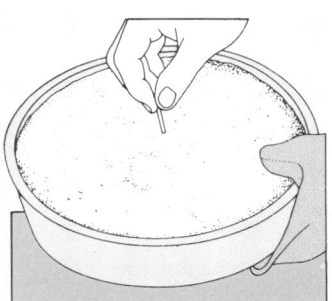

Lorsqu'une aiguille enfoncée au centre du gâteau ressort parfaitement propre, le gâteau est cuit.

GLAÇAGES, NAPPAGES ET GLACES

On appelle nappages les glaçages plus crémeux, et glaces, les plus fluides (ne pas confondre avec les crèmes glacées). La plupart des glaçages non cuits, comme la crème au beurre, peuvent être préparés à l'avance. On les conserve dans un récipient hermétique pour éviter la formation d'une croûte sur le dessus. Si la préparation a trop durci, la laisser un certain temps à température ambiante, ou la remuer pour la ramollir.

Pour glacer ou fourrer un gâteau, attendre qu'il ait complètement refroidi. Égaliser la surface au couteau et éliminer les miettes. Protéger les bords du plat en les recouvrant de bandes de papier sulfurisé. Poser le gâteau à cheval sur les bandes, bien centré sur le plat. Après le glaçage, ôter délicatement les bandes de papier. Les gâteaux glacés au fromage blanc, à la crème aigre ou à la crème fouettée doivent être mis au réfrigérateur jusqu'au moment où on les sert.

Les recettes suivantes permettent de glacer un gâteau de 33 x 23 cm, ou de fourrer et glacer une génoise de 20 à 23 cm de diamètre.

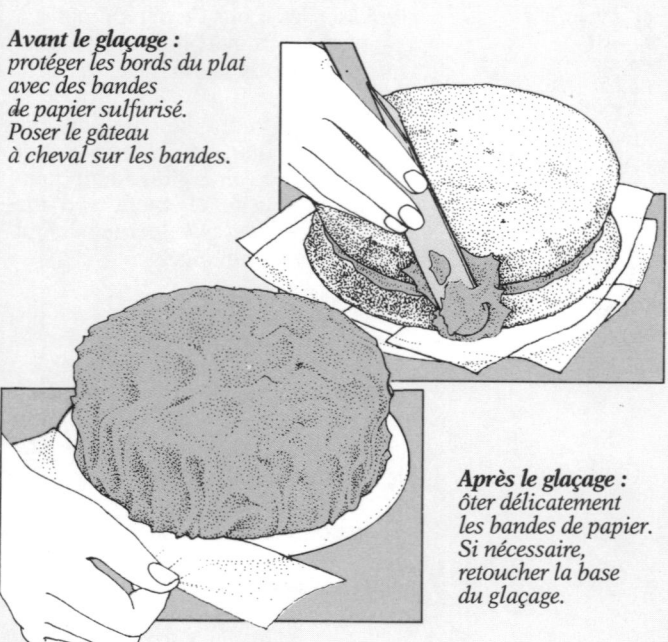

Avant le glaçage :
protéger les bords du plat avec des bandes de papier sulfurisé. Poser le gâteau à cheval sur les bandes.

Après le glaçage :
ôter délicatement les bandes de papier. Si nécessaire, retoucher la base du glaçage.

TECHNIQUES

Génoise
Poser la première abaisse de gâteau à l'envers sur le plat de service. Tapisser cette couche avec la garniture, en arrêtant juste avant le bord. Si la garniture est très fluide, s'arrêter à 2,5 cm du bord. Poser la seconde abaisse à l'endroit, par-dessus la garniture. Bien ajuster les deux gâteaux bord à bord. Mettre une mince couche de glaçage sur les flancs du gâteau pour coller les miettes éventuelles, puis appliquer une seconde couche, plus généreuse, en débordant vers le haut pour faire un rebord de 1 cm au-dessus du sommet. Glacer enfin le dessus du gâteau. Au choix, travailler ou lisser la surface. Décorer.

Bûche
Glacer les côtés et le sommet du gâteau exactement comme pour la génoise, ou laisser le gâteau dans son moule et ne glacer que le dessus.

Savarin
Glacer les côtés, puis le sommet et l'intérieur.

Gâteaux individuels
Pour un glaçage bien lisse, retourner rapidement dans la préparation le sommet de chaque gâteau.

Glaçage lissé
Épousseter les miettes du sommet du gâteau. Verser ou déposer à la cuiller la préparation sur le dessus. Étaler soigneusement à la spatule métallique une couche épaisse sur le sommet et les flancs du gâteau.

Glaçage ondulé
Déposer à la cuiller une fine couche de préparation sur le gâteau, en faisant onduler la cuiller d'avant en arrière pour créer l'effet décoratif.

GLAÇAGE À LA CRÈME FOUETTÉE

450 ml de crème fraîche épaisse	Dans un petit bol, battre la crème avec le sucre au fouet ou au batteur, jusqu'à la formation de petits pics. Incorporer l'extrait de vanille si vous le souhaitez. Mettre le gâteau au réfrigérateur jusqu'au moment de servir.
30 g de sucre glace tamisé	
1 c. à café d'extrait de vanille (facultatif)	

Glaçage à la crème fouettée et au chocolat
Même préparation que ci-contre. À la place de l'extrait de vanille, incorporer *2 c. à soupe de chocolat instantané.*

Glaçage à la crème fouettée et au café
Même préparation que ci-contre. À la place de l'extrait de vanille, incorporer *1 c. à café de café soluble.*

Glaçage à la crème fouettée et à l'orange
Même préparation que ci-contre. À la place de l'extrait de vanille, incorporer *1 c. à café de zeste d'orange râpé, et 1/2 c. à café d'eau de fleur d'oranger.*

Glaçage à la crème fouettée et à la menthe
Battre la crème comme ci-contre. À la place de l'extrait de vanille, incorporer *4 c. à soupe de bonbons à la menthe écrasés.*

CRÈME AU BEURRE

450 g de sucre glace tamisé
300 g de beurre ramolli
Un peu de lait

Dans un grand bol, mélanger à la cuiller ou au batteur le sucre et le beurre, en ajoutant si besoin du lait jusqu'à ce que la crème au beurre soit lisse et facile à étaler.

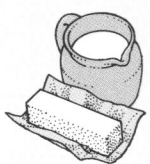

Crème au beurre et au citron
Même préparation que ci-dessus, mais avec *du jus de citron* à la place du lait.

Crème au beurre pour moka
Même préparation que ci-dessus, mais en ajoutant *45 g de cacao en poudre*, et en remplaçant le lait par *du café noir froid*.

NAPPAGE À LA CRÈME AIGRE ET AU CHOCOLAT NOIR

175 g de chocolat noir cassé en morceaux
15 g de beurre
150 ml de crème aigre
30 g de sucre glace tamisé

1 Dans un bol posé dans une casserole d'eau à peine frémissante, faire fondre le chocolat et le beurre, en remuant de temps en temps, jusqu'à consistance lisse. Retirer le bol de la casserole.

2 Dans un bol moyen, battre au batteur le mélange chocolaté, la crème aigre et le sucre glace, jusqu'à consistance lisse.

NAPPAGE AU FROMAGE BLANC

175 g de fromage blanc à 40 % de m. g.
2 c. à soupe de lait
225 g de sucre glace tamisé
1 1/2 c. à café d'extrait de vanille

1 Dans un petit bol, lisser au batteur le fromage blanc et le lait.

2 Ajouter le sucre glace et l'extrait de vanille jusqu'à mélange complet.

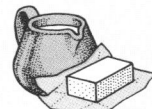

Nappage au fromage blanc et au café
Même préparation que ci-dessus, mais en ajoutant *4 c. à café de café soluble* au sucre glace à la place de l'extrait de vanille.

GLAÇAGE CAFÉ CARAMEL

90 g de beurre ramolli
225 g de sucre glace tamisé
1 c. à soupe de lait
1 c. à soupe d'extrait de café
60 g de noix et de noisettes finement broyées
Cerneaux de noix ou noisettes décortiquées, pour la décoration

1 Dans un bol de taille moyenne, mettre le beurre, le sucre glace, le lait et l'extrait de café.

2 Mélanger les ingrédients à la cuiller ou au mixeur, jusqu'à consistance lisse et facile à étaler.

3 Ajouter les noisettes et les noix broyées, et mélanger jusqu'à consistance homogène.

4 Après avoir étalé le glaçage sur le gâteau, enfoncer immédiatement les cerneaux de noix ou les noisettes sur le dessus ou le pourtour du gâteau selon le dessin de votre choix. Laisser durcir avant de servir.

GLAÇAGE AU CHOCOLAT NOIR

175 g de chocolat noir cassé en morceaux
30 g de beurre
2 c. à soupe de mélasse
3 c. à soupe de lait

1 Dans une casserole à fond épais qui n'attache pas (ou dans une casserole à bain-marie avec de l'eau très chaude mais non bouillante), faire fondre à feu doux le chocolat et le beurre, en remuant jusqu'à consistance de pâte très lisse. Retirer du feu.

2 Au fouet ou à la fourchette, incorporer la mélasse avec le lait. Lorsque le mélange est très lisse, l'étaler pendant qu'il est chaud.

GLAÇAGE MOKA

350 g de sucre glace
4 c. à soupe de cacao en poudre
1 c. à café de café soluble
1 c. à café d'extrait de vanille

1 Tamiser dans un grand bol le sucre glace, le cacao et le café.

2 Ajouter peu à peu environ *3 c. à soupe d'eau tiède*, en malaxant doucement jusqu'à ce que le mélange ait la bonne consistance. Ajouter l'extrait de vanille.

GLAÇAGE AU CHOCOLAT

350 g de sucre glace
2 c. à soupe de cacao en poudre

1 Tamiser dans un grand bol le sucre glace et le cacao.

2 Ajouter *3 c. à soupe d'eau tiède*, en malaxant jusqu'à mélange complet.

GLAÇAGES BRILLANTS

Les recettes suivantes permettent de glacer un gâteau rectangulaire de 33 x 23 cm, ou un gâteau rond de 20 à 23 cm de diamètre.

GLAÇAGE AU CITRON

175 g de sucre en poudre
Le jus d'un demi-citron

1 Dans un bol, dissoudre le sucre dans le jus de citron.

2 Étaler le glaçage avec le dos de la cuiller sur le gâteau encore chaud. La chaleur du gâteau fait couler le jus de citron, ce qui donne au gâteau un bon goût de citron, et l'humidifie. Le sucre reste au sommet et forme une pellicule dure et brillante.

GLAÇAGE RICHE AU CHOCOLAT

275 g de chocolat noir cassé en morceaux
2 c. à soupe de sucre glace tamisé
3 c. à soupe de liqueur d'orange
3 c. à soupe de lait
1 c. à café de café soluble

1 Dans un bol posé dans une casserole d'eau à peine frémissante, faire chauffer tous les ingrédients en remuant constamment, jusqu'à ce que le chocolat ait fondu et que le mélange soit lisse.

2 Retirer le bol de la casserole. Laisser refroidir le mélange à température ambiante jusqu'à la bonne consistance, puis l'étaler encore tiède.

Pour étaler le glaçage au chocolat sur le gâteau : poser le gâteau sur une grille, elle-même posée sur une feuille de papier sulfurisé protectrice. Étaler sur le sommet puis les flancs du gâteau, avec une spatule métallique, et laisser l'excédent couler sur le papier.

DÉCORATIONS

Un gâteau recouvert de glaçage est facile à décorer. Pour les décorations en spirale, placer le gâteau sur un plateau tournant.

Appuyer le bout de la spatule métallique au centre du gâteau, que l'on fait tourner lentement en éloignant progressivement le couteau du centre.

Pour obtenir des raies parallèles, graver la surface avec les dents de la fourchette. Éventuellement, recommencer perpendiculairement.

GLAÇAGES AU SUCRE

Pour donner à votre gâteau cet aspect particulier, une petite quantité de glaçage suffit.

GLACE ROYALE

60 g de sucre glace
Colorant alimentaire (facultatif)

1 Verser le sucre glace dans un bol.

2 Ajouter progressivement *1 1/2 c. à soupe d'eau tiède*, en battant vigoureusement jusqu'à ce que la préparation ait la consistance voulue. Incorporer quelques gouttes de colorant alimentaire.

Glace au café
Même préparation que ci-dessus, mais en remplaçant l'eau par la même quantité d'*extrait de café*.

Glace au citron
Même préparation que plus haut, mais en remplaçant l'eau par *du jus de citron*. Ajouter éventuellement un colorant alimentaire jaune.

Glace à la liqueur
Même préparation que plus haut, mais en remplaçant l'eau par *une liqueur de votre choix*.

Glace à l'orange
Même préparation que plus haut, mais en remplaçant l'eau par *du jus d'orange*. Ajouter éventuellement *un colorant alimentaire orange*.

GARNITURES DE SURFACE

Les recettes suivantes permettent de garnir le sommet d'un gâteau rectangulaire de 33 x 23 cm.

GARNITURE AU CARAMEL ET AUX NOIX

25 ml de crème fraîche épaisse ou à fouetter
100 g de sucre en poudre
30 g de beurre
1 c. à soupe de mélasse
120 g de chocolat noir cassé en morceaux
200 g de cerneaux de noix finement broyés

1 Dans une casserole qui n'attache pas, à feu moyen, porter les 5 premiers ingrédients à ébullition en remuant sans arrêt.

2 Réduire un peu le feu, et laisser pendant 5 min en remuant sans arrêt. Laisser refroidir pendant 10 min environ, puis incorporer les noix.

3 Verser rapidement la préparation sur le gâteau, régulièrement, en laissant couler l'excédent sur les flancs. Faire durcir au réfrigérateur pendant environ 1 h.

GARNITURE AU PRALINÉ ET À LA NOIX DE COCO

120 g de beurre
100 g de noix de coco en poudre
90 g de cerneaux de noix finement broyés
165 g de cassonade

1 Commencer la préparation de la garniture environ 10 min avant la fin de la cuisson du gâteau. Faire fondre le beurre dans une casserole de taille moyenne, à feu doux.

2 Incorporer la noix de coco, les noix et la cassonade. Retirer ensuite la casserole du feu.

3 Lorsque le gâteau est cuit, étaler le mélange dessus. Passer au gril pendant 2 min, le temps de le faire dorer.

CARAMEL BRISÉ

60 g de sucre

1 Dans une casserole à fond épais, faire fondre le sucre à feu moyen en remuant constamment jusqu'à ce qu'il prenne une couleur brun-roux (environ 6 min).

2 Verser immédiatement le caramel sur une plaque à pâtisserie graissée. Laisser refroidir.

3 Écraser le caramel au rouleau à pâtisserie. Si on ne l'utilise pas immédiatement, le conserver dans un récipient hermétique.

CRÈMES À FOURRER POUR GÂTEAUX

Les recettes suivantes permettent de fourrer une génoise de 20 à 23 cm de diamètre.

CRÈME À FOURRER AUX AMANDES

120 g d'amandes mondées et grillées
120 g de sucre glace tamisé
60 g de beurre ramolli
Environ 2 c. à soupe de jus ou de liqueur d'orange

1 Broyer finement les amandes au hachoir électrique.

2 Mélanger dans un bol les amandes au sucre et au beurre. Ajouter la quantité de jus ou de liqueur nécessaire pour obtenir une pâte facile à étaler.

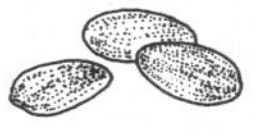

CRÈME À FOURRER À LA VANILLE

450 g de lait
50 g de sucre en poudre
25 g de Maïzena
2 jaunes d'œufs
1 c. à soupe d'extrait de vanille

1 Dans une casserole qui n'attache pas, mélanger tous les ingrédients sauf l'extrait de vanille.

2 Faire cuire à feu moyen pendant 20 min, jusqu'à ce que le mélange épaississe et nappe le dos de la cuiller (ne pas faire bouillir, cela tournerait). Incorporer l'extrait de vanille, laisser refroidir, puis mettre 30 min au réfrigérateur.

CRÈME À FOURRER AU CITRON

1 c. à soupe de zeste de citron râpé
4 c. à soupe de jus de citron
50 g de sucre en poudre
4 c. à café de Maïzena
15 g de beurre

1 Dans une petite casserole, à feu moyen, mélanger intimement tous les ingrédients, sauf le beurre, dans *125 ml d'eau*. Laisser chauffer puis faire bouillir en remuant jusqu'à ce que le mélange épaississe.

2 Réduire le feu. Laisser frémir pendant 1 min en remuant de temps en temps. Retirer du feu, incorporer le beurre. Laisser refroidir à température ambiante.

Crème à fourrer à l'orange
Même préparation que ci-dessus, mais avec *du zeste et du jus d'orange* à la place du citron.

LA PÂTE

Vous pourrez réaliser toutes vos idées de tartes, tourtes et flans grâce aux recettes et aux conseils de cette double-page. Choisissez la pâte à tarte qui convient le mieux au dessert — chaud ou froid — que vous avez décidé de faire (la pâte brisée non cuite est le fond de tarte le plus rapide à réaliser, et celui qui peut se servir avec les garnitures les plus variées). Vous trouverez les recettes de pâtes à tarte sans sucre aux pages 134 et 135, celles des pâtes sablées (sucrées) pour tartes aux fruits, tartes et tartelettes à la page 159. Après les avoir garnies de fruits, de crème pâtissière, de glace ou de mousse, il suffit de les décorer pour leur apporter une touche personnelle. Si vous achetez une pâte surgelée toute faite, abaissez-la et utilisez-la de la même façon que les autres.

TECHNIQUES DE PRÉPARATION DE LA PÂTE

ABAISSER AU ROULEAU

Il faut étendre la pâte avec un rouleau à pâtisserie fariné sur une surface légèrement poudrée de farine. Aplatir un peu la boule de pâte avant de l'abaisser. Faire rouler l'instrument du centre vers les bords, en conservant à la pâte sa forme circulaire. Si nécessaire, rectifier à la main. Vers la périphérie, atténuer légèrement la pression pour éviter de faire des bords trop minces. Soulever la pâte de temps à autre pour vérifier qu'elle ne colle pas. Si elle colle, la détacher avec une spatule, et poudrer davantage de farine le plan de travail. Si des fissures apparaissent, les colmater aussitôt en prélevant de la pâte à la périphérie. Humidifier les bords de la déchirure, étendre le morceau de pâte sur le trou, et passer un coup de rouleau.

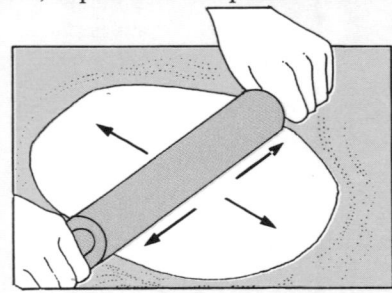

Étendre la pâte : déplacer le rouleau du centre vers les bords pour former une abaisse bien ronde. Si nécessaire, rectifier à la main. Vers la périphérie, atténuer légèrement la pression pour éviter les bords trop minces.

COMMENT FONCER LES MOULES

Pour une tourte, diviser la pâte en deux parties, l'une légèrement plus grosse que l'autre. Utiliser le plus grand morceau pour foncer le moule, l'autre pour le « couvercle ».

Étendre la pâte de manière à faire une abaisse de 3 mm d'épaisseur, dont le rayon dépasse de 4 cm celui du moule posé à l'envers. Enrouler l'abaisse autour du rouleau à pâtisserie, sans serrer. La déposer dans le moule, dérouler et ajuster en enfonçant bien la pâte contre la base des rebords. Ne pas étirer la pâte : elle pourrait se rétracter pendant la cuisson. Confectionner une bordure décorative (voir p. 136-137) puis étaler la garniture. Recouvrir avec la seconde abaisse de pâte.

LE MATÉRIEL

Pour réussir vos pâtes et gagner du temps, mieux vaut utiliser les bons instruments. Voici les ustensiles les plus courants.

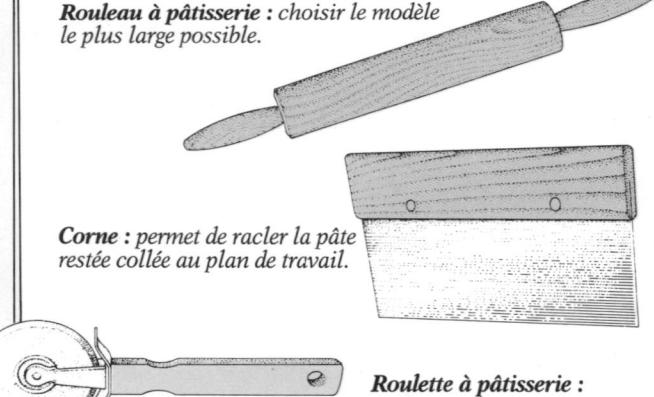

Rouleau à pâtisserie : choisir le modèle le plus large possible.

Corne : permet de racler la pâte restée collée au plan de travail.

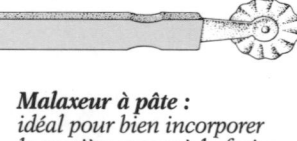

Roulette à pâtisserie : cet instrument à tranchant lisse ou cannelé permet de découper rapidement les abaisses.

Malaxeur à pâte : idéal pour bien incorporer la matière grasse à la farine. Il existe différentes formes, celui-ci est le plus efficace.

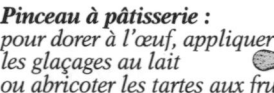

Pinceau à pâtisserie : pour dorer à l'œuf, appliquer les glaçages au lait ou abricoter les tartes aux fruits.

LES MOULES À TARTE

S'assurer que le moule est bien de la taille spécifiée dans la recette. Si le fabricant n'a pas précisé les dimensions sur l'emballage, mesurer le diamètre avec une règle d'un bord intérieur à l'autre.

À diamètre égal, la capacité d'un moule varie en fonction de sa profondeur. Les recettes de ce livre sont étudiées pour des moules peu profonds.

Pour obtenir une croûte bien dorée, sur la partie supérieure comme sur la partie inférieure, utiliser des moules en métal (aluminium anodisé ou fer blanc) ou émaillés.

Ne graisser les moules que si la recette le précise. La plupart des pâtes contiennent suffisamment de matière grasse pour les empêcher de coller.

CUISSON À BLANC

On peut cuire un fond de tarte à blanc, c'est-à-dire le précuire sans la garniture. S'il doit être garni d'une préparation très juteuse, ne pas le piquer à la fourchette avant la cuisson. Au contraire, après avoir foncé la pâte et réalisé la bordure décorative, découper une feuille d'aluminium et l'appliquer sur la pâte, en appuyant doucement sur le fond et les côtés. Puis remplir à mi-hauteur de haricots secs ou de riz cru. Faire cuire au four préchauffé à 220 °C (th. 6-7) pendant 10 min. Ôter délicatement l'aluminium et les haricots ou le riz, et remettre la pâte à cuire jusqu'à ce qu'elle prenne une teinte dorée. Laisser complètement refroidir avant de garnir. Lorsqu'ils ont refroidi, on peut conserver les haricots ou le riz dans un récipient hermétique, et les réutiliser pour d'autres cuissons à blanc. Ne pas utiliser pour la cuisine.

Cuisson à blanc : remplir à mi-hauteur de haricots secs ou de grains de riz.

UNE PRÉCAUTION POUR LA CUISSON

Parfois, malgré toutes les précautions, le jus rendu par des fruits très juteux s'échappe par-dessus le bord du moule, et coule dans le four. Si vous utilisez des fruits très mûrs, découpez une feuille d'aluminium de 30 cm de côté, dont vous releverez chaque bord sur une hauteur de 1 cm. Posez cette protection sur une seconde grille, juste en-dessous de la tarte à cuire. Même si le jus déborde pendant la cuisson, il coulera sur l'aluminium et vous épargnera le nettoyage du four.

DORURE ET CUISSON

Pour obtenir une tourte à la croûte dorée, badigeonner le dessus du couvercle (mais pas les bords) de lait, de lait condensé non dilué, ou de blanc d'œuf légèrement battu. Poudrer la croûte de sucre, si on le désire. Si en cours de cuisson les bords brunissent trop vite, les protéger avec des bandes de papier d'aluminium. Si la croûte du dessus brunit trop vite, recouvrir la tourte d'une feuille d'aluminium, pas trop ajustée, pendant le dernier quart d'heure de cuisson.

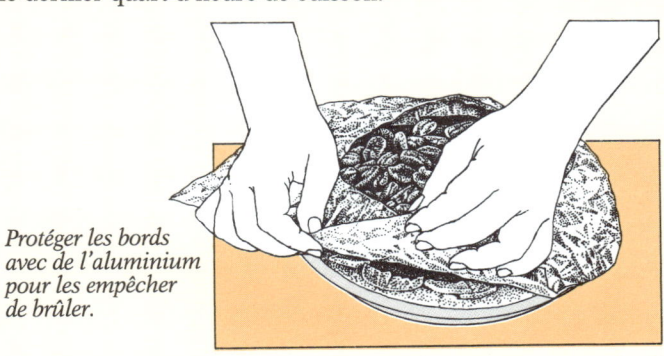

Protéger les bords avec de l'aluminium pour les empêcher de brûler.

CONGELER LA PÂTE

Pâte non cuite
Rouler la pâte en abaisses d'un diamètre supérieur de 4 cm à celui du bord du moule posé à l'envers. Empiler ces abaisses en mettant 2 feuilles de papier sulfurisé entre chacune. Emballer et congeler. Utiliser dans les 3 mois.

Avant utilisation, poser l'abaisse sur le moule et attendre environ 15 min.

Fonds de tarte
Congeler les fonds de tarte, cuits ou non, dans leurs moules ou dans des moules en aluminium réutilisables. Les fonds cuits se conservent jusqu'à 6 mois. Déballer, puis décongeler pendant 15 min à température ambiante. Les fonds crus se conservent jusqu'à 3 mois.

Avant utilisation, piquer les fonds à la fourchette et les faire cuire sans les avoir fait dégelés pendant 20 min environ, dans un four préchauffé à 220 °C (th. 6-7). Sinon, garnir et cuire selon les instructions de la recette.

Tourtes et tartes aux fruits
On peut congeler une tarte aux fruits crue ou cuite pendant 3 mois. Pour congeler une tarte aux fruits crue, si les fruits sont très juteux, ajouter 1 à 2 c. à soupe de farine ou de Maïzena à la garniture. Ne pas pratiquer d'entailles dans la croûte supérieure des tourtes. Emballer et congeler. Si la tarte est fragile, congeler d'abord sans emballage, pour la solidifier, puis recouvrir d'une assiette en carton protectrice, emballer et recongeler.

Pour cuire une tourte aux fruits crue congelée, la déballer puis pratiquer des entailles dans la croûte supérieure, et la mettre directement dans le four préchauffé. Prévoir entre 15 et 20 min de cuisson supplémentaires, ou attendre que le jus bouillonne.

Quant aux tartes cuites, les laisser à température ambiante pendant environ 30 min après les avoir déballées. Laisser 30 min dans le four préchauffé à 180 °C (th. 5).

Garnitures givrées
Les tartes à la crème glacée ou avec une garniture givrée seront plus faciles à découper au moment de servir, mais aussi plus savoureuses, si on les laisse 15 min à température ambiante après les avoir sorties du congélateur. D'abord les déballer pour ne pas abîmer la décoration.

CONSERVATION DES TARTES ET TOURTES

La plupart des tartes et tourtes se conservent jusqu'au lendemain à la température ambiante, même par temps chaud. Après refroidissement, les recouvrir d'aluminium. Pour les conserver jusqu'à 2 à 3 jours, les mettre au réfrigérateur ; les passer au four avant de servir.

Les tartes et tourtes avec garniture à la crème, à la crème anglaise, à la crème fouettée, au fromage blanc ou avec une garniture prise à la gélatine doivent être réfrigérées et consommées dans les 24 h.

On peut emballer les boules de pâte crue dans du papier sulfurisé ou d'aluminium, et les mettre au réfrigérateur pendant 1 ou 2 jours.

TRUCS ET CONSEILS

Ce chapitre récapitule tous les conseils pratiques indispensables à la réussite des recettes de ce livre. Ils vous permettront d'économiser du temps et de l'énergie, et faciliteront votre travail. Surtout, lisez très attentivement la recette avant de commencer, et assurez-vous d'avoir bien compris toutes les instructions. Réunissez ensuite tous les ingrédients et tous les ustensiles dont vous allez avoir besoin, pour ne manquer de rien au dernier moment.

Considérez ce livre comme un outil de travail. Ayez un crayon à portée de la main, et si jamais vous constatez que, dans votre four, le temps de cuisson est de 20 min au lieu des 30 min conseillées, notez-le pour la fois suivante. Notez également toute information pratique (le plat dont vous vous êtes servi, si vous avez utilisé des noix à la place des noisettes, etc.).

CONSEILS GÉNÉRAUX

• Lorsqu'une recette exige du beurre ou de la margarine, il s'agit de la forme solide, en pain. Lorsque de la margarine malléable est demandée, il s'agit de la margarine en barquette, qui a été battue et aérée. Ne pas utiliser de margarines allégées ou de pâtes à tartiner végétales, qui contiennent plus d'eau et moins de matière grasse. Elles peuvent modifier le résultat.

• La cassonade stockée au congélateur sera très fluide une fois décongelée. Si des blocs se forment, les passer au four à micro-ondes.

• Lorsque l'on a besoin très rapidement de beurre ou de margarine de consistance molle, découper la quantité demandée en petits dés, qui ramolliront plus vite qu'un gros morceau.

• Conserver les ingrédients secs — farine, sucre, levure chimique, bicarbonate de soude — dans un récipient hermétique, et dans un endroit sec et frais.

• Pour couper tout aliment collant, comme les fruits confits, passer la lame du couteau ou les ciseaux dans de la farine.

• Pour mesurer un ingrédient, ne jamais remplir la cuiller à mesurer en la tenant au-dessus du saladier à préparation. Un faux mouvement, et le mélange serait gâché par un excès d'extrait de vanille, de levure chimique, etc.

• Lorsque l'on malaxe à la main ou incorpore des ingrédients dans le mélange, placer d'abord un torchon humide sous le saladier pour l'empêcher de glisser pendant que l'on travaille la pâte.

• Pour déterminer le volume d'un récipient, mesurer la quantité d'eau nécessaire pour le remplir à ras bord.

• Pour découper des parts bien nettes et régulières, utiliser le bon couteau, et faire le bon geste.

Pour les génoises et les gâteaux fourrés, utiliser un couteau de cuisine très bien aiguisé.

Pour les desserts meringués et les biscuits roulés, utiliser un couteau à lame fine, bien aiguisé, et l'essuyer sur un chiffon humide ou une serviette en papier après chaque coupe.

Avant de découper un gâteau au fromage, un gâteau mousse ou un dessert « collant », tremper la lame du couteau dans de l'eau brûlante et sécher aussitôt avec un morceau d'essuie-tout. La lame chaude ne collera pas au gâteau.

Manipuler le couteau légèrement, avec un mouvement de scie, pour éviter d'écraser ou de déformer le dessert.

• S'il reste de la crème fouettée, dessiner des décors à la douille, ou la déposer à la cuiller, sur une plaque à pâtisserie. Congeler le tout. Lorsque la crème a durci, détacher les blocs ou les motifs de la plaque, et les enfermer au congélateur, dans un sac en plastique. Les réutiliser plus tard en les disposant sur le dessert. Laisser préalablement décongeler quelques minutes.

CRÈMES ET ENTREMETS

• Ajouter une petite quantité de liquide chaud dans les œufs battus pour les réchauffer. Ils ne coaguleront pas lorsqu'on les ajoutera à un autre liquide chaud.

• Avant de vérifier la consistance d'une crème anglaise, toujours la retirer du feu. Quelques secondes de cuisson en trop peuvent être catastrophiques.

• Si la crème anglaise a trop chauffé, la verser immédiatement dans un bol froid, et fouetter vigoureusement pour empêcher la formation de grumeaux. On peut aussi la sauver en y mettant un glaçon.

• Afin de faire refroidir une crème anglaise cuite avant d'y ajouter les autres ingrédients, appliquer doucement sur la surface du papier sulfurisé humidifié. Sinon, une peau risque de se former.

• Le bain-marie, en maintenant de façon constante une température idéale, permet une cuisson régulière parfaite pour la crème anglaise.

• Pour éviter les débordements d'eau lors de la cuisson au bain-marie, poser les ramequins dans un grand moule, et placer ce moule au centre d'une grille de four partiellement tirée. Remplir le moule d'eau très chaude, à mi-hauteur des ramequins, puis enfourner doucement la grille. Respecter les indications de cuisson.

FRUITS ET FRUITS SECS

• Le vide-pommes est un outil très pratique pour retirer le cœur et les pépins des pommes et des poires. On peut aussi couper le fruit en deux et l'évider doucement, d'un seul mouvement.

• Lorsqu'on utilise des mûres congelées pour décorer le dessus d'un dessert, les sortir du congélateur, les étaler sur de l'essuie-tout, et les laisser doucement décongeler au réfrigérateur.

• Lorsque la recette demande du zeste d'orange ou de citron, il s'agit de la couche externe de la peau, orange ou jaune, et non de la partie interne, qui est blanche et amère. Râper finement, juste avant utilisation, car les zestes sèchent très vite. Utiliser de préférence des fruits non traités.

• Lorsqu'on presse des agrumes, comme les citrons, oranges ou citrons verts, rouler doucement le fruit sur la surface de travail, en appuyant légèrement, avant d'ouvrir et de presser. Il rendra plus de jus.

- Si on a un four à micro-ondes, l'utiliser pour presser plus facilement les agrumes. Les poser dans le four, et chauffer au maximum de la puissance, jusqu'à ce que la peau soit chaude.

- Conserver les noix (entières ou décortiquées) au congélateur. Emballées dans des sacs spécial congélateur, les noix entières resteront fraîches pendant 3 ans ; décortiquées, pendant 1 an ; broyées, pendant 3 mois.

- Les noix entières dans leurs coquilles sont plus faciles à ouvrir lorsqu'elles sont congelées parce qu'elles sont alors plus cassantes.

- Pour les recettes délicates de gâteaux fourrés, on demande souvent des « noix finement broyées ». Pour de meilleurs résultats, les noix doivent être bien sèches et légères. Ne pas les laisser trop longtemps dans le hachoir électrique. Si elles sont épaisses et pâteuses, elles rendront de l'huile, et seront trop lourdes. Si on les broie à la main, il faut recommencer plusieurs fois l'opération pour obtenir une certaine finesse. Les noix « broyées » du commerce ne sont pas assez fines. Les repasser au hachoir.

CHOCOLAT

- *Le chocolat noir* est fabriqué à partir de pâte de cacao, de beurre de cacao ou toute autre matière grasse, et de sucre. Plus la proportion de pâte de cacao est importante, plus le chocolat est noir. Plus il y a de beurre de cacao, plus le chocolat est riche (c'est le fameux chocolat de couverture). Le chocolat amer contient toujours moins de sucre.

- *Le chocolat au lait* contient lui aussi de la pâte de cacao, du beurre de cacao ou toute autre matière grasse, du sucre, du lait et parfois même de la crème. À cause de la faible proportion de cacao, on ne peut pas le substituer au chocolat noir ou amer.

- Dans toutes les recettes, utiliser du chocolat noir de très bonne qualité. Vérifier très soigneusement la composition avant de l'acheter, et choisir la marque qui offre le taux de cacao le plus fort. Le chocolat appelé « pâtissier » est l'un des meilleurs.

- *Les pâtes chocolatées* pour garnitures de gâteaux sont moins chères que le vrai chocolat, mais leur goût est moins bon. Elles contiennent moins de cacao et plus de matières grasses. Elles sont donc plus faciles à travailler, surtout pour réaliser les décorations.

- *Le chocolat blanc* n'a absolument rien à voir avec du chocolat. C'est une pâte contenant du beurre de cacao, du sucre, du lait et divers arômes. N'utiliser ce chocolat que dans les recettes qui le demandent explicitement.

- *Le cacao en poudre* est fait de pâte de cacao dont on a extrait presque tout le beurre de cacao.

- *La poudre cacaotée* pour boissons et petits déjeuners contient du lait en poudre, du sucre et des arômes. Elle est trop douce pour être substituée à la poudre de cacao.

- On peut substituer le cacao en poudre au chocolat en tenant bien compte des proportions suivantes : pour remplacer 175 g de chocolat noir, utiliser 6 c. à soupe de cacao en poudre tamisé, 7 c. à café de sucre en poudre et 60 g de matière grasse végétale.

- Conserver toujours le chocolat dans un endroit frais et sec. La température idéale est 20 °C. Elle ne doit surtout pas dépasser 24 °C.

- Le chocolat conservé au froid « transpire » toujours un peu quand on le ramène à température ambiante.

- Lorsque le chocolat est conservé dans une atmosphère trop chaude, le beurre de cacao commence à fondre et affleure à la surface sous forme d'un voile blanchâtre. Mais le goût n'est pas affecté, et le chocolat retrouve rapidement sa belle couleur d'origine quand on le fait fondre.

- Pour faire fondre du chocolat au four à micro-ondes : le mettre par portions de 30 g dans un bol spécial micro-ondes. Régler sur la puissance maximale pendant 1 à 2 min. Le chocolat devient brillant mais conserve sa forme. Retirer le bol du four et remuer pour obtenir une pâte lisse.

- Autres méthodes pour faire fondre du chocolat : (1) Mettre le chocolat dans un bol posé dans une casserole d'eau frémissante. (2) Mettre le chocolat directement dans une casserole à fond épais qui n'attache pas. Faire fondre à feu doux. Si la casserole est trop légère, le réchauffement sera trop rapide et le chocolat brûlera.

- Si le chocolat fondu durcit dans la casserole, ajouter de la matière grasse végétale pure (Végétaline par exemple), mais pas d'huile, de beurre ou de margarine, qui contiennent de l'humidité. Commencer par 1 c. à café, et ne pas dépasser 15 g pour 90 g de chocolat. Remuer jusqu'à liquéfaction.

- Remuer le chocolat dès qu'il a commencé à se liquéfier. Si l'on doit faire fondre plus de 500 g, commencer par la moitié, puis ajouter le reste par petits morceaux.

- Afin d'accélérer la fusion, casser le chocolat en petits morceaux, et remuer fréquemment.

- Pour ajouter un liquide au chocolat fondu, il faut toujours verser au moins 2 c. à soupe à la fois, pour éviter que le mélange durcisse.

- Réaliser les décorations en chocolat immédiatement après avoir obtenu une pâte lisse. Chauffée trop longtemps, elle deviendrait granuleuse.

- Pour éviter de casser les copeaux en chocolat, on peut les manipuler à l'aide d'une aiguille.

CUISSON

- Pour préchauffer le four, compter au moins 10 min avant d'obtenir la température désirée.

- Pour graisser le moule avec du beurre ou de la margarine, utiliser un pinceau à pâtisserie ou un morceau de papier sulfurisé ou d'essuie-tout froissé. Graisser très généreusement les moules cannelés, surtout les arêtes des flancs ou de la cheminée centrale. Le gâteau se démoulera plus facilement. Le meilleur procédé est de badigeonner la matière grasse au pinceau à pâtisserie.

• Pour chemiser un moule de papier sulfurisé, le poser sur la feuille et tracer le périmètre du fond avec un couteau. Découper en suivant bien la marque, et appliquer sur le fond du moule graissé.

• Si on n'a pas de moule à charnière, utiliser un moule à fond amovible.

• Pendant la cuisson, le moule ne doit pas toucher les parois du four ni d'autres moules.

• N'ouvrir le four qu'à la fin du temps de cuisson. Trop tôt, le gâteau peut s'affaisser.

GÂTEAUX

• Respecter précisément le minutage indiqué dans chaque recette pour le malaxage des préparations. Si le malaxage est incomplet, le mélange ne sera pas homogène et le gâteau s'affaissera. En revanche, si le malaxage est trop long, la pâte peut durcir ou se dessécher, et le gâteau ne montera pas.

• Pendant le malaxage d'une préparation, racler souvent la matière projetée sur les flancs de la terrine pour obtenir un mélange homogène.

• Il faut toujours incorporer les éléments les plus légers aux éléments les plus lourds. On peut incorporer une petite partie des blancs en neige dans un mélange trop épais, pour l'alléger. Le reste des blancs en neige est alors plus facile à ajouter.

• Pour éviter la formation de grosses poches d'air dans les gâteaux à texture régulière, il faut couper vivement la pâte avec une spatule souple pour évacuer les bulles ; ou bien tapoter doucement le moule sur le plan de travail avant de mettre le gâteau à cuire.

• Lorsqu'un gâteau est bien cuit, il y a un léger interstice entre ses flancs et le bord du moule, et le sommet réagit avec élasticité à la pression du doigt.

• Après avoir retiré un gâteau du four, le laisser refroidir pendant 10 min environ dans son moule, sur la grille, avant de le retourner. Si le gâteau refroidit complètement dans le moule, il peut coller, et se démouler difficilement. Si au contraire il est démoulé trop chaud, il risque de s'émietter.

• S'il faut ajouter de la levure chimique, respecter la dose exacte. En étant trop généreux, on risque de voir le gâteau monter correctement dans le four, et retomber au moment où on le retire, ou juste après.

• Pour cuire en même temps 3 ou 4 abaisses de pâte pour le même gâteau, les disposer dans le four sur 2 grilles, superposées de façon à diviser l'espace du four en 3 volumes égaux. Disposer les moules en quinconce.

• Pour un gâteau fourré, poser la première abaisse de génoise à l'envers. Étaler la garniture, puis déposer par-dessus la seconde couche à l'endroit.

GLAÇAGE ET GARNITURE

• Ne pas poser de garniture sur une bande de 1 cm à partir du bord du gâteau si la consistance de cette garniture est ferme, et de 2,5 cm si elle est fluide. Le poids de l'abaisse supérieure repoussera naturellement la garniture vers les bords.

• Déposer d'abord une fine couche de garniture pour « fixer » la mie, puis appliquer une couche plus épaisse.

• Pour remplir une poche à douille, verser la pâte à l'aide d'une cuiller, peu à peu en la tassant.

• Pour qu'une poche à douille ne sente pas mauvais au bout d'un certain temps, il faut veiller à bien la nettoyer : la rincer à l'eau très chaude après chaque utilisation, puis la laver en machine.

• Un sac en plastique bien épais peut faire office de poche à douille. Remplir, tasser un peu la pâte, fermer en faisant un nœud, et pratiquer un petit trou dans l'un des coins du sac.

CAKES ET PUDDINGS AUX FRUITS

• Pour faciliter le démoulage, chemiser le moule de papier d'aluminium. Aplatir les plis pour que le gâteau soit bien lisse.

• Installer la grille du four en position basse pour que le gâteau soit bien centré pendant la cuisson.

• Rouler les fruits secs ou confits dans un peu de farine avant de les incorporer au mélange. Cela les empêchera de tomber au fond pendant la cuisson.

• Remplir le moule à la cuiller, et bien tasser pour éliminer les bulles, qui risquent de former des poches d'air lorsque le gâteau est cuit.

• Pour vérifier la cuisson d'un cake, enfoncer une aiguille au centre. Elle doit ressortir propre et sèche.

• Pour utiliser des restes de cake, les émietter dans une coupe, arroser de jus de fruits ou d'alcool, puis couronner de crème fouettée.

PETITS GÂTEAUX

• Pour réussir la pâte à choux, ajouter la farine dès que le liquide est à ébullition, sinon l'eau s'évapore, et par conséquent la pâte ne gonfle pas. Verser la farine en une seule fois. Mélanger et lisser. La pâte doit se ramasser en boule, et se détacher du bord de la casserole.

• Les pâtisseries à base de pâte à choux doivent être consommées le jour même. La pâte ramollit très vite.

• Décongeler la pâte feuilletée congelée dans son emballage, sinon elle sèche et se craquelle.

• Lorsqu'elle est décongelée, recouvrir la pâte feuilletée d'un torchon humide ou de film plastique.

• Badigeonner les abaisses de pâte feuilletée à l'aide d'un pinceau trempé dans du beurre fondu. Cela leur donne un très bon goût et les conserve souples, pour mieux les rouler et les plier.

TARTES

• Le secret des pâtes à tarte réussies, c'est le parfait dosage des ingrédients, qui assure un équilibre idéal entre les matières grasses, la farine, et les liquides. Trop de farine durcit la pâte ; trop de gras la rend friable et grasse ; trop de liquide oblige à rajouter de la farine, ce qui fait durcir.

• Travailler la pâte sur un plan de travail le plus froid possible. Le marbre est idéal, mais la céramique ainsi que certains revêtements plastifiés modernes conviennent aussi.

• Abaisser la pâte aussi régulièrement que possible. Éviter de faire des bords trop minces.

• Lorsqu'on abaisse la pâte, passer de temps en temps une spatule métallique entre l'abaisse et le plan de travail, pour vérifier qu'elle ne colle pas. Si elle colle, rajouter de la farine sur le plan de travail avant de continuer.

• Ne jamais étirer la pâte en fonçant le moule, sinon elle se rétractera en cours de cuisson.

• Quand on agrémente la bordure d'une tarte d'une torsade ou de cannelures, replier de petits morceaux de pâte sous la bordure du moule, pour tenir le tout en place pendant la cuisson.

• Pour donner un aspect brillant, badigeonner la pâte de blanc d'œuf légèrement battu. Pour obtenir un dorage plus brun, badigeonner avec de l'œuf battu, du jaune d'œuf ou du lait.

• Pour ne pas salir le four pendant la cuisson d'une tarte aux fruits, disposer une seconde grille juste au-dessous de celle où est posée la tarte. La tapisser d'une feuille d'aluminium, où tomberont les « fuites » éventuelles. On peut également mettre le moule à tarte dans un grand plat à rôti.

• Pour éviter qu'un fond de tarte ne soit détrempé par sa garniture, on peut, dès qu'il est cuit, le badigeonner de blanc d'œuf légèrement battu pour boucher les trous piqués à la fourchette. La chaleur de la croûte va cuire le blanc d'œuf, et former un film protecteur qui la protégera après son remplissage.

• Si la pâte brisée colle au moule, poser celui-ci sur un torchon trempé dans l'eau brûlante et essoré, puis le laisser reposer quelques instants. Les parts seront plus faciles à détacher.

• Ne pas jeter les restes de pâte. Les enfants seront ravis de s'amuser avec. Ils pourront modeler des formes selon leur imagination que l'on fera cuire à côté de la tarte. Saupoudrées de cannelle et de sucre, ou accompagnées de confiture, elles feront le régal des enfants.

• Lorsque l'on met au réfrigérateur une tarte recouverte de crème, la placer en évidence, pour que tout le monde la voit, et qu'elle ne soit pas heurtée accidentellement.

BISCUITS

• Pour que les biscuits soient bien moelleux, il faut malaxer la pâte doucement mais surtout pas trop longtemps.

• Si l'on manque de place pour abaisser la pâte des biscuits, faire de petites boules de pâte, les disposer à 5 cm les unes des autres sur la plaque à pâtisserie, et les aplatir avec le fond d'un verre enduit de sucre en poudre.

• Couper toujours la pâte du bord vers le centre. Découper les formes très près les unes des autres, pour limiter les chutes.

• Une pâte trop malaxée donne des biscuits durs. Se contenter d'agglutiner les chutes, sans pétrir, puis passer un coup de rouleau sur le bloc.

• Transférer les formes fragiles sur la plaque à pâtisserie avec une spatule métallique pour ne pas les déformer.

• N'utiliser que des plaques épaisses, qui ne se déforment pas à la chaleur. Les plaques à revêtement aux silicones sont particulièrement recommandées pour les biscuits.

• Les plaques à pâtisserie doivent toujours être plus petites que la grille du four, d'au moins 5 cm sur chaque côté. Cela permet à la chaleur de circuler, et assure une bonne cuisson.

• Disposer toujours la pâte sur une plaque froide. Sur une plaque chaude, elle s'étale trop.

• Ne graisser la plaque que si la recette le spécifie. Les biscuits à pâte riche en beurre risquent sinon de trop s'étaler.

• Après cuisson, transférer immédiatement les biscuits sur une grille à gâteaux (ils continueraient à cuire à cause de la chaleur de la plaque).

• Laisser complètement refroidir les biscuits avant de démouler.

• Laisser refroidir les biscuits avant de les ranger dans une boîte hermétique.

• Pour découper une plaque de sablés, attendre qu'elle soit tiède, puis marquer les formes désirées avant de découper. Attendre le refroidissement complet avant de démouler. Si l'on oublie de marquer et de découper, réchauffer légèrement au four.

• Il est possible d'attendrir des biscuits trop durs en plaçant une tranche de pain dans la boîte où on les range. Changer la tranche tous les 2 jours. Utiliser le même procédé pour que les biscuits tendres le restent plus longtemps.

GLACES ET DESSERTS GLACÉS

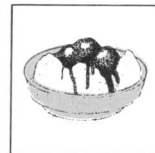

• Conserver la glace à −18 °C.

• On peut conserver la glace pendant 1 mois dans le compartiment à glace du réfrigérateur, et jusqu'à 2 mois au congélateur.

• Ne recongeler jamais une glace partiellement fondue. Elle deviendrait dure et cassante.

• Pour conserver des restes de glace industrielle, fermer totalement l'ouverture de l'emballage avec du film plastique. Cela empêchera les odeurs d'imprégner la glace, et évitera la formation d'un voile de cristaux.

• Les mélanges partiellement pris en glace sont prêts à être fouettés lorsqu'ils sont fermes sur 2,5 cm à partir du bord et que le centre est encore mou.

Index

A

Abricot
  Croissants aux abricots, 207
  Linzertorte aux abricots, 173
Amande
  Amandes grillées, 14
  Amaretti au chocolat, 206
  Coquilles amandines, 95
  Crème à fourrer aux amandes, 253
  Dacquoise aux fraises et aux amandes, 42
  Flan aux oranges et aux amandes, 176
  Fruits d'été avec du yaourt à la Chantilly et aux amandes, 59
  Mousse au chocolat et aux amandes, 14
  Sablés aux amandes, 211
  Tarte aux prunes et aux amandes, 161
Amaretti au chocolat, 206
Ananas
  Ananas en bateau, 55
  Crêpes à l'ananas, 47
  Tourte aux poires et à l'ananas, 138
Angel cake américain, 120
Apple Pie, 145

B

Baklavas, 190
Banane
  Brown Betty à la banane, 196
  Soufflé à la banane, 15
  Tarte à la crème et aux bananes, 144
Bavarois aux noisettes, 224
Bavaroise au petit-lait, sauce à la pêche, 34
Beignets
  Beignets colimaçons, 208
  Beignets en étoiles, 209
  Beignets papillons, 208
Biscuits et viennoiserie, 199-216
  Biscuits croquants, 210
  Biscuits aux épices, 212
  Biscuits aux graines de pavot, 213
  Biscuits au noix, 82
  voir Conseils pratiques, 256
Biscuits roulés
  Biscuit roulé au chocolat, 106
  Biscuit roulé à la crème d'érable, 108
  Biscuit roulé aux noisettes, 108
Boissons glacées
  Velouté à l'orange, 228
  Ice-cream soda à la fraise, 228
  Ice-cream Coca, 229
  Chocolat liégeois, 229
Bombe glacée, 234
Brown Betty à la banane, 196

C

Café
  Carrés cappuccino, 206
  Cheesecake au café, 126
  Crème au beurre au café, 86
  Crème au beurre moka, 39
  Crème glacée au moka, 222
  Gâteau cappuccino, 86
  Glaçage café caramel, 251
  Glaçage moka, 251
  Granité au café, 240
  Moka papillon, 96
Cakes
  Angel cake américain, 120
  Cake américain, 128
  Cake anglais aux épices, 130
  Cake calypso, 129
  voir Conseils pratiques, 255
Cannelle
  Gâteau à la cannelle, 78
  Pudding de riz à la cannelle, 71
Cappuccino, voir Café
Caramel
  Caramel au beurre (sauce), 245
  Caramel au chocolat (sauce), 245
  Caramel brisé, 253
  Carrés fondants au caramel, 23
  Crème caramel, 20
  Crème glacée marbrée au caramel, 222
  Garniture au caramel et aux noix, 253
  Garniture pour crème brûlée, 21
  Glaçage café caramel, 251
  Sauce au caramel, 245
  Tarte au caramel et aux noix, 180
  Tarte glacée au caramel, 239
Caraque, voir Chocolat
Carotte
  Gâteau aux carottes, 114
  Génoise aux carottes, 114
Carrés cappuccino, 206
Carrés fondants au caramel, 23
Cassis
  Crème glacée au cassis, 222
Cerise
  Cerises en gelée, 50
  Cerises flambées, 45
  Cerises glacées, 68
  Coulis de cerises, 246
  Crêpes au fromage blanc, sauce aux cerises, 46
  Entremets aux cerises noires et au chocolat blanc, 32
  Flan aux cerises, 175
  Garniture aux cerises, 123
  Parfait aux cerises, 221
  Tarte aux cerises fraîches, 174
  Tourte aux cerises, 156
Chantilly, 244
Charlotte
  Charlotte aux fraises et à l'orange, 28
Chausson
  Chausson aux fruits secs, 185
  Chaussons aux fruits et à la crème, 187
  Chaussons aux pommes, 186
Cheesecakes
  Gâteau suisse au fromage et au chocolat blancs, 125
  Cheesecake au café, 126
  Cheesecake au chocolat, 122
  Cheesecake au citron, 124
  Cheesecake aux fruits, 123
  Cheesecake aux noix de pecan, 121
  Tarte sicilienne, 127
Chocolat
  Amaretti au chocolat, 206
  Copeaux en chocolat, 88, 104, 142
  Coupelles au chocolat, 19
  Cheesecake au chocolat, 122
  Chocolat fondu, 126
  Chocolat liégeois, 229
  Crème au beurre au chocolat, 42
  Crème au chocolat, 105
  Crème au chocolat blanc, 33, 106
  Crème glacée au chocolat, 222
  Décorations en chocolat, 98, 100, 101
  Entremets aux cerises noires et au chocolat blanc, 32
  Fraises à la crème dans leur boîte en chocolat, 36
  Garniture chocolatée aux noix, 92
  Gâteau autrichien, 85
  Gâteau caraque, 88
  Gâteau au chocolat, 84
  Gâteau au chocolat et à la noix de coco, 92
  Gâteau à la crème au chocolat, 115
  Gâteau de fête, 112
  Gâteau marshmallow au chocolat, 103
  Gâteau à la mousse au chocolat, 80
  Gâteau suisse au chocolat, 104
  Gâteau suisse au fromage et au chocolat blancs, 125
  Gâteau truffon, 90
  Génoise au chocolat, 249
  Glaçage au chocolat, 81, 103, 193, 251
  Moule en chocolat, 12
  Mousse au chocolat, 10
  Mousse au chocolat et aux amandes, 14
  Mousse marbrée au chocolat, 12
  Papillons en chocolat, 96
  Pudding magique au chocolat, 73
  Sablés au chocolat et aux noix, 207
  Sauces au chocolat, 244
  Tartufo glacé, 233
  Tarte au chocolat, 139
  Tarte à la crème et au chocolat, 157
  Tartelettes au chocolat noir, 160
  Tiramisù, 30
  Triangles en chocolat, 225
  voir Conseils pratiques, 256
Choux, voir Cygnes, Profiteroles
Cigares au cognac, 202
Citron
  Cheesecake au citron, 124
  Citrons givrés, 232
  Crème à fourrer au citron, 253
  Crème glacée au citron frais, 222
  Glaçage au citron, 252
  Granité au citron, 240
  Grappes de raisin en gelée de citron, 56
  Puddings soufflés au citron, 72
  Tarte meringuée au citron, 150
  Tarte au citron vert, 155
  Tarte à la crème au citron, 181
Citrouille
  Tarte à la citrouille, 149
Cœurs
  Petits cœurs bicolores, 203
  Gaufrettes en cœur, 210
Cognac
  Beurre de cognac, 245
  Cigares au cognac, 202
  Tarte Alexandra, 142
Compote de fruits d'hiver, 66
Congélation
  Crêpes, 44
  Gâteaux, 247
  Pâte, 255
Cookies
  Cookies de Noël, 204

Cookies au sésame, 211
Copeaux en chocolat, 88, 104, 142
Coquilles amandines, 95
Coulis (sauces aux fruits), 246
Coupes
    Coupe de fruits, 58
    Coupe de fruits Florida, 230
    Coupes "puddings" à l'orange, 70
Crème fraîche, 73
    Crème Blanche-Neige, 50
    Crème Chantilly, 244
    Cygnes en choux à la crème, 192
    Fraises fourrées à la crème, 69
    Fruits à la crème, 55
    Fruits d'été avec du yaourt à la Chantilly et aux amandes, 59
    Gâteau à la crème au chocolat, 115
    Poires en croûte à la crème, 183
    Tarte à la crème et aux bananes, 144
    Tarte à la crème et au chocolat, 157
    Tarte à la crème au citron, 181
    Tarte à la crème et aux pêches, 146
    Zuccotto, 26
Crèmes et entremets
    Coupelles au chocolat, 19
    Crème anglaise, 22, 244
    Crème anglaise à la vanille, 47
    Crème au beurre, 251
    Crème au beurre au café, 86
    Crème au beurre au chocolat, 42
    Crème au beurre moka, 39
    Crème au beurre à la vanille, 84
    Crème bourguignonne, 22
    Crème brûlée, 21
    Crème à la cannelle, 184
    Crème caramel, 20
    Crème au chocolat, 105
    Crème au chocolat blanc, 33, 106
    Crème au Cointreau, 61
    Crèmes aux fruits, 35
    Pots de crème à l'américaine, 18
    voir Conseils pratiques, 256
Crèmes à fourrer pour gâteaux, 253-254
Crèmes glacées
    Crème glacée au chocolat, 222
    Crème glacée au caramel, 222
    Crème glacée à la fraise, 222

    Crème glacée aux noisettes, 220
    Crème glacée à la vanille (et variantes), 222
Crêpes et galettes, 44-48
    Crêpes à l'ananas, 47
    Crêpes au fromage blanc, sauce aux cerises, 46
    Crêpes Suzette, 45
Croissants
    Croissants aux abricots, 207
    Croissants aux noisettes, 216
Crumble à la rhubarbe, 197
Cuisson des gâteaux et pâtisseries, 255-256
Cygnes en choux à la crème, 192

D

Dacquoise
    Dacquoise aux dattes et aux noix, 39
    Dacquoise aux fraises et aux amandes, 42
    Dacquoise glacée, 226
Datte
    Dacquoise aux dattes et aux noix, 39
Décor
    Bordures de tartes et tourtes, 136-137
    Copeaux en chocolat, 88
    Décor à la poche à douille, 110
    Décor de tarte en croisillons, 141
    Décorations en chocolat, 98
    Décorations au citron vert (pour tartes), 155
    Décorer avec des sauces, 24
    Décorer avec des fruits frais, 62
    Feuilles et baies en pâte, 156
    Fleurs pour décorer, 118
    Glaçage et décoration, 81
    Glaçage décoratif, 204
    Meringues décoratives, 40
    Papillons en chocolat, 96
    Triangles en chocolat, 225
Desserts fantaisie, 7-74
Desserts aux fruits, 49-69
Desserts glacés, 217-240
    voir Conseils pratiques, 256

E

Entremets, 18-36
    Entremets aux cerises noires et au chocolat blanc, 32
    Entremets aux framboises et à l'orange, 31
    Entremets aux pommes, 197
Épices
    Biscuits aux épices, 212

    Cake anglais aux épices, 130
    Petits pains d'épice de Noël, 214
    voir aussi Cannelle, Gingembre, Pavot, Sésame

F

Feuilles d'érable (biscuits), 212
Feuilletés
    Feuilletés aux fruits frais, 188
    Feuilletés aux pommes, 166
Figue
    Figues fourrées, 69
Flamber les crêpes, 45
Flan
    Flan aux myrtilles ou aux cerises, 175
    Flan aux oranges et aux amandes, 176
    Flan au raisin et aux kiwis, 182
    voir aussi Tartes
Fleurs pour décorer, 118
Fonds de tarte ou de flan, 159
    Fonds de tartelettes, 159
Fraise
    Charlotte aux fraises et à l'orange, 28
    Crème glacée à la fraise, 222
    Dacquoise aux fraises et aux amandes, 42
    Fraises à la crème dans leur boîte en chocolat, 36
    Fraises fourrées à la crème, 69
    Gâteau aux fraises fraîches, 110
    Ice-cream soda à la fraise, 228
    Tourte aux fraises et à la rhubarbe, 140
Framboise, 162
    Coulis de framboises, 246
    Crème à la framboise, 35
    Crème à la framboise (pour génoise), 110
    Entremets aux framboises et à l'orange, 31
    Mousse panachée aux framboises, 11
    Profiteroles glacées, sauce framboise, 195
    Roulé glacé à la framboise, 231
    Sorbet aux framboises, 238
    Tarte Ascot, 162
    Tarte royale aux framboises, 164
Fromage blanc
    Crêpes au fromage blanc, sauce aux cerises, 46
    Gâteau suisse au fromage et au chocolat blancs, 125

    Nappage au fromage blanc, 114, 251
    Tarte sicilienne, 127
    voir aussi Cheesecakes, Mascarpone, Ricotta
Fruits
    Chausson aux fruits secs, 185
    Chaussons aux fruits et à la crème, 187
    Cheesecake aux fruits, 123
    Crème glacée tutti frutti, 222
    Compote de fruits d'hiver, 66
    Coupe de fruits Florida, 230
    Coupe de fruits, 58
    Feuilletés aux fruits frais, 188
    Fruits à la crème, 55
    Fruits d'été avec du yaourt à la Chantilly et aux amandes, 59
    Fruits au gingembre, 49
    Fruits rafraîchis, 54
    Garniture de fruits (pour tartelettes), 171
    Pyramide de fruits frais, 60
    Sablés aux fruits et à la crème, 64
    Salade de fruits d'été, 67
    Sauce-coulis aux fruits, 246
    Tarte aux fruits d'été, 152
    Tartelettes aux fruits, 170
    voir Conseils pratiques, 256
Fruits de la Passion
    Crème glacée aux fruits de la Passion, 222

G

Galettes, *voir Crêpes*
    Galette aux pêches, 167
    Galette renversée aux pommes, 48
Garnitures, 253, 256
Gâteaux, 75-130
    Gâteau de fête, 112
    Gâteau florentin à la crème, 26
    Gâteau de grand-mère, 94
    voir Conseils pratiques, 247-256
    voir Cannelle, Carotte, Chocolat, Fraise, Noix, Noisette, Orange, Potiron
    voir aussi Biscuits roulés, Cakes et Cheesecakes
Gaufrettes en cœur, 210
Gélatine, 242
Gelée, 242
    Cerises en gelée, 50
    Grappes de raisin en gelée de citron, 56
Génoise, 249
    Gâteau aux fraises fraîches, 110
    Génoise classique, 249

Génoise au chocolat, 249
Génoise aux carottes, 114
Gingembre
Crème glacée au gingembre, 222
Fruits au gingembre, 49
Gâteau au gingembre, 79
Glaçages, 250-252
Glaçage au café, 120
Glaçage café caramel, 251
Glaçage au chocolat, 81, 193, 251
Glaçage au citron vert, 129
Glaçage à la crème fouettée, 250
Glaçage décoratif, 204
voir Conseils pratiques, 256
voir aussi Nappages
Glaces et desserts glacés, 217-240
voir Conseils pratiques, 256
Glaces royales, 252
Granités
Granité aux deux melons, 237
Granité aux deux parfums, 240

I

Ice-cream Coca, 229
Ice-cream soda à la fraise, 228

J

Jalousies aux poires, 184

K

Kiwi
Crème au kiwi, 35
Flan au raisin et aux kiwis, 182

L

Lamelles de noix de coco, 93
Linzertorte aux abricots, 173
Liqueur
Soufflé à la liqueur d'orange, 16

M

Mangue
Crème glacée à la mangue, 222
Marshmallow
Gâteau marshmallow au chocolat, 103
Mascarpone, 30

Melon
Coupe de melon, 54
Coupe de melon d'Espagne, 54
Granité aux deux melons, 237
Pyramide de fruits frais, 60
Sorbet au melon, 236
Meringues, 38-42
Meringues décoratives, 40
Tarte meringuée au citron, 150
Mincemeat, 169
Moka, *voir Café*
Moule en chocolat, 12
Moules à gâteaux, 247-248
Moulins à vent (biscuits), 213
Mousses, 10-14, 243
Gâteau à la mousse au chocolat, 80
Mousses et soufflés, 10-17
Mousse au chocolat, 10
Mousse au chocolat et aux amandes, 14
Mousse marbrée au chocolat, 12
Mousse panachée aux framboises, 11
Mûre
Coulis de mûres, 246
Sauce Melba, 246
Myrtille, 152
Flan aux myrtilles, 175
Tarte Ascot, 162
Tourte aux myrtilles, 143

N

Nappages
Nappage au fromage blanc, 114
Nappage à la vanille, 117
voir aussi Glaçages
Noisette
Bavarois aux noisettes, 224
Biscuit roulé aux noisettes, 108
Crème glacée aux noisettes, 220
Croissants aux noisettes, 216
Tarte Casse-Noisettes, 165
Noix
Biscuits aux noix, 82
Dacquoise aux dattes et aux noix, 39
Garniture au caramel et aux noix, 253
Garniture chocolatée aux noix, 92
Gâteau aux noix, 102
Sablés au chocolat et aux noix, 207
Tarte au caramel et aux noix, 180
Tarte aux noix, 177
Tarte fondante aux noix, 151

Noix de coco
Garniture au praliné et à la noix de coco, 253
Gâteau au chocolat et à la noix de coco, 92
Lamelles de noix de coco, 93
Tarte Ascot, 162
Noix de pecan
Cheesecake aux noix de pecan, 121
Tarte aux noix de pecan, 148

O

Œufs, 243
Orange
Charlotte aux fraises et à l'orange, 28
Coupes "puddings" à l'orange, 70
Crème à fourrer à l'orange, 253
Entremets aux framboises et à l'orange, 31
Flan aux oranges et aux amandes, 176
Gâteau à l'orange, 116
Sauce à l'orange, 246
Soufflé à la liqueur d'orange, 16
Velouté à l'orange (boisson), 228
Zestes d'orange confits, 139

P

Pain
Pudding au pain, 74
Pain d'épice
Petits pains d'épice de Noël, 214
Pamplemousse
Demi-pamplemousse garni, 55
Papaye
Papaye en bateau, 55
Papillons en chocolat, 96
Parfait aux cerises, 221
Paris-Brest au chocolat, 193
Pastèque
Pastèque en panier, 54
Sorbet à la pastèque, 237
Pâte
Pâte sablée, 134
Pâte à choux, 192
voir Conseils pratiques, 254-255
Pâtisseries, 183-195
Baklavas, 190
Chaussons aux fruits, 185, 186, 187
Choux, 192, 195
Feuilletés, 166, 188

Jalousie, 184
Pâte à choux, 192, 193, 195
Poires en croûte, 183
Pommes en croûte, 194
Strudel, 191
voir Conseils pratiques, 247-256
Pavlova (meringue), 38
Pavot
Biscuits aux graines de pavot, 213
Pêche
Bavaroise au petit-lait, sauce à la pêche, 34
Crème à la pêche, 35
Galette aux pêches, 167
Pêches pochées au vin rosé, 53
Ramequins aux pêches, 198
Sauce aux pêches, 195
Tarte à la crème et aux pêches, 146
Tourte aux pêches, 158
Pignons de pin
Pignoli, 216
Poire
Poires en croûte à la crème, 183
Poires pochées, 51
Poires au sabayon, 52
Tarte Mincemeat aux poires, 169
Tarte sablée aux poires, 169
Tourte aux poires et à l'ananas, 138
Pomme
Apple Pie, 145
Chaussons aux pommes, 186
Entremets aux pommes, 197
Feuilletés aux pommes, 166
Galette renversée aux pommes, 48
Pommes en croûte au cheddar, 194
Soufflé aux pommes fraîches, 17
Strudel aux pommes, 191
Tarte Tatin, 168
Tarte aux pommes, 178
Tartelettes aux pommes, 154
Potiron
Gâteau au potiron, 82
voir aussi Citrouille
Praliné, 224
Garniture au praliné et à la noix de coco, 253
Sauce pralinée, 245
Profiteroles glacées, sauce framboise, 195
Prune, 161
Tarte aux prunes et aux amandes, 161
Puddings, 7-74
Coupes "puddings" à l'orange, 70